普通高等教育广告学系列教材

公益广告概论

主编 杨琳 李亦宁

西安交通大学出版社
XI'AN JIAOTONG UNIVERSITY PRESS

国家一级出版社
全国百佳图书出版单位

图书在版编目(CIP)数据

公益广告概论/杨琳,李亦宁主编. —西安:西安交通大学出版社,2019.5
ISBN 978-7-5693-1149-5

Ⅰ.①公… Ⅱ.①杨… ②李… Ⅲ.①公益广告-教材 Ⅳ.①F713.842

中国版本图书馆 CIP 数据核字(2019)第 076404 号

书　　名	公益广告概论
主　　编	杨　琳　李亦宁
责任编辑	赵怀瀛
出版发行	西安交通大学出版社 (西安市兴庆南路1号　邮政编码 710048)
网　　址	http://www.xjtupress.com
电　　话	(029)82668357　82667874(发行部) (029)82668315(总编办)
传　　真	(029)82668280
印　　刷	西安明瑞印务有限公司
开　　本	787 mm×1092 mm　1/16　印张 16　字数 403 千字
版次印次	2019 年 11 月第 1 版　2019 年 11 月第 1 次印刷
书　　号	ISBN 978-7-5693-1149-5
定　　价	45.00 元

读者购书、书店添货或发现印装质量问题,请与本社营销中心联系、调换。
订购热线:(029)82665248　(029)82665249
投稿热线:(029)82668133
读者信箱:xj_rwjg@126.com

版权所有　侵权必究

编委会

总 主 编 姚 曦 武汉大学新闻与传播学院教授、博士生导师、副院长

编委会成员（以姓氏笔画排序）：

于婷婷 华中科技大学新闻与信息传播学院副教授

刘 研 内蒙古大学文学与新闻传播学院副教授

刘建平 西南大学文学院副教授

李华君 华中科技大学新闻与信息传播学院副教授、副院长、广告学系主任

杨 琳 西安交通大学新闻与新媒体学院教授、博士生导师

张梅兰 华中科技大学新闻与信息传播学院副教授

洪长晖 浙江传媒学院文化创意学院副教授

莫梅锋 湖南大学新闻传播与影视艺术学院教授、院长助理、广告学系主任

廖秉宜 武汉大学新闻与传播学院副教授、广告学系副主任

总序 Preface

改革开放四十余年来,中国人民谱写了波澜壮阔的发展历史,创造了最为耀眼的发展奇迹。不仅政治、经济、文化、社会等以前所未有的速度发展,而且国家在发展理念、人民在生产与生活方式等诸方面均产生前所未有的改变。

这一时代是社会快速转型变革的时代。社会的进步推动着制度的变革与完善,制度的变革与完善又推动着技术的创新与进步,技术的创新与进步则推动着生产与生活方式的变化。技术创新与进步的路向同样影响着广告学科、广告教育、广告产业和广告研究。它们的进步与发展首先是制度变革的结果。制度变革带来了广告行业整个学科与产业链的制度保障与变革方向,技术进步不可避免地成为广告产业转型升级的孵化器与助推器。

这一时代是社会飞速发展进步的时代。广告学这门学科理应在这一时代顺应时代的发展潮流而不断改进。之前的广告学教材虽然在某些方面堪称经典,依旧具有借鉴和学习的价值,但是由于时代和社会变革带来的广告业的巨大变化,现有的学科体系、话语体系、理论成果已不足以支撑与技术进步联系极其紧密的广告学的学科建设、学术研究、人才培养和社会服务,相当多的方面已经不能满足当今广告学人才培养的现实需要,因此编纂一套能够真实反映当今学科发展方向的广告学教材已迫在眉睫。

"守正"与"创新"是我们编纂本系列教材应当确立的基本方法。

守正是起点,是根基,是规律,是操守。我们要坚守正道,把握本质,遵循规律。无论时代如何变幻,广告学的基本知识体系不会变化,广告行为的媒介本质不会变化,高层次人才培养的规律不会变化。坚持学术前沿、技术优先,坚定广告业整体发展信心,坚守广告学发展根基,将使中国特色、中国风格、中国气派的广告学展现出更为强大的生命活力。

创新是源泉,是动力,是方向,是路径。创新是历代广告人所拥有的优秀人格与品格。每一代广告人始终坚持把广告学基本原理同时代特点、社会实际紧密结合起来,推进理论创新、制度创新、体制创新、机制创新乃至实践创新,实现广告业挺立潮头,与时俱进。

这个时代的广告学教材需要我们站在前人的肩膀上继续守正,坚毅前行,需要我们把创新作为不断进步的不竭动力,需要我们在守正与创新之间寻求突破,不断发展。我们不应墨守成规,完全恪守过去的知识和理论体系,而应与新媒体、大数据、人工智能等新的学科生长点相结合,在吸收原来教材优点的基础上,走向学术研究和社会应用的最前沿,建立全新的知识体系、学科体系和话语体系,打造一套既尊重传统又超越现有知识体系,既有历史积淀又有最新发现、最新思想、最新观念的,能够引领时代发展和社会进步的广告学教材。这不仅是本系列教材编写组的良好期许,更是我们需要努力达到的最终目的。

本系列教材包括《广告学概论》《广告经营与管理》《广告美学》《广告媒介策划》《广告品牌战略理论与实务》《网络广告文案写作》《数字广告创意与沟通》《公益广告概论》等。本系列教材还佐以与书本同步的电子课件,形成纸媒与电子媒体同步的立体式教学模式,以方便广大师生使用。

该系列教材的编写特色可以概括为以下几个方面:第一是"全"。本系列教材涵盖广告学教学与研究的各个方面,即原理、创意、文案、战略、表现、策划、品牌以及公益广告,可以说既有基础性课程,又有专业性课程,两者相辅相成,缺一不可。第二是"新"。本系列教材根植于传统知识体系,又超越于传统知识体系,虽然在书名上与原来的广告学教材差别无多,但是在内容上却又有实质的变化和发展。本系列教材在吸收原有教材优点的基础上,融入了国内外广告学发展的最新成果,并且大多与新媒体紧密结合,可以代表广告学发展的方向,是对原有教材的一次发展和创新。第三是"实"。本系列教材既在内容方面充盈饱满,又在实务方面贴近现实,反映实际,走向前沿。

为保证教材的质量,最大程度地实现教材编纂初衷,本系列教材编纂人员均来自全国著名高校,如武汉大学、华中科技大学、西安交通大学、湖南大学、浙江传媒学院。各位编纂者皆活跃于教学、科研第一线,不仅具有一流的科研能力、丰富的学术成果,而且能够将理论与实践紧密结合,使得教材既有扎实的理论作为基础,又具有很强的实践指导意义。

是为序。

姚 曦

己亥年初夏于珞珈山

第一章　公益广告认识论 /001
第一节　公益广告概说 /001
第二节　公益广告的特征 /011
第三节　公益广告的类型 /015

第二章　公益广告演进史 /029
第一节　国外公益广告发展历程 /029
第二节　中国当代公益广告发展历程 /034

第三章　公益广告价值论 /044
第一节　公益广告的社会价值 /044
第二节　公益广告的文化价值 /048
第三节　公益广告的伦理价值 /051
第四节　公益广告的审美价值 /057
第五节　公益广告的经济价值 /064

第四章　公益广告创意与表现 /070
第一节　公益广告创意 /070
第二节　公益广告诉求表现 /083
第三节　公益广告文案写作 /104

第五章　传统媒体公益广告 /117

第一节　读图时代的报刊公益广告 /117
第二节　以声音净化心灵的广播公益广告 /125
第三节　最具感染力的电视公益广告 /132
第四节　多姿多彩的户外公益广告 /140

第六章　新媒体公益广告 /149

第一节　新媒体公益广告概况 /149
第二节　蓬勃发展的网络公益广告 /156
第三节　4G时代的手机公益广告 /164

第七章　公益广告运行模式论 /173

第一节　中国公益广告运行的基本模式 /173
第二节　其他国家公益广告运行的基本模式 /183

第八章　中国元素与公益广告 /192

第一节　中国元素公益广告的源起 /192
第二节　中国元素在公益广告中的应用 /198
第三节　"中国梦"系列公益广告解读 /213

第九章　经典公益广告案例解析 /221

第一节　亚洲篇 /221
第二节　欧美篇 /227
第三节　中西公益广告比较 /236

参考文献 /244

后记 /247

第一章 公益广告认识论

【学习目标】

1. 了解公益广告的早期形态与现代形态。
2. 理解公益广告的概念和特征。
3. 能够将公益广告与商业广告、公共关系广告等其他广告类型相区分。
4. 掌握公益广告的基本分类及其特点。

法国广告评论家罗贝尔·格兰曾说:"我们呼吸着的空气是由氮气、氧气和广告组成的。"的确,今天的商业广告已无孔不入地渗入我们的生活,潜移默化地影响着人们的思维方式、行为方式与消费观念。而摒弃功利色彩的公益广告则以广告的形式发挥其社会公益的功能,公益广告犹如一阵清风,讴歌美好,抨击丑恶,唤醒道德良知,凝聚民族精神,塑造国家认同,大力颂扬发掘人性中存在的真、善、美,成为社会进步的标志,体现了一个国家的精神境界。正如 20 世纪著名报学史专家戈公振所言:"广告不仅为工商界推销商品之一种手段,实负有宣传文化与教育群众之使命也。"

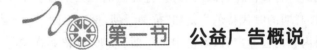

第一节 公益广告概说

现代意义上的公益广告起源于 20 世纪的美国,公益广告的萌芽最早可追溯到尚未出现商品经济的古代。如何认知公益广告早期形态和现代形态的差异?如何理解公益广告的概念?本节梳理公益广告的起源,并列举不同国家的学者对公益广告概念的界定。为了帮助读者更好地理解公益广告的概念和特征,本节特将公益广告与商业广告、公共关系广告、意见广告三种不同类型的广告形式进行对比分析。

一、公益广告溯源

(一)公益广告的早期形态

早期形态的公益广告究竟发起于何年,学者众说纷纭。比较一致的看法是,公益广告可以追溯到远在商品的生产、交换尚未出现之前的大禹治水时代。早期的公益广告出于沟通生产和生活信息的需要,成为当时社会生活的一个重要内容。据《左传·宣公三年》记载:"昔夏之方有德也,远方图物。贡金九枚,铸鼎象物,百物而为之备,使民知神奸。"①意思是夏禹把九州

---

① 左丘明.左传[M].北京:中国文联出版社,2016:46.

州牧进献的金属收集起来,铸九鼎以告天下,鼎上刻九州万国的各种毒恶生物和精怪鬼神的图像,教民识猛兽毒虫。从此九鼎成为社会宣传的载体,寓意统一的意志,可算作是公益广告的前身。再例如,公元前359年秦国商鞅变法,为了显示其变法的决心,也为了取信于民,特意在城南门立了一根木头,贴出悬赏:"能徙者予五十金。"①这是早期政治性公益广告的雏形。还有学者认为,古代官方的文书、思想家的著作中,都包含有可作为公益广告的内容。其共同点就是:为公为民,广而告之。比如明朝的皇帝每年年初都要颁布劝农勤耕的谕旨,令人广为宣传。当然,这些早期的公益广告还算不上严格意义上的公益广告,它们内容粗糙原始,形式并不丰富,而且由于社会形态的不同,和现代社会相比,古代公益广告内容多以政治为核心,为统治阶级服务的目的比较明显。但也有少数社会服务性公益广告。据记载,我国明朝中期曾有一位名叫田艺蘅的学者,除读书写作之外,酷爱花草,曾在杭州城一处多花之地竖牌挥毫:"名花犹美人也,可赏而不可亵,可爱而不可折。撷叶一瓣者,是裂美人之裳也;掐花痕者,是挠美人之肤也;拗花一枝者,是折美人之肱也;以酒喷花者,是唾美人之面也;以香触花者,是香美人之目也。看花赏花,莫杀风景……"②若以现代的眼光来看,这已具备了一则公益广告的基本要素,以花喻美人,提示人们要爱护自然。

由于各种原因,类似上文中这种发挥社会功能的公益广告有翔实资料记载的为数不多。从古代直到近现代,中国都以政治类的公益广告为主,在不同的历史时期发挥了其应有的作用。如抗日战争时期以抗战动员为主题的公益广告,延安时期以参军动员为主题的公益广告,以及抗战胜利后国统区为抵制外国货挽救民族工业,在本地和外埠的报纸及路牌上登载的以"国货最光荣"为主题的广告宣传等,都可视为公益性质的社会广告。中华人民共和国成立初期的公益广告,具有极鲜明的时代特色。诸如"抗美援朝,保家卫国""一人参军,全家光荣""我为人人,人人为我"等内容的公益广告,均使用了广播、报纸、标语和横幅等当时所能调动的所有宣传媒体,在全国范围内全方位传播,不仅起到了团结人民、教育人民的巨大作用,也培养和树立了公民的公德意识和社会责任感。学者高萍认为,因为时代的原因,中国的公益广告较侧重于政治、军事,尚属于早期的公益广告形态,而对社会服务型公益广告的关注则是现代公益广告的一个发展趋势,也是判断一个国家或社会公益广告事业成熟与否的一个根本标志,是早期公益广告和现代公益广告的根本区别之所在③。

(二)公益广告现代形态的诞生

公益广告的现代形态诞生于20世纪40年代的美国。当时的美国正深陷经济危机的泥沼中,商业萧条让美国经济举步维艰,广告备受世人的批评和谴责。为了解决广告业的生存和发展问题,1941年美国广告协会和美国广告公司协会召开了联席会议,著名广告人,被誉为广告委员会奠基者的詹姆斯·韦伯·扬(James Webb Young)发言指出:"广告应该成为让人们增进共识、化解分歧的公关宣传工具;广告应该满足国家需要而多做益事;广告还应该传播音乐、

---

① 司马迁.史记·卷六十八·商君列传[M].北京:中国文史出版社,2003:447.
② 许俊基.中国广告史[M].北京:中国传媒大学出版社,2005:110.
③ 高萍.公益广告初探[M].北京:中国商业出版社,1999:5.

文学、艺术以及正义力量。我们能否抛开眼前的商业和广告？我们何时才能充分发挥广告更高的境界？"在他的提议下，1942年战时广告委员会成立，为配合政府战时需要，战时广告委员会精心筹划，推出了多个系列的广告活动，掀起了美国历史上史无前例、规模巨大、影响深远的公益广告运动。据统计，在1942—1945年间，每年公益广告的投放折合市值达一亿美元以上，发布广告主题超过一百个。在这个阶段，由于受到美国政府目的性相当明确的"战时策略"指导，美国战时广告委员会奉命创作的公益广告都是有关战争的、明确为当时战局服务的，因此这个阶段的公益广告有其特有的历史局限性：虽然总体而言是为民众谋求"社会公共利益"，却难以掩盖其强烈的政府宣传意图。按照现在主流认识中的"公益"定义，美国战时的公益广告更接近"公关型的公益广告"。

在战后的和平时代里，广告委员会身份独立，不接受政府资助，承担了公益广告出资、设计制作、发布总协调的角色，制作的广告也开始由战争转为教育、种族、卫生等社会性的公共话题。每年一些非营利性机构、政府部门、其他社会组织申报赞助特定广告主题，广告委员会通过投票筛选，最后确定广告主题，并联合广告公司的志愿者们创作主题公益广告，最终利用媒体捐赠的广告版面和时段进行公益广告投放。由此，公益广告获得了它的现代形态，并从美国发展到英国、法国、加拿大、日本等其他国家。

二、公益广告释义

由于政治体制、国情的差异，各国对公益广告的定义理解也是不同的。美国广告委员会所创制的公益广告起初被叫作公共服务广告（public service advertising），其目的是为了增进公众对突出的社会问题的了解，以便影响公众对这些问题的看法和态度，改变公众的言行，从而促进社会问题的解决或者缓解。日本的公益广告被称为"公共广告"。《电通广告词典》将其定义为："企业或团体表示它对社会的功能和责任，表明自己追求的不仅仅是从经营中获利，而是过问和参与如何解决社会问题和环境问题，向消费者阐明这一意图的广告。"[1]日本著名学者植条则夫在其所著的《公共广告的研究》中把公共广告界定为："就有关人、社会、国家抱有的公共性、社会性问题以及将来有可能发生的问题，通过传媒，促使一般市民对问题的注意、认识、启蒙或启发，呼吁他们为解决这些问题给予协助和行动的一种自发的广告传播。"[2]由以上定义可见，日本的公益广告十分重视企业和社会团体的责任。

美国和日本对公益广告的定义中都特别强调公益广告的一个重要内涵就是唤起公众对社会问题的关注，促进社会问题的解决或缓解。但由于国情、历史文化背景、社会发展水平等的差异，中国虽然早已将公益广告付诸传播实践，实际上对于公益广告的概念从不同角度有着不同的界定。

《中国广告词典》对公益广告的定义是："为社会公众制作发布的，不以营利为目的，它通过某种观念的传达，呼吁关注社会性问题，以准则去规范自己的行为，支持或倡导某种社会风尚

---

[1] 黄升民.公益广告：企业理念的重构与表现[J].国际广告，1997(4)：4.
[2] 植条则夫.公共广告的研究[M].东京：东京经济新闻社，2005：22.

服务的广告。"①潘泽宏在2001年出版的中国第一部系统研究公益广告的专著《公益广告导论》中这样定义公益广告："面向社会广大公众,针对现实时弊和不良风尚,通过短小轻便的广告形式及其特殊的表现手法,激起公众的欣赏兴趣,进行善意的规劝和引导,匡正过失,树立新风,影响舆论,疏导社会心理,规范人们的社会行为,以维护社会道德和正常秩序,促进社会健康、和谐、有序,实现人与自然和谐永续发展为目的的广告宣传。"②张明新在《公益广告的奥秘》中对公益广告的定义是:"所谓公益广告,是指不以营利为直接目的,采用艺术性的表现手法,向社会公众传播对其有益的社会观念的广告活动,以促使其态度和行为上的改变。"③陈辉兴指出:"公益广告是指政府、媒体、企业、广告公司、社会团体等组织单位及个人不以营利为目的,通过电视媒介向社会公众传播对其有益的思想观念、行为方式和道德准则,以唤起社会公众对社会问题的关注,加强或改变社会公众的价值观念,引导和规范社会公众的行为,进而促进人自身的完善,实现人与人、人与自然、人与社会和谐发展的广告活动。"④

综合"公益"一词的内涵和前文中各学者对于公益广告概念的界定,公益广告可以定义为:不以营利为直接目的,通过各种形式引导公众关注某一社会问题,培养社会公众的公共意识和人文精神,从而宣传维护公共道德,规范民众言行,促进树立良好社会风气的一种广告活动。这一概念是立足于中国的实际情况,对公益广告做出的一个较为广义的界定。狭义的公益广告应完全剔除商业和营利因素,但当前企业所做的公益营销也具有一定公益广告的要素,且长期存在于公益广告的发展历程中,故本教材将其也纳入论述范畴。

三、公益广告与其他广告辨析

上文已对公益广告的概念进行了界定,但作为一种在我国近些年才得到大力弘扬的广告类型,有必要对比分析与公益广告相关又有区别的几种广告类型,从而加深读者对公益广告概念的认知。本节特选商业广告、公关广告、意见广告三种广告形式进行辨析。

(一)公益广告与商业广告

商业广告是推销各式各样的产品或服务的广告,其内容主要可以分为产品和服务两类。

1. 公益广告与商业广告的相同点

第一,传播类别相同。公益广告和商业广告虽然各自的传播目的不同,但是二者都属于广告传播的范畴,都要利用广告的物质形态达到一种说服性传播。说服性传播,也称为传播的说服效果,指的是受传者的态度沿着传播者说服意图的方向发生的变化。在这里,体现为广告主有计划、有目的的广告行为。公益广告和商业广告都需要经过广告策划、广告创意、广告制作、媒体发布等一整套广告操作流程。当然,由于商业广告需要对目标人群实现精准传播,因此更强调市场调查的重要性。

---

① 王多明.中国广告词典[M].成都:四川大学出版社,1996:36.
② 潘泽宏.公益广告导论[M].北京:中国广播电视出版社,2001:4.
③ 张明新.公益广告的奥秘[M].广州:广东经济出版社,2004:14.
④ 陈辉兴.中国电视公益广告三十年[J].传媒观察,2008(8):17.

第二，传播渠道相同。从传播渠道来看，公益广告与商业广告一样，都要利用报纸、电视、网络及其他媒体进行广告传播。近几年，传播环境呈现出复杂多样的媒介景观。传统报纸、电视为了顺应时代发展不断进行改版、扩版，开始走媒介融合的发展之路，力求保持其影响力。同时，新兴传播渠道迅速发展。随着电脑、网络的普及，上网已成为许多人获取信息的重要形式，网络广告投放量迅猛增加，店面陈设、公交车体、销售终端、App 移动应用程序等更是层出不穷。平等式、对话式、互动式的传播关系正在取代单一的上对下、单向式的传播关系。新兴媒介的出现为广告媒体投放提供了更多的选择机会，商业广告与公益广告均形成了网络媒体与大众媒体结合的多媒体多渠道传播趋势，不断拓展出新的天地。

第三，广告表现技巧相同。广告表现，是传递广告创意策略的形式整合，即通过各种传播符号，形象地表述广告信息以达到影响受众行为的目的，广告创意表现的最终形式是广告作品。公益广告和商业广告，都立足于信息的传递，因而都要用最恰当的表达形式和技巧，展现广告诉求点，引起更多的社会关注。在这里，准确生动的语言、丰富绚烂的色彩、具有视觉冲击的画面、感人至深的情节，都是两类广告可以利用的广告技巧。无论是何种类型，优秀的广告作品就是一件艺术作品，以其艺术性和感染力打动受众。

2. 公益广告与商业广告的区别

首先，广告目的不同。公益广告推销的是精神形态的产品——观念，注重精神理念的传播，它针对的是公众的利益。而商业广告的本质属性是营利性，它推销的是物质形态的产品——商品、劳务，有着明确的逐利动机。这一区别是公益广告与商业广告的根本区别，下文中二者其他的区别均是在此基础之上衍生出来的。

其次，广告内容侧重点不同。公益广告关注的是和社会公众密切相关的问题，提炼现实存在的具有普遍性的社会现象，所以公益广告的内容非常广泛。凡是被社会成员广泛认可的正确的、健康的、积极向上的伦理价值、道德标准、行为规范以及社会公众关注的焦点、热点话题，诸如尊老爱幼、救死扶伤、团结互助、诚实守信、热爱祖国、爱护动物、保护环境等，都可以作为公益广告的传播内容。这些无形的、抽象的思想观念有助于引导人们树立正确的人生观、道德观、价值观和世界观，有助于唤起人们的公益意识、公共意识和公德意识。商业广告的内容主要集中在物质层面，传播内容是有形的、具体的。传达产品、服务乃至企业有关信息，要充分表达出产品或服务的特点、外形、功能、价格等优良的特性，展示其与众不同的卖点，创造个性。商业广告中各种感人的故事，各种中华民族的传统美德、道德情操，都是为产品服务的，都是增强消费者的记忆，诱发、刺激消费者购买产品的一种手段。

再次，目标群体不同。公益广告传播的内容是有关社会公益思想和公益道德等公益观念，因此公益广告的受众定位更广泛。无论男女老幼，无论职业喜好，公益广告面向全体社会公众，其广告对象具有广泛性的特点。对比来看，商业广告的传播目标明确，其目标受众就是某个特定的消费群体。广告主需要根据不同地区、不同性别、不同年龄段、不同职业的消费者的特性喜好仔细斟酌，选择适合目标人群的广告创意和广告媒体，从而促进产品销售。例如2013年可口可乐在新浪微博上掀起的"昵称瓶"广告活动，就是迎合了品牌目标受众的心理，那些使用社交网络的年轻人习惯通过社交平台了解热点时事，对于昵称使用很频繁，可口可乐将"吃货""表情帝"等大量网络热门词汇印在瓶子上，引发受众广泛的参与和转发热潮。

另外，公益广告从诞生之日起就肩负着崇高的社会责任，它的目标是社会公众综合素质的提高，弘扬的是被社会认可的公共生活准则和规范体系，公益广告或给人启迪或给人警示，在培养全民公共意识、贬恶扬善方面发挥重要作用。商业广告是一台"造梦的机器"。商业广告在传播产品信息的同时，也让受众了解到如何可以更便捷地生活，怎样才能让生活更加多姿多彩，附带接受广告所宣扬的生活观念和价值观念。如今不少商业广告诱发受众过度消费，对整个社会的生活观念和价值观念起到了不良的影响。

3. 公益广告与商业广告的联系

商业广告与公益广告是相辅相成、相互联系的。一方面，带有积极向上的公益性内容的商业广告契合了人类追求真、善、美的普遍心理，树立了良好的企业形象，实现了经济效益和社会效益的双赢。另一方面，公益广告也可实现一定的商业目的。随着社会经济的发展，企业摒弃了单纯的商业化操作思路，采用社会化的发展战略，积极参与社会公益活动，支持社会公益事业，承担社会责任。一些广告主从公益广告中挖掘潜在的商业因素，运用公益广告的隐性诉求功能塑造品牌形象，传播企业理念。如广告中出现企业名称，或是广告的诉求内容与企业的商品、服务相关。汶川大地震时，平安保险所做的公益广告"中国平安，平安中国"，就是一种"兼容"的做法。

对于这种公益广告的商业化倾向应一分为二地看待。首先应该肯定的是，商业化倾向是在中国公益广告特定历史阶段发展过程中必然出现的状态。中国公益广告尚处于发展初期，单靠政府、媒体和一些广告公司制作公益广告无法实现公益广告运作的良性循环，企业介入公益广告传播大大缓解了公益广告制作的资金问题，有利于推动中国公益广告事业发展。但长期过度的商业化，的确会导致公益广告与商业广告界限的模糊，造成管理上的不便与混乱，影响着公益广告的公信力和传播效果。在今后的实践中，应尽可能地保持公益广告的独立性、纯粹性，合理适度地引入商业信息，探索适合中国国情的公益广告健康发展之路。

（二）公益广告与公共关系广告

1. 公共关系广告的概念

在现代市场营销理论中，公共关系和广告均属于市场营销的组合因素，属于企业的营销手段。随着市场营销理论的不断深化，公共关系广告逐渐从公共关系实践中分离出来，它既属于公共关系活动的一部分，又属于广告的范畴，成为公共关系和广告的交叉领域。

根据构型分析，公共关系广告是一种完整的、独立的整合传播形式。公共关系广告特指社会组织为了在公众中提高其知名度和美誉度，树立良好形象，防止和纠正公众的误解，求得社会公众对组织的了解和信任支持而开展的一种广告活动。公共关系广告是公共关系与广告嫁接而来的新事物，但它不是原有要素的机械相加，更不是原有事物某些特征要素的简单体现。

目前常见的公共关系广告主要有以下几种类型：

（1）形象广告。

形象广告主要介绍企业各方面情况，如企业的价值观念、管理哲学、企业宗旨、历史、生产规模、员工素质、高新技术、社会贡献等,目的在于让公众全面地了解企业,产生信赖。五粮液集团的广告歌曲属于此类。

(2)谢意广告。

谢意广告是利用节日、纪念日来临之际或举行某大型活动之际,向社会公众表达致谢的广告形式。谢意广告有助于增进企业与公众的情感,烘托出节日的气氛,传达品牌的亲和力。如肯德基店庆二十周年的"感恩回报"系列主题活动"社区服务""营养教育"等,让公众深感企业的社会责任心,并开始关注企业的成长和发展。

(3)响应广告。

响应广告是指企业积极响应政府号召,与社会各界团结协作,投入具有重要意义和影响的社会活动中,为维护社会稳定、共同繁荣而努力的一种广告形式。响应广告有两种具体形式。一是祝贺性广告。当某企业开张或周年庆典之时,以同行的身份刊登广告表示祝贺,既使受贺方得到了宣传,也增加了本企业的曝光率。二是以企业的名义响应政府的某项政策措施或当前社会中的某个重大事件,既表明企业对社会生活的关心、融入,又有助于企业产品或服务形象的传播。中国每年一次的"两会"、各类型的文化体育赛事等,都是企业制作响应广告较好的宣传契机。

(4)解释广告或声明广告。

解释广告或声明广告用于由于某种原因引起社会舆论的误解,必须向社会公众做出一番解释,消除误会,澄清事实。这类解释广告或声明广告通常被视为企业危机公关的一部分。消除严重后果或不良社会影响的致歉广告也可归为此类。以加多宝公共关系广告为例,王老吉本是广药集团下属的一个商标,被鸿道集团租用,2012年6月,广药集团拿回王老吉商标,正式推出王老吉红罐凉茶,鸿道集团只得将自己的产品改名为"加多宝"。之后,鸿道集团在全国铺天盖地地做了大量公共关系广告,"中国每卖10罐凉茶7罐是加多宝""全国销量领先的红罐凉茶改名为加多宝",这些广告很快纠正了公众的认知,扩大了加多宝的品牌影响力。

2.公益广告与公共关系广告的相同点

首先,不宣传产品。公益广告传播的不是商品信息、服务信息,而是关乎社会公众利益的某种观念,主要是对人们进行社会公德教育,引起整个社会的关注。这和公共关系广告极为类似。公共关系广告也不直接宣传产品,而侧重树立企业信誉、塑造企业形象,极力淡化广告中的商业气息。因此在广告的传播色彩上,公益广告和公共关系广告都以更具人情味的方式注重在情感层面与公众沟通,力求赢得受众的认同。商品广告中"喝××,中大奖""××(品牌)百万元大赠送"等千方百计地增强感召力,给受众以紧迫感,促使其尽快购买的情况在公共关系广告中极少见到。

其次,广告主题的公益性。新时期的公共关系广告被赋予了一个新的时代特点——公益性,即公众的利益。在此背景下,企业不再只是单纯地追求经济利益,还担负起对社会的责任,彰显了企业的人文情怀。例如,贵州习酒公司在每年高考过后都会派人到各个高中去了解高考状元的家庭经济状况,给那些成绩优异而家庭困难的孩子雪中送炭,并以"习酒·我的大学"为主题开展公关宣传活动。可以说,公益广告所倡导的公益精神和公共关系广告所关注的主题高度交叉重合,慈善救助主题、环境保护主题、社会道德主题、文化传承主题、民俗节日主题、抗震救灾主题等都在两类广告作品中有所表现,公共关系广告在某种程度上也具有一定的公益因素。

再次,注重广告的长期效果。公益广告是一种特殊的观念性广告,在改变人们行为、树立人们的公益观念方面很难有立竿见影的效果。公益广告必须长时期、重复性地多频次播出,才能潜移默化地影响受众。公共关系广告也不追求短时期售卖产品,它以企业整体形象为诉求点,树立长期性和系统性的目标,配合每个阶段的需求和新情况,强化公众对品牌的认知,增强品牌忠诚度,是企业长期品牌战略发展的重要组成部分。

3. 公益广告与公共关系广告的差异

公益广告和公共关系广告的差异,也正是非商业广告和商业广告的差异。和商业广告相比,公共关系广告相对淡化直接销售效果,然而公共关系广告在功能、表现、终极目的方面始终与商业广告存在异曲同工之处,淡化商业气息是为了增加社会公众对企业的好感,树立良好的组织形象,间接提高经济效益。公益广告则不然,公益广告情感诉求、视觉语言等各种"软性"表现形式,仅是为了更好地传播公益理念。同样,公共关系广告的公益性也只是广告主塑造企业形象的一种手段,与公益广告公益性的本质属性有着明显差别。

此外,公益广告信息来自公众关心的某一社会现实问题,旨在倡导某种对社会公众有益的观点,即使是企业主赞助了公益广告,也不能明显地出现企业名称、产品品牌,最多只能将其放在广告结尾处的不显著位置。公共关系广告则含有大量的商业信息,或是提出对某种问题的看法,或是直接倡导某一个公益观点,或是排除某种威胁。总之,要以鲜明的信息使广告主与其他竞争对手相区别,广告主的名称会出现在公共关系广告中最重要的位置上。巨人集团的公共关系广告《巨人的宣言》结尾处写道:"巨人将一如既往,使高科技真正造福人民,造福国家,把巨人事业视为民族兴旺发达大业的一部分。"这一广告主题定位于造福人民,造福国家,具有主题思想的利他性,但"巨人"的品牌名称数次出现,广告主毫不掩饰地表达企业的主观意向。

【案例评析】

雪佛兰公共关系广告

20世纪90年代,美国受到其他国家挑战,经济、军事大国的地位受到很大的威胁。这种外压在国内反弹,使美国人越来越关注本国事务。雪佛兰汽车抓住机会,突出一个与汽车性能完全无关却与这种思潮相一致的广告系列,该系列主题便是"爱国主义"。在这个时长为一分钟的电视广告中,镜头不停地向观众展示美国国旗,以慢镜头描绘各种感人场面,美国人民工作、生活的场景清晰可辨,从加利福尼亚到纽约,全美三十多处景致依次出现,整个广告没有提及任何汽车性能、型号,却反复强调美国和美国人民。该广告树立了雪佛兰正面的企业形象,情感上的呼吁获得了大批美国人的共鸣与支持,雪佛兰汽车的销量迅速增加。

（三）公益广告与意见广告

1. 意见广告的概念

意见广告也称为观念广告。这种广告形式有着悠久的历史，却由于使用范围较窄，在广告学界还没有明确的严格界定。日本学者对意见广告的定义做了一些有价值的探索。例如，日本学者清水英文认为，意见广告是以政治广告为主的非商品广告，即从表面上没有营利动机和目的，针对政治、社会、思想问题，以大众传媒为主要传播媒体的一种需要花费可观资金的陈述意见的广告形式[①]。日本学者植条则夫在其著作中将意见广告定义为政党和其他团体购买广告时段或版面，申诉自己的观点主张。广义上，政治广告、公共广告等非商品广告全部都可纳入意见广告的范畴。也就是说，特定的个人、企业、团体为表明某种意见、获得某种利益，在大众媒体上付费进行信息发布，寻求支持，均可视为意见广告。而且不仅非商业广告能成为意见广告，商品广告针对政治、经济、社会问题进行意见表达，也可视为意见广告。

以上对意见广告的定义虽不相同，学者们却在以下几个方面达成了共识：一是意见广告是为了个人、组织或政党的利益；二是需要出资付费购买大众媒体的广告版面；三是意见广告的目的是通过提倡或灌输某种观念和意见，试图引导或转变公众的看法，影响公众的态度和行为。

综上所述，意见广告就是指特定的个人、组织或政党，为了某种利益，在大众媒体上付费刊登广告以传达某种观念的广告形式。

2. 公益广告与意见广告的异同

公益广告与意见广告不是截然对立的，很多时候，意见广告就包含有公益广告的主题要素。张明新在《公益广告的奥秘》一书中提到日本的意见广告主题涵盖安全、医疗、社会福利、公共服务涨价、能源开采、自然环境、道德、世界和平等方面，这些同样也是公益广告的主题。公益广告因其主要用于纠正人们的错误观念，或是提倡一种有益于社会的新观念，便取得了和意见广告相类似的诉诸观念的表现形态。

公益广告与意见广告的不同之处在于广告目的不同。公益广告目的在"公"，其目的是树立良好的社会道德风尚，传达的是被社会广泛认可的主流观念，是一个社会约定俗成的价值观、道德观和文化理念。意见广告与商业广告一样，其背后有着特殊的利益群体，因此意见广告注重意见的表达，表达的可能是客观存在的事实，也可能是捏造的事实，可能是正确的观念，也可能是错误的观念。这种特定利益除了商业利益之外，也体现在政治利益方面，意见广告中最常见的政治广告，便用来陈述政治观点和表明政治信念，例如，1945年12月，日本各社会团体发表的意见广告，1950年日本出现候选人的法定选举广告。在美国，《纽约客》编者曾撰写《现时市民应站起来》的意见广告，引发陷入财政危机的纽约市的市民集会游行。

---

① 张明新.公益广告的奥秘[M].广州：广东经济出版社，2004：138.

【案例评析】

陈光标父子自费在《纽约时报》做意见广告[①]

2012年8月31日,中国企业家陈光标在美国《纽约时报》上自费3万美元,刊登了"声明钓鱼岛是中国领土"的广告(见图1-1)。该广告刊登在《纽约时报》A19版,半版篇幅,中英文

图1-1 陈光标在《纽约时报》所做的意见广告

双语呈现,陈光标自称"中国公民、世界和平使者",主标题将钓鱼岛之于中国,比作夏威夷之于美国:"如果日本宣布夏威夷是日本领土,美国人民会有什么感受?美国政府会有什么举动?"广告正中是一张钓鱼岛全景图,并配发了陈光标的标准照、亲笔签名,另附有电话、电子邮箱及地址。随广告刊发的还有一张陈光标"飞身骑自行车"的生活照。陈光标表示在《纽约时报》登广告声明钓鱼岛是中国领土,主要有三个原因:一是各国政要都非常关注《纽约时报》,在上面刊广告是向世界郑重表达钓鱼岛是中国领土的坚定立场。二是二战以来,美国和日本一直有着特殊的关系,陈光标希望美国政要和民众进一步了解这一基本事实,尊重中国主权,给日本右翼分子压力,发挥美国作为世界超级大国在维护西太平洋地区稳定和安全方面的作用。三是要尽自己作为爱国企业家的一份责任。陈光标这则广告虽有借机炒作的成分,但广告文案却旗帜鲜明地表达了自己的立场。广告中声明:"钓鱼岛自古以来就是中国的领土","日本右翼分子正在侵犯中国领土主权,正在破坏西太平洋地区的稳定和安全";"坚决抗议日本右翼分子最近挑起的钓鱼岛争端和所谓购买钓鱼岛、进行国有化的举动";"我呼吁美国政府和各界人

[①] 陈光标谈纽约时报广告:表达中国企业家立场[EB/OL]. [2019-06-05]. http://view.163.com/special/reviews/nyt0906.html.

士谴责日本的挑衅行为。"中英文双语对照有利于理解,避免歧义。

2013年8月5日《纽约时报》A5版再次刊登了陈光标之子陈环境所做的宣示钓鱼岛主权的意见广告。他引述日本著名学者井上清的有关著作,例如引用明朝嘉靖年间胡宗宪为抗倭斗争编制的《筹海图编》的图录,"显示钓鱼岛被算在福建沿海的中国所领诸岛内","钓鱼岛自古以来就是中国的领土,历史是不容抹煞的;不仅所有中国人这么认为,绝大多数美国人也这么认为"。此文同时配有陈环境的照片以及他的联系方式。

第二节 公益广告的特征

公益广告是为社会公众谋利益的广告形态。作为一种特殊的广告形式,公益广告具有四大特征:为社会公众利益服务的公益性、广告诉求的观念性、广告传播的导向性和广告主题的社会性。这些特征是公益广告与其他广告类型相区别的关键,是公益广告独特性的体现。

一、公益性

公益性是公益广告的本质属性,也是公益广告的最显著特征。何为公益性?根据《辞源》的解释,公益是指"公共之利益,相对于一个人之私利、私益而言"。公共利益应为地区、国家乃至地球村全体成员或大多数成员的利益,而不是个别成员或少数成员的利益,这是目前被广泛承认的判断公益的标准。公益广告在广告目的和广告诉求主题等方面都体现出鲜明的公益性特征。

(一)广告目的的公益性

广告分为营利性广告和非营利性广告。非营利性广告是指社会团体、组织或个人不以营利为目的所从事的活动,是一种行为,其本身不以营利为目的。从广告目的上看,公益广告是纯粹意义上的"公益服务广告",其中不应含有任何商业目的。公益广告与其他广告同样是在从事一种诱导性传播,但是其广告信息均围绕公众利益。也就是说,公益广告应有强烈的义务性,注重社会效益,服务于公共利益,而不是为个体或私人利益服务,也不应与商业利益相关。无论其出资方是政府机构、社会团体还是企业,其目的都是唤起公众对社会问题的关注,改变受众对某一问题的态度或引导正确的价值观念,规范公众行为。

(二)广告诉求的公益性

从广告内容而言,公益广告向公众传播的是能够促进人类发展和社会进步的各类信息。以中央电视台早期《广而告之》栏目为例,调查结果显示,该栏目所播放的公益广告内容涵盖行为规范、道德建设、价值取向等公众日常生活的方方面面,其中行为规范类内容占5%,道德规范类占29%,价值取向类占12%[①]。这一数据从侧面反映出公益广告的公益性。随着时代的发展,我国社会对公益的认识不断深化,由传统的"邻里互助式"的慈善,社会福利领域的扶贫

---

① 中国广告年鉴编委会.1997中国广告年鉴[M].北京:新华出版社,1997:11-12.

济困、赈灾援助,发展为一种更为普遍的价值观念,公益广告的内容也不断扩展,涉及人的完善以及人与人、人与自然、人与社会的和谐发展等诸多领域,它不再简单地关注具体救助对象一时一地的需要,而是关注如何解决社会公共问题,关注社会总体发展需要的深层次领域。

二、观念性

观念是人们在长期的生活和生产实践当中形成的对事物总体的、综合的认识。在公益广告信息传播中,公益是目的,观念是内核,对公益广告作用的发挥具有决定性作用。公益广告所能蕴含和表现的观念是多层次、多方面的,它既可以表达人们的实践观念,也可以表达深层次的哲理观念。例如传达一个政令、共识、理念:"珍爱生命、远离毒品",反战公益广告"多一些润滑,少一些摩擦","有历史才有现在,唯遗产才知兴衰","世界上最后一滴水,可能是我们的眼泪,请珍惜水资源"。再例如传达一种正确的道德观或普及基本的法治观念:"助人乃快乐之根本""诚信方能成人""贪污一根针,刺痛百姓心"。或是倡导一个助人、健康的观念,如义务献血的公益广告:"波涛让江河澎湃,热血使生命沸腾!""我们爱心的一小部分却是他们生命的全部。"或是教导一种积极的生活态度:"生命像一面镜子,你微笑所以她微笑,你皱眉所以她皱眉。"

总之,无论何种类型、何种内容的公益广告都是围绕社会公众利益的观念进行传播。公益广告的观念性,决定了公益广告作用于社会意识形态,其影响力的发挥是长期和潜移默化的,它要改变和塑造公众固有的价值观念,并由此上升为在社会中占核心地位的观念,必须通过不断地积累和传播,任何希望一朝一夕就能达到公益广告传播效果的想法都是不切实际的。

三、导向性

公益广告不是单纯自娱自乐的传播,而是通过它倡导的方式向社会公众传达一个时代的价值观念、伦理道德、生活情操、民风习俗、文化心态,其职责就是唤醒人们内心深处最纯、最美的东西,引导社会向真、善、美的方向发展。因此,公益广告有着严肃的、鲜明的导向性,提倡什么,反对什么,在公益广告的作品中十分明确。

公益广告的导向性不同于法律的强制性。法律可以要求人们强制遵守,规定人们做什么,不做什么。为了起到良好的传播效果,公益广告的导向性一定要坚持说服性原则,发挥广告塑造受众观念时的"软"性力量,微言大义,以情动人,以理服人。比利时曾在3月22日世界水日举办了一个公共广告活动,将500个绘有黑人小孩儿的浅黄色胶纸贴到市内公共场合的盥洗室中。其头部贴着"非洲的孩子非常渴望洁净的水,请您节约用水"的标语,孩子嘴部正好对着水柱流入的地方。这样一个大眼睛的孩子无辜地看着众人,张着嘴渴望着水的样子,让人们没有办法漠视。

如图1-2所示的公益广告《勤洗手》也并没有使用强制性的语言要求人们怎么做,而是采用了拟人的形式,将一只手设计成了青面獠牙的怪兽,张着血盆大口。文案"YOUR HANDS CAN BE DANGEROUS. WASH THEM WITH SOAP AND WATER TO KEEP BACTERIA AT BAY.(你的手可能是危险的。请用肥皂洗手以保持手部的清洁。)"以生动形象的方式提醒人们勤洗手的重要性。

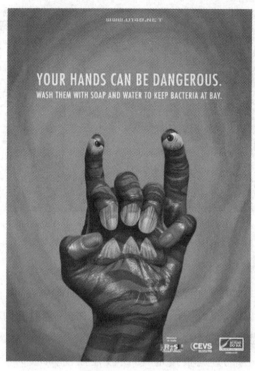

图1-2 《勤洗手》

四、社会性

公益广告从它诞生之日起,就一直与社会紧密联系。公益广告的主题具有社会性,其主题通常是日常生活中迫切需要解决的社会问题,有着极为广泛和深厚的社会基础。公益广告的内容具有社会性,它取材于老百姓日常生活中的酸甜苦辣和喜怒哀乐,并运用创意独特、内涵深刻的广告手段,以鲜明的立场正确引导社会公众。公益广告的诉求对象又是最广泛的。它是面向全体社会公众的一种信息传播方式,同时作为一种社会公益事业,它有赖于社会公众的广泛参与。总之,公益广告已成为当前社会沟通的大手段,为人类社会生存和发展创设各种基本条件。

(一)题材的社会性

社会性是人的本质属性。公益广告倡导的是人的社会属性中符合人类整体发展要求的基本特性,主要包括利他性、服从性、依赖性,以及更高层次的自觉性等。这方面的题材有集体主义、舍己为人、无私奉献、积极的人生理想和高尚的价值追求等,都是最高层次的道德规范,是人们所追求的最高尚的道德理想和道德情操,体现着先进的价值观、人生观和世界观。同时,公益广告批判人的社会属性中那些阻碍社会发展的特性,即反社会性。人的自然属性如果不加节制,就会造成对社会、对他人的危害,甚至妨碍社会发展。如为了满足自己的口腹之欲,点餐不加节制,为了装扮自己,残害其他生物。在图1-3中,一位女士拖着皮箱在候机大厅走过,一路上皮箱所到之处沾满了鲜血,让人触目惊心,由此传达出请不要购买动物消费品的环保理念。

图 1-3 《不要购买动物消费品》

(二) 内容的社会性

公益广告的实际创作和发布过程,通常也是从社会现实出发,取材于受众日常生活中的酸甜苦辣和喜怒哀乐,具有深厚的社会基础。很多公益广告所传播的内容就是配合当前社会上正在进行的、与社会公众息息相关的一些重大事件或活动,或者是针对当前社会上存在的诸多社会问题。这样使得公益广告的选题很接地气,实效性强,能够及时引起受众的共鸣。图 1-4 所呈现的《百子图》正是针对中国传统重男轻女,不愿意生女孩造成性别比例失衡的真实写照。中央人民广播电台制作的《防范新型电信诈骗——电话报警守护生活》公益广告在各类网络、电信诈骗频发的背景下,也极具现实意义。

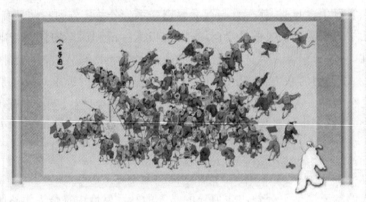

图 1-4 《百子图》

【案例评析】

猴年春晚公益广告——有思想,品味中华文化的气质韵律[①]

在对春晚公益广告的创作要求上,虽然每年都要求推陈出新,但团圆却是始终不变的主

[①] 冯依民. 讲好中国故事 让"中央电视台春晚公益广告"温暖 365 日[J]. 中国广告,2016(4):75-77.

题。家和万事兴,春节是阖家团圆的日子。春节连接了传统社会与现代社会,它是中国人埋在心底最深处的田园牧歌。春节是万千中国人在外经历了一年到头独自远行打拼之后,萦绕心头、永远牵绊的乡愁。

中央电视台公益广告团队在2015年12月辗转河北、安徽、陕西、四川、广东、云南、福建等十几个省份,横跨数万公里,从黄土高原尽显陕北风貌的窑洞,到云南金沙江的峡谷,再到海拔4200米的折多山垭口,寻找祖国各地的民俗风情,展现新时代的生活样貌。最终《父亲的旅程》《门》《梦想照进故乡》三支公益广告在猴年春晚呈现。《梦想照进故乡》故事取材于真实的生活,演绎了三个关于家乡与亲情、奋斗与梦想的温暖故事。《窑洞里的养鸡场篇》讲述了陕北农村主妇在家养鸡,留住外出打工的丈夫,"幸福就是一家人能在一起吃饭",这也是当下中国农村妇女最朴实自然的情感诉求。《甜蜜的事业篇》讲述云南的退伍军人为了守护母亲与爱人,重新打理老家山坡上的一片橘园,经过几番挫折终于迎来硕果累累的丰收与喜悦——"我来自农村,就回到农村,用同一块土,养大下一代人,这就是最甜蜜的滋味"。《山村里的学堂篇》讲述福建山村里走出的大学生从都市返回老家,用先进的思路与教育方式改变乡村教育,只有在生他养他的家园创业才是他的梦想和追求。这才有了他的扪心自问,"幸福是什么?"——"山村把我养大,我能再把山村养大,一生都快乐!"

三个真实朴素的故事,却折射出返乡创业、乡愁、中国梦的大时代背景特征。正如中央人民广播电台广告部主任对它的评价:《梦想照进故乡》与一般的春节主题广告作品着重讲述"回乡"不同,这个作品讲述了几个"在故乡"的故事,挖掘到了当代年俗的最深处,背井离乡与衣锦还乡的尴尬并存,故园记忆与家乡现实的重重矛盾,导致人们在春节前后在城市与乡村之间疲于奔命。如果乡村能够复兴,那么很多当代人的辛苦也能化于无形。作品结构精巧,表演朴实感人,是一则难能可贵的有社会深度的春节公益广告。

(三) 针对社会公众

公益广告的诉求对象是最广泛的社会公众。一般的商业广告均有明确的目标受众,即希望广告传播针对哪一类细分人群。公益广告从性质上讲是公众服务类广告,从内容上讲是社会性题材广告,从目标上讲是宣传教育类广告。这一切都决定了公益广告具有最大的受众面,必然要求以最广泛的社会公众为目标,要紧紧围绕社会公众关心的问题进行诉求。公益广告受众的社会性还表现为具有普遍意义的公益广告是没有国界的,比如环境资源保护、青少年问题、艾滋病预防等都是世界范围内的问题,需对此进行广泛的、全方位的广告宣传。

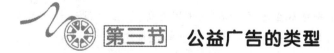

第三节 公益广告的类型

公益广告是回应时代呼唤的产物。中国的公益广告可按投放主体、投放媒体以及投放的广告主题划分为三种类型。当前,基于投放主体的公益广告类型主要以媒体型、政府型、企业型为主,体现了公益广告传播者的多样性;基于广告媒体的公益广告类型中传统媒体公益广告所占比重较大,但以网络为代表的新兴媒体公益广告发展迅猛;基于广告主题的公益广告类型多元化，凸显公益广告在反映现实问题、引导社会舆论方面的重要作用。

一、基于投放主体的公益广告类型

（一）媒体型公益广告

媒体型公益广告是媒体社会责任理论的产物。媒体社会责任论认为位于政府之下，拥有特殊地位的传媒，在当今社会具有大众传播的重要功能，有义务承担舆论监督、提供娱乐、为经济制度服务、维护和增进社会公共利益的责任义务。公益广告以其特有的内容及公益目的成为大众衡量媒体社会责任感的一个硬性标准。

此类公益广告的投放主体是媒体，而且主要是一些电视媒体。此时媒体同时扮演着广告主和广告发布者的双重角色。媒体型公益广告首开公益广告先河。1986年，由贵阳电视台摄制播出的《节约用水》公益广告被认为是中国媒体型公益广告的发端。1987年，中央电视台于黄金时段推出了《广而告之》栏目，创作播出了一批主题鲜明、生动活泼的公益广告，其中影响较大的有《高高兴兴上班来，平平安安回家去》《啊！真对不起》《别挤了》《救救孩子》，通过反映热点问题吸引人们广泛关注。以此为标志，很多省市级电视台纷纷效仿开设了公益广告栏目，例如北京电视台的《公益广角镜》、河南电视台的《兴利除弊》、四川电视台的《公益广告》，截至1995年已经有27家电视台开办此类栏目。自此以后，中国公益广告渐成气候，后因政府加强了公益广告的管理，媒体发布的公益广告逐步纳入政府的管辖范畴，对媒体创作的公益广告内容、主题均有明确的要求。

【资料链接】

2001年，中宣部、中央文明办、国家工商总局、国家广电总局等几大部委与中央电视台联合举办了"全国思想道德公益广告大赛"。中央电视台组织了76家广告公司参与思想道德公益广告的制作工作，从11月1日起在《新闻联播》前的这段时间，每天播出思想道德公益广告，这是为了配合《公民道德建设实施纲要》推出进行宣传而采取的重要措施。播出的公益广告有《共同的力量》《同升一面旗，共爱一个家》《将爱心传递下去》《爱我中华，再创辉煌》等，每条长度在30～60秒之间，在中央电视台11个频道中播出，每天播出不少于22次。

2006年年初，中央文明办、国家工商总局、国家广电总局、新闻出版署四大部委联合举办"全国思想道德公益广告征集比赛"，作为联合主办的媒体，中央电视台为21条入围广告作品提供了高频次的播出平台。从1月29日开始在一套、二套、三套、四套、七套、新闻频道等频道播出。此外，还在中央电视台国际网站和《中国电视报》上开设了大赛的专题和投票专区，加大了整体宣传力度，引起了社会各界的广泛关注和强烈反响。

2004年4月1日，中央电视台《新闻联播》播放了一条由青岛模范工人许振超亲自出演的公益广告《劳动创造人生价值》，时长达1分钟。2007年3月5日，公益广告《婴儿篇》在中央电视台《新闻联播》播出，该电视公益广告展现的是婴儿睡梦中对未来的追求与渴望，将人类生命最初的梦想与奥运精神"更高、更快、更强"的追求相融合，阐述2008北京奥运的主题"同一个世界，同一个梦想"。2007年5月16日，中央电视台《新闻联播》完整播出由该台广告部策划制作的长达2分钟的公益广告《相信篇》,以著名演员濮存昕真挚感人的话语,消除人们对公益事业的不信任,唤起人们内心的公德意识和行动信心,阐释了"公益广告也是一盏灯"的中心思想。

(二)政府型公益广告

鉴于公益广告在塑造公众社会观念方面的强大效力,各国政府都将公益广告视为政府传播的一个组成部分,加大对公益广告的投放量。因此,此类公益广告投放主体为政府或政府部门,而且大都涉及政策法规或者与某一政府部门具体主管事务相关的一些主题。如中国各级文明办投放的"思想道德"公益广告,各级人口和计划生育委员会投放的"优生优育"公益广告,生态环境部、厅、局投放的"环境保护"公益广告,卫生部、厅、局投放的"防治肺结核"公益广告,香港特别行政区廉政公署投放的"反贪污"公益广告等。在国外,也存在一定数量的政府型公益广告。美国政府通过电视媒体投放了大量的宣传政府禁毒政策的公益广告和反恐公益广告。

公益广告不仅传播与政府政策相关的内容,在我国其运作本身也是一种政府行为,政府机构承担了公益广告活动的发起和组织工作。如《关于开展"迎国庆讲文明树新风"公益广告宣传活动的通知》,公文不仅规定了广告的数量、大小和播出范围,还强调邀请知名人士,从宏观到微观都对广告的整体制作提出了更高的要求。此类公益广告更注重舆论宣传,在创意策划、审美形式等方面尚有待提高。并且这种凭借政府影响力掀起的公益广告活动,受政策影响较大,有一定的时期性、阶段性。

(三)社会组织型公益广告

此类公益广告的投放主体是社会组织。无论是在国内,还是在国外,都存在着大量的社会组织。社会组织通过在媒体上投放相关主题的公益广告,唤起人们的公益慈善意识和对公益慈善事业的支持。投放公益广告的社会组织既有国际性的,如世界自然基金会、国际野生动物保护组织、国际红十字会、联合国儿童基金会等社会组织在电视媒体上投放有关"保护自然环境""保护珍稀动物""反对吸烟""儿童享有受教育权"等主题的公益广告,也有全国性的,如中国人口福利基金会投放的"救助贫困母亲"公益广告,还有区域性的,如各地市红十字会投放的"义务捐献"公益广告。社会组织型公益广告发布的内容通常与发布者的组织职能有关。国外的社会组织型公益广告相当普遍,国内在此方面尚有进一步发展的广阔空间。

【资料链接】

和尚竞标开了中国公益广告先河①

2000年1月22日,福建电视台黄金段位广告招标会在福州外贸中心举行,250余家广告客户,400多家企业代表云集。一蓄须僧人身穿袈裟,颈环佛珠,与弟子落座第一排。

《福建新闻联播》前15秒广告分两个单元:前一单元5个月,标底60万元;后一单元6个月,标底72万元。竞标第一单元时,僧人静观不动。第二单元开始,弟子举起001号牌。拍卖

---

① 买断电视台黄金时段的方丈[EB/OL].[2019-06-05]. http://story.zgfj.cn/YG/HS/2010-09-19/2681.html.

师介绍:"他是鼓山涌泉寺方丈普法禅师,此次竞标是为做两条公益广告——宣传禁毒和保护野生动物。"此话一出,掌声响起,标牌纷落。只剩198号举牌。

普法弟子举到80万元时,普法凝眉:"坏了,我要卖庙了。"此时,198号单位人员请示领导后放弃竞标。仅两个回合,普法以80万元的价格折桂。当下有记者采访198号为何放弃?答:"如果影响了出家人做善事,于心不忍。"

折桂的普法应邀上台表示感谢:"80万对我来说是个不小的压力,但本寺愿为净化社会竭尽绵薄。"随后把象征吉祥的铁树果赠给竞标者,一谢谦让,二祝事业如千年铁树,常盛不衰。

(四)企业型公益广告

20世纪90年代,随着广告市场的快速发展,一些企业社会责任意识加强,认识到公益广告是提升自身社会形象的有效方式,逐步参与到公益广告的运行中。1993年,孔府家酒、海尔集团、联想集团等以承担广告制作费的形式加盟《广而告之》,缓解了中央电视台制作公益广告的经费压力。1995年中央电视台下发《关于企业资助联合制作〈广而告之〉节目的暂行办法》,规定凡是由企业资助拍摄的《广而告之》节目,节目结尾加映不少于三秒钟的企业名称,在中央电视台第一套节目20:59分固定栏目每天至少播出五次。自此,企业型电视公益广告成为越来越多的企业广告投放的新宠。20世纪末哈药集团制药六厂就曾创制出一批经典的公益广告作品,其中的代表作《给妈妈洗脚篇》至今令许多人记忆犹新。

企业型公益广告中有一种特殊的投放主体——广告公司。一些热心公益广告事业的广告公司,如广而告之国际有限公司、盛世长城广告有限公司、麦肯光明广告有限公司,在接受委托创制公益广告时,通常只收取一定的成本费。2013年中央电视台播出的五支春节公益广告,就是由中央电视台联合多家国际4A广告公司联袂制作的。当然,这些广告公司有时也会在媒体上投放一些公益广告,通过投放公益广告提高自身的知名度,为其带来更多的广告业务。

(五)个人型公益广告

2000年以来,公益广告事业有了很大的发展,出现了一批由个人出资制作的公益广告。2000年8月28日北京一家商品批发个体业主,出资在永定路北口,竖起一个长21米,宽3.5米的大型公益广告牌,醒目的"发展才是硬道理"的大字和靓丽画面,吸引南来北往行人驻足观看。这是我国近年来第一个个人出资申办的公益广告牌。2004年4月,浙江省农民陈法庆先后在杭州电视台、《人民日报》投放环保公益广告。在大众传播时代,虽然在媒体上投放公益广告收取的费用比同一时段的商业广告略低,但动辄也需要支付数万元的广告费。对于普通个人来说是个不小的数目。因此,相对于其他类型的公益广告,个人型公益广告在现实社会中并不多见。

【资料链接】

第一位做环保公益广告的农民[①]

陈法庆,浙江省杭州市余杭区仁和镇奉口村农民,因热心环保事业而闻名,成为第一位做

---

① 本文由中央电视台七套《乡约》节目改编。

环保公益广告的农民。

陈法庆所在镇有大小石矿11家,二十年间人们一直生活在加工矿石产生的震耳欲聋的噪声和遮天蔽日的粉尘中。陈法庆多次向环保局和镇政府反映情况无果后,将其告上法庭。然而,陈法庆并没有胜诉。2003年陈法庆又以溪水污染为由,将省政府、省环保局告到法院,却又因环境污染与他没有直接的利害关系,法院不予受理。

一次次与环境污染的较量,让陈法庆意识到,保护环境光靠他一个普通农民单枪匹马,解决不了根本问题。2004年5月7日,陈法庆花费2万元在杭州电视台播出署名农民陈法庆的环护公益广告。2004年5月28日,陈法庆又花费4万元在《人民日报》刊登了一则"善待环境,就是善待自己——署名陈法庆"的公益广告。2004年12月26日印度洋地震引发海啸,陈法庆再次来到《人民日报》,又做了这样一则公益广告:"善待环境就是善待自己,积极为印度洋地震和海啸灾区提供援助,伸援助之手、献关爱之心,农民陈法庆。"2005年4月,陈法庆在全国31座省会(首府、直辖市)城市推出环保公益灯箱广告。

不到一年的时间,陈法庆先后个人出资39万元做公益,他因此成为中国自费做环保公益广告的农民第一人。陈法庆希望通过这样一种行为,来唤醒大家对环保事业的关注和重视。

(六)联合投放型

此类公益广告由政府、媒体、企业、广告公司、社会组织和个人中的任何两个或两个以上主体联合投放。例如,1998年,围绕当时的国有企业改革、下岗职工再就业问题,联想集团出资二十多万元与中央电视台广告部、捷先广告公司在《广而告之》栏目联手推出两则以再就业为主题的公益广告精品《从头再来》《脚步》。在《从头再来》中,刘欢深情演唱的"心若在,梦就在,天地之间还有真爱;看成败,人生豪迈,只不过是从头再来"激励了一代人走向追梦的道路。再例如,为了扩大希望工程的影响力,动员和凝聚社会力量参与到希望工程助学活动中,中国青少年发展基金会和中央电视台《广而告之》栏目联合制作发布了公益广告《希望工程助学行动》。

二、基于广告媒体的公益广告类型

(一)报纸公益广告

报纸公益广告是指刊登在报纸媒体上的公益广告形式。当前,报纸的品种越来越多,内容越来越丰富,版式更灵活,印刷更精美,报纸公益广告的内容与形式也越来越多样化。报纸公益广告的优势主要在于:第一,受众范围广泛而稳定。作为重要的传统媒体,报纸长期以来积累了广泛的受众群体,在受众心中具有较高的信誉度和权威性。第二,成本低。报纸公益广告的千人成本是印刷媒体之中最低的。第三,制作灵活,时效性强。报纸公益广告的局限性主要是它的印刷品质。受材质与技术影响,报纸不如专业杂志、直邮广告、招贴海报色彩生动,和电视等电子媒体相比,在传播公益广告信息方面又缺乏空间立体感和强烈的视听震撼力。另外,报纸是"新闻纸",一两天之后就可能淡出受众视野,所刊登的公益广告也可能会随之丧失关注度。

(二)杂志公益广告

杂志是刊登某一方面或某一门类的知识性或娱乐性的文章、图片等供读者研究或消遣的出版物。杂志公益广告是利用杂志媒体来发布公益广告信息的传播形式。与报纸公益广告相比,杂志公益广告的传播面有限,但由于其具备一定的独特之处,也成为主要的公益广告类型之一。

杂志公益广告的特点主要有:第一,图文并茂,生动形象。由于杂志纸张质量较好,色彩还原度高,使其可以承载新的设计形式,印上精美的彩色图片,艺术感染力强,具有较强的审美价值。第二,有效期长,效果持久。杂志以深度阅读为主,受众对内容的时效性不敏感,一本杂志的生命力有几个月之久,这就使杂志公益广告能够有较长的传播时效。第三,杂志的广告环境较好。相较于报纸来说,杂志对广告的刊登量不多,对于其中刊登的公益广告而言,就意味着冗余信息干扰的减少,可以更有效地吸引受众的注意。例如救助儿童公益广告(见图1-5)打破了常规杂志广告的排版方式,连续两页进行广告投放。第一页画面是一个缺乏营养、濒临死亡的孩子躺在床上,第二页画面中孩子被蒙上了白布,已经去世。该公益广告主旨鲜明,创意新颖,呼吁世人救助孩子奉献爱心要立刻行动,不要等待悲剧的发生。

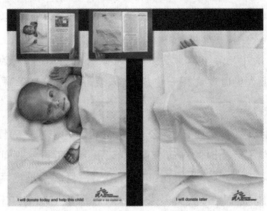

图1-5 救助儿童的杂志公益广告

(三)电视公益广告

电视是一种视听兼备、声画统一的电子传播媒介,是现代媒体中最有影响力的媒体。从现代公益广告产生之日起,电视公益广告就以其综合了音乐、戏剧、舞蹈、文学等各种样式的艺术表现形式,有力地推动了公益广告的蓬勃发展,成为各大媒体公益广告中最富于表现力的类型、最重要的形式。电视公益广告的关键特点在于电视生动直接的声画综合艺术,可以将不同时间和空间融合在一起,真实地再现各种场景,在公益广告信息传播方面具有极大的冲击力、感染力和说服力。这也是其他绝大多数媒体的公益广告传播难以达到的。

(四)广播公益广告

广播是通过无线电波或导线,用电信号向听众传播音讯的媒介形式。广播不受天气、交通、自然灾害的限制,即使是在一些自然条件比较复杂的地区也能实现广泛覆盖。加之广播是用声音、语言传递公益广告信息,不存在文字方面的障碍,这就使广播公益广告具备了理论上最大的受众群体,即便是文化程度很低甚至不识字的人也是广播公益广告的受众。

广播公益广告诉诸人的听觉,将有声语言、音响、音效三部分有机组合,丰富的、充满变化的声音给听众以无限的遐想。这也正是广播的魅力之所在。有的广播公益广告直接取用电视公益广告素材,是电视公益广告的翻版,没有媒体针对性,传播效果不佳。现在的绝大部分广播公益广告都专门针对广播的媒体特点进行创意制作。

(五)户外公益广告

设置在露天或公共场合的公益广告叫作户外广告。常见的户外公益广告类型有路边广告牌、墙体广告(见图1-6)、高立柱广告牌、灯箱、霓虹灯广告牌、LED板等,现在甚至有升空气球、飞艇等先进的户外广告形式。户外公益广告的特征有:第一,在特定空间发布,地理位置的唯一性、不可再生性,决定了每一处户外媒体的独一性。这样使得户外公益广告具有较高的注意率。第二,形式多样。户外广告表现形式极为丰富,是典型的"环境媒体",可以根据地区的特点或者根据广告投放地区的受众心理来选择公益广告形式。第三,强制阅读,反复宣传。户外公益广告长期竖立在一个地方,有一定的强制阅读性,常在此区域活动的受众即使匆匆赶路,也可能因不经意的一瞥而对广告产生一定的印象,户外公益广告到达率、重复阅读率在各类媒体公益广告中均名列前茅。

图1-6 公益广告《请不要对他们视而不见》

(六)新媒体公益广告

这是一个新媒体风起云涌的时代。据第43次《中国互联网络发展状况统计报告》显示,截至2018年12月,我国网民规模达到8.29亿,互联网普及率为59.6%,手机网民数达8.17亿[1]。大数据、云计算、移动互联网等新媒体技术飞速发展,微博、微信等社交软件深入人们日常生活的各个领域,改变了人们获取信息的渠道,改变了人与世界的关联方式,成为推动社会变革的重要力量。在碎片化、多元化的新媒体环境下,大众传播已经转向小众、分众,由大宣传转到微传播、小传播。各类新媒体、新渠道不断扩展和延伸,新媒体公益广告正在成为公益广

---

[1] 中国互联网信息中心.第43次《中国互联网络发展状况统计报告》[EB/OL].[2019-02-28]. http: //www.cnnic.net.cn/hlwfzyj/hlwxabg/hlwtjbg/t20190228_70645.htm.

告的一股新生力量。新媒体公益广告包含常规网络公益广告、手机公益广告、微电影公益广告、网络游戏、手机游戏类植入式公益广告等多种形式，它最大的特点就是诉诸互动。近期国内净水器品牌沁园在"守护母亲河行动"的公益营销活动中，就一改历来公益严肃的画风，以H5游戏形式让受众为"母亲河棒冰"设计外包装，并通过线下豪华游轮举办棒冰展览、线上邀请重磅明星开直播的形式，让公益鲜活起来，也让受众在一种轻松有趣的氛围中参与进来。而当承载着童年美好记忆的"棒冰"，变成观众能具体可感的"污水棒冰"，这样的反差不可谓不大，这样的记忆点不可谓不深刻。新媒体公益广告的互动性使受众从受者变成传者，由被动变为主动。公益广告要积极利用社交网站、微博、微信等新媒体，采用网上、网下联动的传播方式，不断探索轻松、有趣的表现形式。

三、基于广告主题的公益广告类型

（一）政治类公益广告

公益广告在一定程度上是社会公共精神建设、核心政治纲领宣传的有力手段。在西方国家，政治类广告与公益广告有严格的区分界线，反映国家、政府、执政党意志的政策宣传题材和各政党候选人及政治团体自我推销式的竞选题材都被称为"政治广告"，只有其他社会组织所做的有公益内容的广告会被归为公益广告范畴。

在我国，政治类公益广告主要根据国家政治生活中新近或正在发生的事实和新闻事件，宣传国家的方针政策，以唤起社会公众对这些方针政策的关注和了解。比如我国社会发展进程中的重大主题，如"改革开放""科技兴国""计划生育""西部大开发""科学发展观""建设社会主义和谐社会""建设新农村""依法治国""反腐倡廉""中国梦"……人们时常在大街小巷见到的宣传口号、标语均属此类范畴。政治类公益广告甚至可以更早追溯到20世纪四五十年代的政治动员和宣传。我国政治类题材的公益广告在整个公益广告体系中占有重要地位。近年来，我国政府积极转变宣传思路，从直白、生硬的口号式宣传到以情动人的情感式诉求，充分利用公益广告丰富多彩的艺术形式，用百姓喜闻乐见的话语体系创制了一系列此类公益广告，令人耳目一新。

【案例评析】

95年初心未变，为梦前行

95年风雨兼程铸就了今天的光辉岁月，95年坚守初心带领人民走向富强。2016年迎来了中国共产党的95岁生日。为献礼七一建党，中央电视台推出中国共产党第一支公益广告，旨在通过在民众中的传播让人们铭记历史，不忘党恩，传递正能量。

《我是谁篇》

片子表现的是普通平凡的身边人物的故事，由六位平凡的党员代表来讲述，他们在各自不同岗位上兢兢业业、尽职尽责，默默奉献的身影平凡亦闪光。通过镜头下他们的微笑、自信，展示出中国共产党员的风范，体现党和国家事业的新发展对党员的新要求：做讲政治、有信念，讲规矩、有纪律，讲道德、有品行，讲奉献、有作为的合格党员。

《心跳篇》

从老军人眼角的鱼尾纹与胸前一排排的勋章的画面开始,回忆起战火硝烟的年代。紧接着用一个个经典画面来体现:95年来,党的一颗心始终为人民跳动。通过呈现自建党以来一幅又一幅历史画卷,形象生动地展示出中国共产党领导人民在风雨兼程的筑梦路上做了些什么、是怎样做的。老军人的倾情表演与投影内容的巧妙呼应,让观众身临其境、感同身受。这样的叙事内容和方式,使跨度将近一个世纪的叙事空间被集中的主线串接起来,这就是一个梦想、一条道路、一组精神。正是这种展现,揭示了在中国共产党领导下中华民族伟大复兴为什么能够展现出前所未有的光明前景,深刻诠释了"党的一颗心始终为人民跳动"的精神境界。

(二)道德教育类公益广告

道德是调整人们之间以及个人和社会之间关系的一定社会行为规范的总和。道德教育类题材的公益广告涵盖了道德的方方面面。第一个层面是社会公德。社会公德是社会公共生活中的基本行为规范,是公益广告的重要内容。公共场所保持安静、不随地吐痰、遵守秩序、爱护公物、语言文明、举止端庄、尊重他人、诚实守信等都是社会公德的具体体现。第二个层面是职业道德,包括忠于职守、爱岗敬业、全心全意服务等内容。职业道德是行业中形成的道德原则和行为规范,公益广告主要反映的是各行业所共同具有的、有代表性的问题。第三个层面是婚姻家庭道德。互敬互爱、勤俭持家、孝敬父母等有关家庭美德的内容也经常得到公益广告的关注。在这一题材的广告中,公益广告应使用现代元素表达传统美德观念的诉求,让新一代的受众更易感知广告中的内容,减少传统说教带来的逆反心理因素。

道德教育类公益广告还有一种价值观教育,即在公益广告中讲述个人创业奋斗和成功历程,宣传自强、自信、奋斗等价值取向。例如深圳"设计之都"大赛金奖作品《责任篇》(见图1-7)。责任是一个抽象的概念,这幅作品经过精心创作却又没有留下造作痕迹,从画面取景到春联文案的运用,自然而然地将"责任中国"的核心追寻——"民生在勤添百福,人贵自立值千金"作为心语贴在百姓的门上。该作品能够胜出来自真实。

图1-7 《责任篇》

（三）公众服务类公益广告

公益广告是为社会公众利益服务的广告，所以公众服务是公益广告内容的重头戏，公益广告中关于公众服务的内容非常丰富，日常生活中的很多基本常识都是公益广告的重要内容，主要有生活常识、身心健康、安全知识等方面。

健康是人们生活工作的基础，不仅要身体健康，更要精神健康。公益广告对健康的关注非常多，主要有合理饮食、强身健体、医疗保健、远离烟酒、杜绝毒品、预防癌症和艾滋病、精神调节等内容。例如一则由中央电视台《广而告之》栏目播出的关爱艾滋病患者系列公益广告，借用明星名人效应呼吁社会和公众用爱心对待艾滋病患者："我，曾经也和你一样，有家人，有朋友，有欢笑，有阳光。就因为它，可怕的艾滋病，我失去了一切。我的世界灰暗，没有了绿色，没有了温暖。只剩下人们仓皇躲避的目光，我怕，我怕病魔，我更怕冷漠。直到有一天，一双温暖的手牵住了我（有爱滋润，牵手无惧，牵手艾滋病人，共创爱心世界）。"

安全知识是公益广告的一个重要内容，主要集中在交通安全方面，如遵守交通规则、安全驾驶、不要酒后开车、不要超速行车等。图1-8是一个专门反对酒后驾车的组织在餐厅酒吧的男士洗手间张贴的广告。这则广告绝妙之处在于创意人把一张俯视车的海报，车头部分揉一下，贴在洗手间各个有棱角的地方，形成撞车感觉，具有震撼的视觉效果。

图1-8 《不要酒后驾驶》

（四）环境保护类公益广告

大自然是人类繁衍生息的家园，是人类赖以生存的物质条件的基础。然而，随着人类征服自然、改造自然的欲望不断膨胀，随着工业文明的不断推进，在人类无止境地向自然索取、掠夺下，生态环境持续恶化：臭氧空洞，动植物灭绝，森林被过度砍伐，河流、海洋被严重污染……原本平衡的自然生态链被打破，给人类带来了一系列灾难。环境保护类题材的公益广告成为倡导和宣传环保理念的重要阵地之一。该题材的公益广告包含与环保相关的所有内容，例如不能乱排污水乱放污气、不能过度开发自然资源、爱护动物、保护森林、减少化学污染、人类与自然和谐共处……此外，由于世界各国都已经意识到了环保问题的严重性，此类公益广告已突破国家的界限，成为世界性话题，历届戛纳广告节、纽约广告节、莫比广告节等国际广告节中均有大量此类题材的公益广告作品。

（五）弘扬传统文化类公益广告

中国是一个古老而文明的国家，几千年的历史积淀，为我们留下了光辉灿烂的民族文化。民族文化是一笔独特而又宝贵的财富，更是国家的根本和象征。弘扬中华民族的传统文化，将华夏文明的精华传承于后世，是当代社会每个公民都应具备的意识。近年来这些内容主要体现在传统节庆和传统民风民俗类公益广告之中。

自2008年3月3日起，中央电视台推出了节日、节气系列主题的公益广告，该系列公益广告以月为单位，选取当月最值得关注的传统节日或传统节气作为主题。如2008年3月就以"植树节"为主题制作了《植树节篇》公益广告，号召人们植树造林，共建绿色家园。此后陆续推出《劳动节篇》《儿童节篇》《世界环境日篇》《立秋篇》（见图1-9）等十余部公益广告。2013年以来，中央电视台又开辟了春节联欢晚会的黄金时段，每年专门制作、播出与春节、民俗文化有关的公益广告，公益广告连续几年出现在除夕荧屏上，已经成为中央电视台春晚不可缺少的一部分，赢得了海内外华人的广泛好评。

图1-9 中央电视台《立秋篇》公益广告

（六）慈善救助类公益广告

在慈善救助类公益广告中，最著名的是1991年希望工程公益广告《我要上学》。在广告中，一个名叫苏明娟的小女孩，她清澈又纯洁的眼神中，充满了对求知、上学的渴望，给人们带来了强烈的震撼。这则公益广告，让中国人记住了那双大眼睛，也使得希望工程走进爱心人士的视野。随着人们对慈善事业认知的进一步加深，慈善救助类题材的公益广告内容有所拓宽，除了以前常规地倡导人们扶贫济困、爱心捐款、帮助失学儿童之外，还包括公益献血、捐献眼角膜等主题。此外,由于突发性事件常常会对人们的生命财产造成较大的危害,因此由突发性事件引发的公益广告也可列为慈善救助类广告。

2003年抗击非典公益广告将这一时期涌现的许多优秀人物和感人事迹纳入主题选择范围内,制作了《生命不言败》等多部公益广告片在情感上给予民众支持和鼓励。比如公益广告《别害怕,我就站在你身边》主题歌是由汪峰作词、作曲并且演唱,通过汪峰富有磁性的嗓音、真情的演绎,再辅以救灾现场真实感人的画面,"突然间袭来了生命的危险,还来不及完成春天的心愿,突然间牵挂在聚散之间,只有爱的乐章告慰着思念,别害怕,我就站在你身边,心在一起,爱会让我们勇敢"。从词到曲再到一幕幕感人的画面,整个公益广告像一股暖流注入灾区人民心中,无论面临再大的风雨,也不会再彷徨、再迷失、再恐惧。

2008年,汶川突发大地震,众多媒体、企业、广告公司积极制作了一系列振奋人心的公益广告,激发了公众支援灾区的爱心和灾区人民自强自立的勇气。此类公益广告处处充满了人文关怀,一方面号召大家对灾区伸出援助之手,但其作用又不仅限于慈善救助,在抗灾的艰难时刻,它以温暖人心的方式送上坚强的力量,凝聚了国人的精神,向全世界展现了中国人民面对天灾时临危不乱、共度难关的坚强形象,也侧面起到了宣传国家形象的作用(见图1-10)。

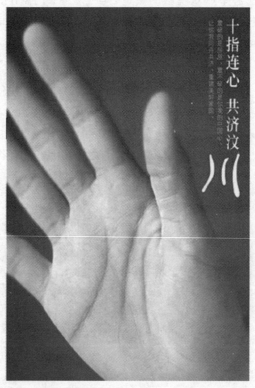

图1-10 《共济汶川》

(七)国家形象公益广告与城市形象公益广告

众多的公益广告主题里,国家形象公益广告算是比较特别的一类。国家形象公益广告以塑造宣传国家形象为主要内容,带有强烈的寻求国家认同的目的。

早在20世纪40年代,著名广告人詹姆斯·韦伯·扬曾指出,公益广告可以被广泛地用于加深国际的理解、防止摩擦的公开宣传中,用于根绝无知恶习和为国家利益的工作中①。公益广告的发展标志着一个国家的成熟和社会文明的进步。公益广告的主题很多具有世界共通性,例如保护环境、关爱老人、关心孩子、重视亲情、友情等,这无疑可以引起国际社会的共鸣,增加其对国家的认可和好感,有利于塑造正面的国家形象。

但是,国家形象公益广告不是宣扬道德情感的公益广告,也不能归结为简单的政治类公益广告,而是民族精神、国民精神的全方位呈现。因此,国家形象公益广告不能仅展示国家的历史文化,更重要的是提炼国家民族个性特征和核心价值。如果缺少了本民族的个性特征和能够引起国际社会兴趣和共鸣的核心价值,是达不到国家形象公益广告所应有的作用的。

【案例评析】

中国国家形象公益广告

中国国家形象公益广告1:《中国制造篇》

商务部启动"中国制造"海外宣传,推出一系列全球广告,在CNN等国际主流媒体投放。这些被认为是中国形象的首个品牌宣传活动,并被一些观察人士称为"国家形象广告"。

整个广告时长30秒,画面精美。伴着连续的击鼓乐和爵士乐,画面快速展开,分别是阳光明媚的清晨,一位晨练跑步者,所穿的运动鞋是"中国制造",但是"综合了美国的运动科技",一个正在吃早餐的家庭,日常家庭中所用的冰箱印着"中国制造"的标签,但是融合了欧洲风尚。一个类似iPod的MP3播放器上用英文标注"在中国制造,但我们使用来自硅谷的软件"。接着是一个拍摄现场,一位法国模特在对着照相机摆姿势,周围挂着的知名品牌衣裳也是"中国制造",最后是一位商务人士在舒适的飞机内眺望窗外,飞机画面是融合全球各地工程师的结晶,机身上印着"Made in China"。广告一个个画面集中展现了"中国制造无处不在的身影","中国制造,世界合作"的理念贯穿整个广告。

中国国家形象公益广告2:《人物篇》

2011年1月17日,由国家新闻办发起向世界展现当代中国及中国人风采的国家形象公益广告《人物篇》(见图1-11),在美国纽约时代广场的六块巨型电子大屏幕上正式播出。该片以中国红为主色调,在短短60秒内,涵盖文艺、体育、商界、智库、模特、航天等行业的数十位

图1-11 国家形象公益广告《人物篇》

---

① 李增甫.小议国家形象广告对国家品牌的塑造[J].职业圈,2007(1):47.

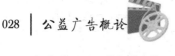

杰出华人,从"智慧、美丽、勇敢、才能、财富"等方面诠释当代中国人之形象,最后以印章式的"中国"汉字和"China"为结束。

城市形象公益广告凝练城市的独特人文,准确表达城市的差异化定位,内容涵盖一个城市的城市形象、市容市貌、公民素质、社会秩序、历史文化等诸多方面。城市形象公益广告有利于弘扬城市精神、传播城市文化,使人们对城市产生认同感,增强情感联系,有利于经济社会与文化协调、可持续、健康发展,所以属于公益广告的范畴①。自从1999年中国首个城市形象公益广告在威海诞生,城市形象类公益广告数量急剧增多,其中结合大型活动进行城市形象传播约占四分之一。例如世博会期间投放的上海形象广告《报时篇》,用不同历史时期的报时画面,展示了上海的发展变迁历程,虽然时代在变,人们生活节奏在变,但上海的城市精神却从未改变,一直追求着更和谐融洽、文明高尚的生活态度,契合了世博会"城市,让生活更美好"的主题。

总之,随着时间的推移,当代公益广告的形态越来越丰富,公益广告的主题也越来越多元,社会大众对其认识也不断深化。作为一种为公众切身利益服务的广告,公益广告以其公益性、观念性、导向性、社会性,在普及主流价值、凝聚社会共识、传播文明理念、振奋人们精神、引领时代新风方面发挥着重要作用。公益广告宛如一盏明亮的"价值灯笼"②,照亮了精神文明发展的前路。

【本章小结】

本章梳理了公益广告的古代形态和现代形态的发展脉络,结合国内外学者对公益广告概念的界定,提出了公益广告的定义,并对比了公益广告与商业广告、公共关系广告、意见广告的异同点,总结分析了公益广告的四大特征和三种类型。

【思考题】

1. 公益广告的早期形态与现代形态有什么差异?
2. 如何理解公益广告的公益性?
3. 如何认识公益广告的商业化倾向?如果要改变这种倾向,应从哪些方面努力?
4. 我国政治类公益广告和意见广告中的政治广告有何区别?
5. 请分别设计一则国家形象公益广告和城市形象公益广告,并谈谈创意思路。

---

① 刘林清,和群波.公益广告学概论[M].北京:中国传媒大学出版社,2014:9.
② 公益广告是明亮的"价值灯笼"[EB/OL].[2019-06-05].http://www.wenming.cn/wmpl_pd/wmdd/201607/t20160720_3540563.shtml.

第二章 公益广告演进史

【学习目标】

1. 掌握美国公益广告发展历史及特征。
2. 掌握日本公益广告发展历史及特征。
3. 理解中国当代公益广告发展历史及不同阶段的基本特征。

公益广告体现一个国家或地区的文化经济发展水平,标志着国家广告行业走向成熟。西方发达国家对公益广告非常重视,投入大量资金,逐步形成一套完整的广告运作体系。这些国家的公益广告大多数由国际性或全国性组织机构发布,如国际红十字会、世界卫生组织、美国青少年保护协会等机构,IBM、通用电气、微软等国际知名企业也为公益广告投入了大量资金。本章以美国、日本为代表,介绍发达国家公益广告发展历程和特征,同时本章还按照时间顺序对中国当代公益广告发展历程进行了回顾。

第一节 国外公益广告发展历程

美国是广告发展最繁荣的国家之一,尤其是在公共服务广告领域。在美国,公益广告促进了公众最广泛地知晓社会焦点热点问题,并以此影响公众对社会问题的看法、意见和态度。认识问题,从而改变受众的行为方式,促进社会问题积极解决是美国公益广告的传播目标。世界第三大经济体日本,得益于第二次世界大战后经济迅速腾飞,在借鉴美国、欧洲等发达国家广告行业先进理念的基础上,也结合自身特点逐步走出一条适合本国国情的发展道路。

一、美国公益广告发展历史

(一)发展初期的美国公益广告

美国是现代大众传媒的发源地,也是公认的公益广告诞生地。一般认为,美国公益广告起源于20世纪。实际上,在20世纪以前美国也有一些广告和海报具有公益服务性质的特点。1760年美国波士顿出现天花流行病的辟谣公告。在17—18世纪,天花是一种普遍的致死率极高且无法治愈的恶性疾病,在那个时候,波士顿天花病谣言使得大众恐慌。1760年2月13日,《波士顿公报》刊登了一条辟谣公告,指出波士顿没有一名患有天花的病人,造谣者将受到法律的惩罚。公告还告诉大众不要对天花疾病产生恐惧。这一条公告维护了社会秩序,保护了民众安全,并在大众媒体上刊登,可视为具有公益性质的广告。此外,值得一提的是,美国在19世纪发布了移民广告。1867年,为了吸引移民,美国移民局出台了一系列的宣传广告,把美国描述为"好公民的理想家园",通过传单、报纸、幻灯片等渠道广泛传播。精准的广告词直击民众心理,吸引很多人移民到美国。这一广告运动是早期政府公益广告的典范,也是世界上最早的国家广告。国家广告的出现为公益广告做了良好的铺垫。

(二)战时美国公益广告

当美国被卷入第一次世界大战时,战时宣传广告成为联邦政府的第一选择。战争期间,美国政府设立了"联邦信息公开委员会",旨在公开信息,积极引导公众舆论,根据"公众的视觉意识",设计部门负责海报制作,海报内容包括招募新兵、号召妇女参加志愿服务、推销战争债券,其中最著名的是《山姆大叔》(见图2-1)。第一次世界大战期间,不仅政府制作了大量的战时宣传性标语,商业广告主也紧随其后,宣传自己的产品如何为战士们服务,如埃尔金手表的广告宣称"几十万埃尔金手表每时每刻为美国和盟国战士服务",象牙香皂则打出"象牙香皂紧随战旗"的口号①。这可以被看作是企业公益广告活动的雏形。第二次世界大战期间,战时广告理事会直接受联邦通信委员会管理,开展了大量的广告活动。美国的战时宣传丰富多彩,如号召参军、保卫家园、支援盟友、购买国债等。战时公益广告为鼓舞前线士兵士气,招募后备力量,筹集资金,塑造美国民主、自由的形象发挥了极大的作用,有力地打击了法西斯势力,换句话说,战时公益广告宣传是战争强有力的推进器。

图2-1 《山姆大叔》

1941年11月,美国经济大萧条导致民众对广告的谴责和批评,美国广告协会和美国广告代理公司协会共同举行了一次规模盛大的广告行业联合会议,邀请美国媒体共同商议处在危机之中的广告业。广告委员会创始人詹姆斯·韦伯·扬在会上提出,需要建立一个广告管理组织机构。詹姆斯·韦伯·扬说,广告可以帮助人们重建对美国商业体系和经济生存竞争的体制的信心,他还强调,广告应该对整个社会转型发挥更大的作用②。"广告应该成为推动人们协商一致、解决分歧的公共手段,广告应该消除对疾病的忽视,更应该满足国家的需要,同时还应该融合艺术、文学、音乐等元素宣扬正义力量。""我们需要广告以各种形式出现在我们生活中,难道只有当我们能充分发挥广告的更高级的作用时,才能重新拥抱广告和商业吗?"这个想法在联合委员会上一提出,立即引起委员的兴趣,成为新的广告理事会——美国公益广告管理机构诞生的理论渊源。

---

① 陈洪波.论战时广告委员与美国公益广告的诞生[J].广告大观,2009(4):91.
② 刘洪珍.美国战时广告理事会诞生的背景[J].国际新闻界,2011(3):96.

1941年珍珠港袭击事件发生后,美国终于放弃了孤立双边主义的幻想,参加反法西斯战争。美国政府希望通过公益性质广告的宣传力量激发民众的爱国情绪,为美国参战营造舆论。为服务战时国家需要,战时广告理事会(the War Advertising Council,WAC)成立,主要作用是号召国民征兵、号召妇女加入工厂工作、宣传战争时期的信息保密工作,并开展了一系列丰富多彩、主题鲜明的公益性质广告宣传活动。从保卫国家这个层面来看,当时战时广告理事会制作的公益广告起到一定的宣传效果。因此,学术界一致认为战时开展的具有公益性质的广告活动,是美国近代公益广告的开端。

以下两图为美国第二次世界大战时期的宣传海报,图2-2为《号召女工加入生产》,图2-3为《援助中国抗战》。实际上,第二次世界大战期间是国家和政府大规模公共宣传的起点,各参战国都进行了大量的战时宣传,主题基本一致。第二次世界大战期间各国的战时宣传不仅使得战后的公益广告活动得以延续,也催生了不少广告学和传播学方面的研究,例如著名的"枪弹论"就是根据这一时期的国家宣传而提出的。

图2-2 《号召女工加入生产》

图2-3 《援助中国抗战》

(三)美国公益广告机构的广告活动

第二次世界大战后,为了顺应新的发展需求,战时广告理事会更名为广告理事会,专门从事国家性公益广告活动的组织和管理,成为独立机构,不再接受政府资助。此后,广告理事会根据当时社会关注的现象、突发事件等制定广告主题,例如开展公益广告运动,利用公益广告来动员公众参与社会进步及救助事业。广告主题主要有慰问捐募、道路安全、学校教育、粮食援助、通货膨胀、能源节约等。公益广告活动的运作过程一般经由理事会批准,然后进行投票表决,如果票数超过3/4就表示通过。

美国大多数公益广告由联邦通信委员会发布,根据政府管理要求,广播电视媒体或者私人企业要得到对这种公共资源的商业使用权,就必须向联邦通信委员会提出申请,联邦通信委员会再决定是否授予营业执照。营业执照重要的申请依据,是申请者能否满足公共利益和大众需求并服务于大众,公益广告正是广播电视制作者表现其公共利益服务的性质,保证公众权利的一种途径。

美国的公众组织经常赞助公益广告和广告制作方。美国国家红十字会组织全国性义务献血活动,其公益广告几乎遍及国家的每一个角落。美国癌症研究所普及出版和发布各种宣传健康饮食知识、预防癌症的公益广告。公路交通安全管理局经常发布公益广告,要求驾驶员和乘客必须在行车过程中系安全带,不能超速和酒驾。由于青少年暴力犯罪现象愈演愈烈,美国防止犯罪协会发起主题为"防止青少年校园暴力犯罪"的公益广告活动。此外,美国环保基金会发起公益广告运动,倡导人们购买用可以回收的材料作为包装的商品,用实际行动来保护环境。防止家庭暴力委员会也通过公益广告引发人们对家庭暴力现象的关注,改变公众对这一现象的看法。美国防范艾滋病机构也是众多公益广告的发起者和资助者,倡导主题为戒烟、戒毒、防治艾滋病等。

(四)21世纪美国公益广告在突发事件中的作用

2001年美国"9·11"事件发生后,为了使美国人民能在灾难面前坚强面对,治愈心中的创伤,广告理事会、美国红十字会以及其他各个社会机构制作了大量公益广告。例如,在"9·11"事件的第二天,消防大队警官来到芝加哥奥美广告公司制作了公益广告《催人泪下的消防队员队服》。广告文案是:"世界贸易中心轰然倒塌的时候,数百名消防员和救援人员也失去了他们的生活。如果你可以给他们提供帮助,请向消防员纪念基金会捐款。"奥美广告公司为因公殉职的消防队员的家庭举办了一场慈善会。美国广告委员会和得克萨斯州政府共同参与制作公益广告《我是美国人》,画面中出现不同的美国人形象。号称全美最昂贵的《纽约时报》广告版面也被公益广告所占据。2001年9月14日,《纽约时报》刊登整版广告《我们永远与受难者紧密联系》;美籍阿拉伯人反歧视委员会也在同天的《纽约时报》刊登公益广告,广告文案为"无论任何形式的对平民的暴力行为是不可原谅的,没有任何理由原谅这种行为,在关键时刻,我们永远与美国政府和人民站在一起"。2001年9月16日,《纽约时报》整版广告宣称"与美国民众血浓于水",并宣传救援和医疗队已经派往现场开展善后工作。此外,还有多个少数民族组织联名刊登广告,除了表达对受难者家属的哀悼,还宣称要和恐怖主义斗争到底,为民众争取民主、自由、和平。

二、日本公益广告发展历史

在日文中,公益广告被称为"公共广告"。1969年,日本著名的企业家佐治敬三强调公益广告宣传对促进社会发展具有强大力量,他在美国目睹了美国广告理事会为了社会公共利益积极推动公益广告活动,并留下了深刻印象。佐治敬三回国后致力于成立类似美国广告理事会的机构,推进了日本公益广告事业的发展①。

---

① 徐金灿,王安妮.日本公益广告机构"AC JAPAN"研究综述[J].广告大观,2012(4):63.

(一) 日本公益广告主题变迁

20世纪60年代的环境问题和社会问题催生了日本公益广告。20世纪50—60年代，由于环境污染、商家责任丧失，日本出现了严重的环境公害事件，如"水俣病事件""米糠油事件"等，无辜民众受到毒害乃至死于非命。20世纪70年代前后，日本的家庭问题，尤其是儿童问题逐渐变得严重，儿童出走乃至自杀的事件屡见不鲜。日本公众对于社会上发生的种种负面现象感到不安和愤怒。1971年，时任三得利株式会社社长的佐治敬三成立了第一个正式的公益广告组织——关西公共广告机构，随后以"环保"和"道德"为主题，制作并发布第一则公益广告《唤起公益心》，此广告成为日本公益广告之始。关西公共广告机构于2009年7月更名为日本广告委员会，现已成为日本最大的公益广告团体。

在日本公益广告发展的早期，"环境"是最常见的主题。1972年，日本公益广告的主题为"环境、资源和公共道德"，环境被列为第一位，并推出了《用水创造的地球》《蓝天、大海、蜻蜓》等公益广告作品。1973年，日本公益广告推出"社会关注"的主题，同时也推出新的环保主题。在此之后，环保主题一直是日本公益广告中的常见题材，数十年长盛不衰。1975年，以"社会关注"和"环境保护"为主题的代表作有《现在请您闭上眼睛一分钟》《我们内心的日本疾病》。20世纪70年代中期开始，人口老龄化、虐待儿童等问题成为日本社会关注的焦点。日本公益广告中出现了越来越多的社会福利和家庭美德方面的话题，如1975年的公益广告主题"社会福祉"、1978年的公益广告主题"防止离家出走"。日益增高的青少年自杀率及家庭暴力等问题，也在这一时期的日本公益广告主题中有所展现，例如1977年的《到那个拐角》，1978年的《整个赛跑没有人弃权》《不许放弃你的人生》[①]。1979—1981年间，公益广告主题始终围绕"家庭教育""公共道德"两个方面展开，代表作品有《重视孩子的诉求》《父亲，你就是我的教科书》《请你思考一下》。

20世纪80年代，日本老龄化社会现象严重，由此产生老人与年轻一代、老人与社会等一系列问题。公益广告主题涉及"老龄化"，代表作品为《老人的幸福是什么》，广告旨在号召年轻人多关注身边的老人，加强与老人的交流和联系。同时，20世纪80年代的日本社会加快了迈向国际化的步伐，随之而来的是如何与国际化潮流相适应的问题，也反映在当时的公益广告创作中，例如1984年的《初次见面》《因为喜欢》《不只是一句话的一句话》《亚洲留学生》，1985年的《交往的礼仪》《送亚洲一口井》，1986年的《送中国的日本书》《从了解对方开始的国际礼节》，1988年的《那时的谢谢不能忘》等。大量的公益广告作品如雨后春笋般出现，为日本的国际化转变提供了强大的文化影响力。此外，随着经济不断发展，汽车的普及与国民公共交通安全问题也开始受到广泛关注。

进入20世纪90年代，日本公益广告制作水平大幅提高。日本公共广告机构密切关注环境问题，将环境保护的诉求主题提上宣传的日程，制作一系列关于环保宣传的广告。作品《自然在默默地呻吟》《地球的呼声》《灭绝的危机》《消失的沙像》《枯萎的生命》《把纯净的水留给下一代》给人们以震撼的力量，将环境保护升级为全社会乃至全人类共同面对的问题，提高了日

---

① 苏立，施战军.日本公益广告诉求主题的历史变迁及其特点[J].新闻与传播研究，2008(6)：91-92.

本民众关爱地球的环境意识,促使社会开展了大量环境保护活动。1995年是日本的公益广告年,也是日本公益广告历史中的重要年份。1995年1月17日,日本突发阪神大地震,这是有史以来较大的一次地震,死伤数万人。这一突发事件使得灾害救助和社会援助成为热门话题。地震公益广告主题成为全社会焦点,全国媒体停止商业广告,日本广告委员会制作发布了许多以抗震救灾、鼓舞士气为主题的公益广告。

总体看来,日本公益广告的发展历史是20世纪50年代以来日本社会变迁的缩影。每个时期的日本公益广告都以当时最为显著、最为紧迫的社会问题为主题,社会动员气氛非常浓厚。

(二)日本公益广告现状

日本公益广告发布主要通过公共广告机构来进行,大部分资金由会员出资,媒体确定版面和发行日期,公共代理广告公司制作。公共广告机构是通过广告的手段为社会公众服务的非营利团体,它代表公共的利益及立场,通过大众传播机构进行传播,涉及公众广泛关注的各种社会热点问题,通过制作公益广告,力求宣传真善美打动人们的内心,引起公众对社会问题的关注,以实现和谐社会、健康社会为目标。因为没有任何资本注入,所以它不会受到任何特定的利益集团的影响而改变制作公益广告的初衷。

重点突出、长效传播是日本公益广告的典型特征。公益广告对日本人的素质规范及社会行为约束起到很大影响,这是日本公共广告机构坚持持久宣传的结果。有学者统计,日本公共广告机构在1971年到2004年间制作发布的公益广告主题共有433个[①]。这些主题按内容分类大致可以分为公共道德、环境保护、资源利用、教育福祉、家庭问题、国际交流、交通安全、区域发展等8个方面,具体的公益广告项目多达98项。其中,环境保护是日本最重要的公益广告主题,占整个公益广告比例的30%,可以细分为公共环境、自然环境、环境污染和资源问题4大类,31个具体项目。国际交流和公共道德两大主题也具有持续性。交通安全公益广告从1986年开始加强宣传力度,曾连续11年不间断地集中宣传,目前交通安全公益广告仍是日本公益广告的主流。区域性经济发展是一个比较新的主题,自2002年起,日本对此类主题进行了强化宣传。通过日本公共广告机构持续的宣传,以上公益主题准确清晰地传播给受众,关注范围不断扩大。2004年日本公共广告机构利用问卷调查研究方法了解大众对社会问题的关注,调查结果显示公众关注点集中在公共道德、环境与资源问题、教育问题、交通安全问题方面。但是由于经费限制,日本公共广告机构每年只能在其中选取一些具有代表性的问题进行宣传。

第二节 中国当代公益广告发展历程

中国现代意义上的公益广告可追溯至中华人民共和国成立初期。初期的公益广告是以口

---

① 苏立,施战军.日本公益广告诉求主题的历史变迁及其特点[J].新闻与传播研究,2008(6):88.

号、标语形式出现的,具有很强的政治宣传性质,内容上以政治、军事为主,服务于国家和政府,如"抗美援朝、保家卫国""一人参军、全家光荣""为社会主义事业添砖加瓦"。1978年第十一届三中全会后,党的重心工作逐步转移到经济建设上,中国公益广告事业也逐渐推进,经历了孕育与开启序幕、起步与缓慢前行、跨越与平稳发展和快速与有序开拓四个阶段,体现了鲜明的中国特色。

一、孕育与开启序幕

1978年以前,中国一直奉行的是高度集中的计划经济体制模式,广告行业的发展很大程度上受到国家现行制度的制约。1978年十一届三中全会后,中国建设发展重心向经济建设转移,随着改革开放的大跨步前进,工业化与城镇化成为社会发展的主要目标,城市交通、环境资源、伦理道德、社会价值观等社会问题开始呈现。1986年中国电视公益广告横空出世,标志着远远落后于商业广告的公益广告的起步。

(一)公益性宣传孕育公益广告的诞生

在中国广告的发展历程中,海报要早于商业性广告的产生。早期的海报主要是为了服务于国家政权,其社会性的宣传内容古已有之,但海报的主题单调,形式简单,发布的媒介渠道相对单一。进入现代社会,尽管此类型的宣传频率有所增加,但它基本上是即兴式回应某些历史事件或者社会状况。中华人民共和国成立后,政府加强了公益宣传,主要作用是用宣传支持政治运动。这些具有公益性的宣传品以标语和海报为主要形式,还没有形成公益广告的概念,仅仅将张贴在公共领域的宣传画报、招贴画或者社会性海报做成以文字和图画构成的广告宣传品。在广播和电视普及之前,海报被广泛地运用于政治、文化和商业领域。图2-4和图2-5这两幅作品就是早期比较具有代表性的公益广告。

图2-4 《学习苏联,向世界科学水准进军》

图2-5 《食堂办得好,生产劲头高》

无论在城市还是乡村,一幅幅色彩艳丽、构图生动、动人心魄的宣传海报经常会展现在人们的面前。这个时期的公益广告题材反映出中华人民共和国成立初期的时代特点,主要涉及争取和平、思想道德教育、农村公社及生产和环境资源等主题,如20世纪50年代的公益性海报《除四害,讲文明》《爱劳动,好榜样》《扫除文盲,普及小学教育》等。现今,这些具有公益性的招贴广告已经成为收藏品。

(二)中国公益广告的萌芽阶段

1978年十一届三中全会后,党中央和政府突破原有的计划体制经济模式,将发展经济作为工作的重心,伴随着经济的高速发展,随之而来的是一系列社会问题,例如工业发展比例不平衡导致环境污染,大批农民进入城市,人口流动带来的城市管理问题。同时,改革开放打开了通往世界的大门,西方的经济文化产物大量涌入,一系列西方思潮出现,政府对社会控制有削弱趋势,依靠传统的管理思维已经很难奏效。在这样的背景下,党和政府提出要加强社会主义精神文明建设。1978年后,中央电视台作为党和政府的宣传阵地开始以各种形式播出社会主义精神文明建设的宣传内容。不过,由于当时电视刚刚兴起,家庭拥有量较少(1982年中国人均家庭每百户保有量是2.7台,同一时期美国是62.4台,日本是25台),因此党和政府及相关部门进行公益宣传主要依靠纸质媒体和广播媒体。电视公益宣传作为一种补充形式,内容以当时的社会现象为主,例如环境保护、健康卫生、计划生育、预防灾害、植树造林等,刚开始以文字或者画面的方式播送,类似今天的广告节目。

二、起步与缓慢前行

经过前期的孕育之后,中国公益广告发展进入专业化发展阶段。1986年,中国政府在杭州举办了第一届"优秀电视广告作品评选",在会议上一共评选出优秀电视广告作品百余部,其中一个特别的电视广告作品——贵阳电视台制作发布的《节约用水》备受瞩目。其特别之处在于它是参选广告作品中唯一具有公益性质的广告。至此,中国公益广告逐渐登上舞台。随后中央电视台开设中国广告史上第一个完整意义的电视公益广告栏目《广而告之》,将中国公益广告逐步推进大众的视野中。

(一)中国公益广告的开端——《节约用水》

1986年,贵州在当年遭遇到极为罕见的旱情,不少地区出现持续干旱的灾情,贵阳市节水办为了加强公众节约用水的意识,劝导公众自觉节约用水,与贵阳电视台联合制作《节约用水》公益广告。该电视公益广告一改往日宣传标语、口号的说教方式,运用专业的艺术手法,将"请君注意节约用水"的广告词融入生动形象的电视画面,以唤起人们的环境保护意识。据统计,该广告播出的第四个季度,贵阳市自来水消费量比同期减少47万吨。众多学者认为《节约用水》在中国公益广告史上具有里程碑式的意义。这个经过专业化制作的电视公益广告作品,产生了很好的社会效益,是将当时的电视新媒体技术与公益广告内容结合的典范。但是地方媒体的宣传影响力不能辐射到全国,这则广告的影响力较为有限。

(二)中国公益广告划时代事件——《广而告之》

《广而告之》的问世是各种社会条件综合作用的结果。随着国家主导的工作重心转移到经济建设方面,很多行业也面临体制改革,媒体行业的经济收入由过去国家全额补助的"铁饭碗"转变为定额补助的形式。作为改制的排头兵,1987年7月中央电视台正式改组广告科为广告业务部,率先走向市场化。此外,长期以来国家偏重经济建设,在道德建设方面有所缺失,甚至出现对传统中华美德宣传的忽视,造成社会大众整体道德素质滑坡。1986年,政府出台文件《中共中央关于社会主义精神文明建设指导方针的决议》,强调社会主义精神文明结合社会传统道德观,提出道德建设的要求和指导性意见。以上都构成了《广而告之》产生的背景。

1987年10月26日,在《新闻联播》结束之后的黄金时段上,《广而告之》首播,在社会上引起广泛关注。《广而告之》节目时长为30秒到1分钟,以短小的故事形式倡导优秀公德。自开播以来,《广而告之》节目深受公众的喜爱,收视率曾高居中央电视台各个节目前列,荣获两次中央电视台优秀节目称号,《广而告之》节目播出的电视公益广告也获奖颇多。1991年《啊,真对不起》在国际广告博览会荣获铜奖;《希望工程》《反腐倡廉》分获第四届、第八届全国优秀广告作品。《广而告之》栏目发布制作的其他公益广告,例如《知识改变命运》《从头再来》《劳动创造价值》《迎奥运》《讲文明,树新风》,也深入人心。

《广而告之》公益广告节目的影响是巨大的。首先,推动了公益广告概念的普及。在此之前,大众只知道商业广告及其标语口号,《广而告之》出现后人们认识到广告也可以这样表达,可以服务于社会大众。其次,标志着公益广告活动从自发性、发散性的传播模式转为有具体目标、规模和组织的全国性活动。在《广而告之》的带动下,全国各地方电视台纷纷效仿开办公益广告节目。截至1995年,全国已经有27家省级电视台拥有此类型节目。研究学者王云认为,《广而告之》是一个划时代的事件,是真正意义上中国公益广告事业史的开端[①]。

三、跨越与平稳发展

1993年至2000年是中国公益广告的发展期,参与制作主体、资金来源、组织管理、广告主题等方面都有不少改变。中国公益广告的发展呈现出主体参与多元化、资金来源多渠道、组织规模集成化、广告主题鲜明化等特征。

(一)企业积极参与电视公益广告活动

这一时期,企业成为除了政府和电视媒体之外的第三种组织形式。其中有两个重要原因:第一,大型企业介入公益广告制作是一种企业对社会责任的体现,将有限资金投入公益广告中,是对社会贡献的一种方式;第二,公益广告带来了良好的传播效应,企业参与制作公益广告可以提升自身企业品牌效应、塑造企业形象,这也是企业愿意制作公益广告的主要原因。1993年,广东太阳神集团借助中国体育事业发展的时机,投资制作一部具有较高创意水平的公益广告《太阳神与奥运精神同在》,这则公益广告宣传了公益理念,又塑造了企业形象,给电视受众留下良好印象。随着当代受众公益意识的逐渐加强,哈药集团、海尔集团、蒙牛集团等大量企业均借助公益广告来宣传品牌。中央电视台制作了大量公益广告节目,以企业的名称打入广告片尾形式吸引企业赞助。有的电视台还将电视转播权转以拍卖的形式让给企业,进行公益广告资金众筹。

(二)国家公益广告活动全面展开

这一时期,公益广告摆脱了自主发展的状态,步入党政主导的局面。一方面,政府开展全国性公益广告活动,面向社会征集广告作品,并出台法规政策,对电台、电视台关于公益广告的制作和播出做了明确规定。同时,中央文明办、中央宣传部、中央纪委、国家广电总局、国家工商行政管理总局等部门联合组织开展了一系列公益广告活动,引导媒体、广告公司、企业、社会组织和个人广泛参与。从1996年至2000年,政府为了进一步促进公益广告的发展,共组织了

---

① 王云,舒扬."广而告之"在中国公益广告史上的意义[J].新闻大学,2000(8):105.

四次大规模的国家性公益广告活动,公益广告日趋规范,有主办单位、有文件规范、有主题期限、有评比选优程序。

1996年9月至10月,国家工商行政管理总局组织了主题为"中华好风尚"大型公益广告活动。这是中国公益广告史上第一次由政府部门负责组织管理的公益广告宣传活动,标志着党政主导下公益广告活动在全国全面开展,也标志着中国电视公益广告从零散规模走向整体有组织。自此,公益广告制作不再依靠媒体自发性组织,国家工商行政管理总局、国家广电总局、中央文明办等对社会的公益广告活动开始全面组织和管理。这一时期,全国制作发布公益广告16860部,其中电视公益广告4582部,平均每天播出公益广告达到2000余次。

1997年9月,国家工商行政管理总局组织开展了主题为"自强创辉煌"的公益广告活动[①]。相比于上一年主题公益广告活动,这次公益广告活动期间所制作发布的公益广告的数量和传播频率明显增多。很多优秀的公益广告作品也在这些活动中产生。

1998年,为了贯彻党的十五大精神,中央精神文明建设指导办公室联合国家工商行政管理总局开展举办主题广泛的公益广告活动,参加此次活动的公益广告数量达到2万余件,其中电视公益广告有明显增长。1999年,中央文明办和国家工商行政管理总局印发《关于进一步做好公益广告创作有关问题的通知》,党和政府每年开始举办全国性公益广告评选活动。

2000年1月初,中央文明办与国家工商行政管理总局联合组织开展以"树立新风尚,迈向新世纪"为主题的公益广告宣传活动。同时,围绕这一主题制作了若干系列电视公益广告,如"中华好风尚"系列、"自强创辉煌"系列、"下岗再就业"系列、"知识改变命运"系列、"树立新风尚,迈向新世纪"系列等。这些系列电视公益广告播出后,引起社会的广泛关注,产生了较好的社会效果。如社会影响广泛的《从头再来》关注了下岗工人再就业的重大问题,发挥了重要的导向作用。

(三)公益广告学术研究逐步开展

随着公益广告的不断发展,专家学者开始对公益广告现象及影响进行学术研究。关于公益广告的研究文章最早可以追溯到1991年,随后三年间,中国数次召开公益广告研讨会,其中1994年10月全国首届电视公益广告学术研讨会在山东召开[②]。1994年,中央电视台还在北京举行首次全国电视公益广告题材会,全国15个省、市电视台参加了这次大会,此后中央电视台基本上每年召开一次电视公益广告题材会,为电视媒体搭建共同探讨公益广告的交流平台。这一时期,中国公益广告研究初具规模。很多公益广告论文深入探讨公益广告的定义、作用、特点和运作方式,并与外国的公益广告进行比较。

四、快速与有序开拓

新时期的公益广告颇具时代特点,从一开始的分散、小范围、小规模发展到主题相对集中、有组织、大范围、大规模。公益广告通过大爱中国、保护生态、民族团结、共筑中国梦等主题,用

---

① 王云,冯亦驰.公益广告十五年[J].新闻大学,2003(6):78.
② 王云.中国公益广告事业史述评[D].上海:复旦大学,2000:6.

多元的表达方式向国内外传达中国精神，讲述中国故事，主题鲜明的内容既赋予中华传统文化以新的生命力，又给人以奋发向上的正能量。在公益广告的组织管理方面，政府、媒体、企业成为推动公益广告快速发展的三种力量。政府、媒体在公益广告的管理和传播方式上做出一些调整和改变，媒体和企业之间的合作日益密切，逐步形成了政府主导、媒体和企业互相支持的新局面。

（一）党和政府进一步主导全国性公益广告活动

党和国家主管部门对公益广告事务进行规范的方针和措施是行之有效的，对繁荣公益广告事业发挥了决定性作用。

首先，主题公益广告活动常态化。2001年被称为公益广告年，全国再次掀起公益广告的热潮。政府相关部门，如国家工商行政管理总局、国家广电总局、卫生部等单位相继组织全国性或区域性多样化的公益广告活动。例如，2001年，中宣部和中央文明办携手中央电视台开展以道德思想为主题的全国性公益广告大赛，《出租车》《欺诈》《晨跑》等电视公益广告获得广泛关注。其后每年都有主题公益广告活动，如2002年"希望工程助学行动"，2003年"凝聚人心，我们众志成城共同抗击非典"，2006年"我们的节日·春节"，从2007年3月27日持续到2008年3月20日的"迎奥运，讲文明，树新风"等公益广告制作刊播活动。2007年5月16日，中央电视台播出广告部策划制作的公益广告《相信篇》，以著名演员濮存昕感人肺腑的一段话，唤起人们内心公共道德和人与人之间的信任。2008年8月20日，由中宣部、中央文明办等单位联合举行全国性公益活动"扬正气，促和谐"全国廉政公益广告作品评选，中央电视台拍摄的以廉政公平为主题的公益广告《裁判篇》和《正气篇》，传播了"认认真真比赛、干干净净做人"的思想，受到各界的一致好评。2011年，中国公益广告活动开始呈现"一个中心，多个主题"的特征，围绕"讲文明树新风"主题，呈现出公益广告活动多样化的趋势。2013年，中央文明办联合七部委举办"讲文明树新风"全国性公益广告宣传活动，集中宣传"中国梦"和"社会主义核心价值观"，弘扬中华优秀传统文化、诚信待人、勤劳节俭的理念，也涉及敬老风尚、乐于助人、文明出行、环境保护等方方面面的内容。活动主要依托电视媒体和纸质媒体传播，中央电视台、中国网络电视台、中国移动等媒体分别设计制作平面纸质类、广播类、影视类、手机类等多种多样形式的公益广告，旨在动员社会力量参与公益广告制作与发布，很多知名企业参与其中，提高了企业自身的形象，推动公益广告宣传日常化。"讲文明树新风"公益广告宣传活动要求媒体每天播放公益广告次数为10~15次（数）。

其次，从2001年开始，政府相关部门进一步加强了对公益广告的管理，对公益广告的播出时间做了明确要求。例如，2000年颁布的《关于加强制作和播放广播电视公益广告工作的通知》在播放要求、企业出资情况、节目制作、发布共享上有更加明确的规定，企业名称可以标注，但是广告内容中不得标注明显的产品商标和企业商标，涉及商业服务内容也是被禁止的；另外对黄金时段每小时公益广告播放的频率从原来的2条提升至3条。国家广电总局对电视台播放公益广告有明确的规定，电视媒介每套节目每天发布的公益广告的时间不少于总广告播放量的3%。2006年，国家广电总局根据数字化电视发展需求，对公益广告播放工作进行修改，下发《广电总局关于做好有线数字付费频道公益广告播出通知》，强调提高播放公益广告宣传片的频率。2009年国家广电总局在《广播电视广告播出管理条例》中规定电视公益广告标注企业名称时间应控制在3~5秒,另外对企业标志在公益广告中出现的频率及规格都做出相应规定,要求电视公益广告黄金时段播出的频率进一步加强,提升到每小时公益广告不少于4条。2010年1月,国家广电总局下发《广播电视广告管理暂行办法》,规定媒体机构每日必须播放公益广告的频率不少于整个广告播放的3%,尤其在黄金时段,公益广告播放的频率每天要超过4条。

再次,围绕重大事件开展公益广告活动。此阶段的公益广告活动围绕重大历史事件和群众普遍关心的热点问题展开,具有反应迅速、投资巨大、主题鲜明、反响热烈等特点。例如,2007年,中央电视台播出"迎奥运,讲文明,树新风"为主题的公益广告活动,旨在为北京奥运会创造一个文明和谐友爱的社会环境,受到广泛好评。2008年"5·12"汶川大地震发生后,全社会的焦点都集中在这片地区,人们关心灾区人民的生活状况,各方力量纷纷投入援助,政府、企业、广告代理商也积极参与制作关于抗震救灾主题的公益广告,为灾区人民树立信心,为维护当地社会稳定做出贡献。2009年,新中国60周年庆典,也出现一大批庆祝祖国母亲生日的公益广告活动及作品,为国庆献上厚礼。2010年,世界博览会在上海举行,世博会公益广告主题为"城市,让生活更美好",旨在强调以人为本的城市生活理念。这一时期,各媒体之间展开合作,推广公益广告跨媒体传播平台的建设。企业社会责任意识不断提高,以投资制作公益广告、赞助冠名、公开竞标等方式为公益广告提供了市场化的融资渠道,一定程度上缓解了公益广告资金困难、运行机制缺乏活力等问题。

(二)企业与公益广告的联姻

新时期以来,中国经济持续稳定快速增长,带动社会产能与消费的不断提升,无形当中也推进广告行业的快速发展和良性循环。新一轮的产业、商业发展需要依靠广告扩大内需、拉动经济增长。企业纷纷加强投资,中国广告行业取得了快速发展,一跃成为世界第二大广告市场。这为公益广告的大发展奠定了基础。越来越多的企业逐步认识到借助公益广告宣传企业形象的重要性,一批运用公益广告营销的企业如雨后春笋般涌出。例如农夫山泉推出公益广告"一瓶水、一分钱"的广告语,含义为每喝一瓶农夫山泉,你就能为贫困山区贡献一分钱,这一分钱对于你来说微不足道,可是积少成多,可以为贫困山区孩子建学校、建图书馆、建操场等。蒙牛集团也制作公益广告,提出"每天一杯奶,强壮中国人"的口号,在全国范围内开展帮助贫困山区孩子的送牛奶活动①。除了农夫山泉、蒙牛等企业外,哈药集团、海尔集团、三精制药集团、中国移动、中国联通、华泰保险、统一集团等企业长期以来一直支持电视公益广告,连续多年投入资金。

品牌形象与公益事业结合产生了新的名词"公益营销"②。2005年5月,中国互联网协会开展第一个互联网公益日,网络公益活动成为互联网企业打出名声的重要渠道。2007年年底,阿里巴巴集团最先发布社会责任书,将社会责任与企业文化的核心价值绑定在一起,强调

---

① 李振寰.新世纪以来中国公益广告传播者思考[J].广告大观,2010(4):43.
② 魏波.企业形象与公益广告[J].天府新论,1999(11):46.

在注重经济效益的同时关注社会效益才能使企业走得长远。腾讯、百度、携程网、微软(中国)、英特尔中国等互联网巨头也紧跟其后,对外发布企业社会责任报告,纷纷建立自己的社会责任部门,完善相应的公益活动。互联网企业社会责任实践活动增多,公益模式也得到进一步发展。与传统企业不同,互联网企业的价值除了资金捐助,还有网络平台,使原来由少数企业、慈善组织或社会名流参与的慈善活动,变成了人人可参与的全民公益活动。

2008年互联网企业掀起中国历史上最大规模的公益营销活动,央视网、腾讯、新浪等互联网企业策划的汶川抗震救灾专题网站成为全国人民了解地震灾情的重要渠道,各种网络捐助倡议为灾后重建贡献力量。2009年,"互联网公益日"活动对青海互助土族自治县明德小学、甘肃陇南市武都区汉王中学及甘肃东江中心小学进行捐助。2010年,腾讯在上海世博会期间资助建设名为"梦想空间"的公益性学校,并开展"放飞梦想献礼世博"作品大赛,旨在给贫困学生教育资助。同年,由新浪网、中华广告网、人民网等7家网站联合发起成立"网络公益广告联盟"。2016年,由腾讯创益计划首次举办的公益广告创意大赛"我是创益人",覆盖国内国际知名广告公司、公益组织及行业协会、大专院校等不同社会圈层,通过融合"创意+广告+公益"力量的创新机制,涌现出了《一块过生日》《守护长城》等优秀作品,有效提升了中国公益广告的创意能力和相关公益项目的关注度。

(三)学术研究拓展

这一阶段的公益广告学术研究有了长足的发展,不仅论文数量猛增,许多研究者还从伦理学、心理学、语言学、社会学等跨学科视角进行分析,在研究基地建设、研究项目等方面也成果颇丰。主要有以下几点:

第一,研究主题广泛,研究方法多样。众多学者对公益广告发展的核心问题,如运行机制、资金等方面进行了更为深刻的探讨。还有学者探讨了公益广告语的撰写技巧、语言特征,公益广告的策划与创意标准、创作方法、创意思维与表现方式,公益广告制作主体与公益广告内容的关系,公益广告之于媒体形象、媒体自我宣传的作用,以及影响公益广告发展的政府行为。另外一些学者从整体上探讨了公益广告现状及问题、繁荣公益广告的对策,论述了公益广告与文化的关系,从法律层面来思考公益广告现阶段存在的问题,以及建立健全公益广告法规的必要性与紧迫性,并阐释了公益广告与名人的互动效应等。除了沿用定性研究方法之外,有学者引入定量研究的方法,如用文本分析法、案例研究法进行研究。《求是》杂志于2013年第11期发表了中国传媒大学丁俊杰教授署名文章《公益广告:"微时代"社会沟通的大手段》,这是党中央刊物第一次发布有关公益广告的文章。同时,荷兰皇家科学院设立专项课题研究中国公益广告,由中国传媒大学教授施达尼负责具体科研工作。

第二,《中国公益广告年鉴》出版发行。由中国传媒大学、全国公益广告创新研究基地历时三年,共同编撰完成的《中国公益广告年鉴(1986—2010)》于2011年12月正式发行,全书100万字,分为"综述与大事记""单位与人物篇""历年全国优秀公益广告作品篇""重要讲话与文件篇""理论研究篇"五个部分,为我们详细地描绘了中国当代公益广告发展的基本脉络,具有丰富的史料价值。

第三,政府部门立项研究公益广告。国家广电总局在推动公益广告发展方面做了大量工作。《中国广播电视》杂志承办国家广电总局项目,即全国电视公益宣传事业调研展评活动,积极调研各个电视台和广告公司的公益广告活动开展情况,以把握新时代、新要求,以科学发展观来指导公益广告事业推动公益广告事业繁荣发展。

第四,建立全国性公益广告研究示范基地。2010年在中国传媒大学成立了全国性公益广告创新示范基地,这是国家工商总局批准设立的全国性公益广告研究机构,旨在发挥学校教学研究资源和优势,研究公益广告运行发展机制,促进公益广告研究的发展及创新。

(四)主流媒体践行责任

中国公益广告经过多年的发展,取得的巨大成绩,离不开广大媒体的传播和推动。这一时期举办的公益广告活动地域之广泛,参与的媒体之全、组织之多、人员之众,制作和发布的公益广告数量之大、质量之高,都是史无前例的,中国公益广告事业进入繁荣时期。

近几年来,中央电视台先后推出"春节回家系列""美丽中国系列""民族复兴中国梦系列""文明系列""节约系列"等公益广告;举办"星光电视公益广告大奖"颁奖盛典;推动设立"中国电视公益发展基金",鼓励更多机构和个人投身公益广告事业。公益广告基金的建立带来公益广告投资方式、选题方法、运作主体的变化。2012年2月,中央电视台还举行了优秀广告代理公司颁奖仪式,设立年度优秀公益广告制作公司奖和中央电视台年度优秀公益广告创意奖,一方面对在公益广告传播中做出突出贡献的机构和个人给予奖励,鼓励更广泛的力量参与到公益广告事业中;另一方面希望形成强强联手的合作机制,创作出更多的为人民喜闻乐见、充分实现公益传播效果的佳作。

此外,这一时期的其他媒体也纷纷制作出优秀的公益广告作品。例如,中央人民广播电台、中国网络电视台等发挥各自的优势,精心设计、刊播交通文明、厉行节约等主题公益广告。《人民日报》设计的公益广告,用连环画展示了粮食从种子到饭桌的全过程,这种形式在《人民日报》公益广告的历史上还是第一次。2010年3月,黑龙江卫视、贵州卫视、甘肃卫视联合推出全国公益广告联播平台,通过举办公益广告大赛征集作品,利用平台进行交叉覆盖展播,以媒体的影响力推动公益事业的发展。上海世博会开幕之前,《东方早报》联合全国21家主流媒体,共同刊登公益广告,宣传游客参观世博会的各项信息,为全国各地来上海参观世博会的游客提供便利。

2013年4月3日,中央电视台《新闻联播》全面介绍了新时期中国公益广告的发展:"从刊播公益广告,到直接制作公益广告,从开辟公益广告专栏,到形成规模化、制度化,越来越多的媒体发挥权威性和影响力,集合社会力量大手笔投入精良化制作,推出大量脍炙人口的优秀公益广告。在经济利益和社会利益面前,广大媒体把社会利益放在首位,体现了媒体的社会责任。越来越多的公益广告深入人心,不仅彰显了社会的价值取向,更为构建和谐社会提供了强大的社会动力。"

【本章小结】

本章阐述了公益广告在美国战时宣传中的兴起,以及在日本的发展,最终成为一股中坚力量。在中国公益广告的发展历史中,在公益广告萌芽阶段,以招贴和海报为主,主要作用是配合政治运动进行宣传。在公益广告起步形成阶段,电视成为传播公益广告的主要渠道,中央电视台《广而告之》是中国第一个真正意义上的电视公益广告栏目,在中国公益广告发展史上具有里程碑式的意义。在公益广告平稳发展阶段,党和政府主导全国性公益广告活动,面向社会征集广告作品,出台法规政策,引导公益广告规范化发展。在公益广告快速发展阶段,党和政府围绕重大事件主导公益广告活动开展,企业热心参与,媒体践行社会责任,学术研究范畴得以拓展。经过几十年演进,公益广告已经成为中国广告事业的重要组成部分。

【思考题】

1. 为什么说战时广告理事会在美国公益广告发展中起到重要作用?
2. 谈谈日本公益广告主题的特点。
3. 中国政府在调控公益广告方面推出了哪些政策?
4. 对比美国、日本及中国公益广告发展的异同。

第三章 公益广告价值论

【学习目标】

1. 理解公益广告的社会价值及意义。
2. 理解公益广告的文化特征、文化价值及其表现形式。
3. 理解公益广告的伦理诉求及伦理价值。
4. 理解公益广告的美学特征,了解公益广告的审美类型。
5. 理解公益广告的经济价值与社会价值的关系。

公益广告的价值由其传播内容所决定,集中体现于其社会功能之中。如何体现公益广告的社会功能与社会价值,一直以来都是研究者所关注的重点,也是公益广告创作者所探索追求的核心。公益广告价值可分为五个方面,分别是社会价值、文化价值、伦理价值、审美价值和经济价值。本章结合典型案例对以上五方面价值进行具体分析,以期使读者对公益广告的社会作用有一个清晰、全面的认知。

第一节 公益广告的社会价值

与一切传播活动一样,公益广告承载着重要的社会责任,以正确的社会理想塑造社会价值,规范社会行为,促进社会文明进步和发展。通过合乎规律的有效传播,在尊重多元社会利益的基础上,公益广告使人的社会道德变成自觉的行为,传承道德传统,弘扬社会公德,彰显时代风采。可以说,公益广告以社会公益性为主线,主题鲜明,对各种不良风气和不良行为进行批判和修正,让文明之风吹向每个人的心田,体现出社会教育、舆论引导、人文关怀等鲜明的社会价值。

一、社会教育

作为大众传播一种独特的文化传播现象,公益广告具有明显的社会教化功能,在提高大众思想道德方面的作用不可低估。公益广告是现代精神文明的产物,其社会教育功能的发挥体现着社会的文明和精神美德,以其独特的方式成为社会大众教育的重要力量。

在现代社会发展进程中,人的思想和意识日趋多元,也存在着积极与消极、先进与落后、正确与错误之分。少数人或群体也会出现有违社会公德、有违公序良俗的行为,严重的会危及社会、公众,乃至国家利益。而公益广告所承载的教育功能,能够集中表达传播者所要弘扬的社会理想、先进的思想观念,以先进的价值观引导公众的价值判断。公益广告内涵丰富,形式多样,涉及面广泛,既可以包含多层次、多维度的思想观念,表达哲理层面的深度概念,也可以表达实践层面的理念与行为规范,深入浅出,成风化人。无论是何种媒体所呈现的公益广告都无一例外地向人们传递着代表社会正能量的思想意识、价值观念,并且以春雨润物般的形式使人们不知不觉被吸引。随着广告播放的频率和次数的增多,公益广告成功地为受众设置议程,使受众潜意识里逐渐解读和接受其蕴含的思想观念和价值取向。

公益广告的社会教育功能是经由大众传播发挥广泛的社会教育力量,构建与现代社会发展相适应的崭新的社会规范。正如中国传媒大学丁俊杰教授所说,和谐社会的建设需要社会群体及个人间的充分交流。公益广告以其社会教育价值起到了润滑剂的作用,增进了人与人、人与社会、人与自然之间的理解和协调,帮助减少和消除误解、对立及冲突,从而有利于和谐社会的营造和完善[①]。但公益广告倡导的不是对人的正当利益的剥夺,而是在社会利益的基础上使人的社会道德变成自觉的行为。这需要策划人员有敏锐的观察力,明察秋毫,对社会上发生的各种现象和事件进行分析,从不同的表象中发现本质,在偶然性中寻找必然性,从特殊性中认识普遍性,然后进行归纳,这样才能发现问题,引起社会和公众的关注,成为社会焦点。

【案例评析】

环保公益广告《让希望,不失望》

最近几年,每年临近年底,"霾"这一话题就成为大众讨论的热点。北方多省市遭遇雾霾周,北京持续中度污染,重度污染日也不断出现,中央气象台持续发布霾黄色预警。如何让全社会感受到下一代的希望,并自觉地化身为行动?环保公益短片《让希望,不失望》(见图3-1)开始在CCTV的各大频道陆续播出。这部公益广告以未出生的宝宝为视角,以尚未降临人世的婴儿对世界的期待与渴望作为引线。当婴儿喃喃道出自己对于新世界的憧憬,"去的第一个地方,尝到的第一口食物,喝到的第一口水,呼吸到第一口空气"时,婴儿对于美好世界的想象直击大众人群内心最柔软的部分。面对愈演愈烈的空气污染,成人尚不能做到自强不"吸",更何况那些毫无抵抗力的下一代。这则公益广告利用人性中共通的部分,用童真无邪的口吻打动所有中国人。宣传片最后出现:让希望,不失望,简洁有力地突显环保行动的紧迫与重要。

二、舆论引导

舆论引导,是一种运用舆论引导人们的意识,指导人们的行为,使其能够按照一定的路线、方针、规章从事社会活动的传播行为。公益广告的舆论引导功能主要体现在两个方面。第一,公益广告的舆论引导功能体现在根据国家相关的政策法规,在一定时期一定背景下确定相应的广告主题,引导大众按照国家所制定的目标蓝图统一思想、协调行动。国家大政方针和相关政策的推出固然有大众传播媒介及政府文件等传播途径,但公益广告以其形象生动、灵活多样的特点也成为舆论引导的重要力量,如近年来刊播的大到实现民族伟大复兴的主题、弘扬中华传统文化的主题、反腐倡廉的主题,小到社会精神文明、出国旅游文明行为提示、城市文明"车

---

① 丁俊杰,黄河.观察与思考:中国广告观——中国广告产业定位与发展趋势之探讨[J].现代传播,2007(4):78-81.

图3-1 《让希望,不失望》

让人"活动等。美国伯特利大学传播系教授程红在对公益广告的价值研究中指出,公益广告是宣传社会价值的新工具。与商业广告诉求目的不同,公益广告更重视社会精神文明的建设,在各种广告类型中有着崇高的地位。第二,公益广告的舆论引导功能体现在关注社会热点,彰显舆论导向。当前,自然灾害和社会突发事件频频发生,突发公共事件不仅使人们的生命财产遭受严重损失,还给公众心理等造成巨大冲击和创伤,甚至造成公众恐慌和社会动荡。国家为了维护公众利益,保障社会安定,除了运用新闻宣传工具报道外,也会利用公益广告这种公众喜闻乐见的形式聚焦社会关注,阐释公众疑惑,有效引导舆论。一般情况下,面对社会突发性事件,新闻媒体无疑发挥着主流信息传播渠道的作用。公益广告的柔性传播优势也是显而易见的,既引导社会公众对社会热点密切关注,树立正确的态度,也起到了社会动员的作用。在1998年长江洪水泛滥,2003年非典疫情爆发,2008年汶川地震的非常时期,我国平面媒体、影视媒体纷纷刊登公益广告,为社会设置议题,形成强大的舆论引导合力,极大地鼓舞了社会成员的士气。

在我国,公益广告创作必须坚定社会主义方向,实施正确的舆论引导。这一点可以明显从中央电视台创作播出的公益广告看出来。作为国家权威媒体,中央电视台重视政治文化传播,将公益广告与国家重大事件结合起来,紧扣社会热点,每年都会有一个或几个相对集中的重大主题,致力于培育具有和谐色彩的政治文化观,引导社会舆论,营造和谐社会的政治理念和氛围。这是中央电视台应该承担的责任,也是履行媒体自身相应的义务。虽然公益广告承担着党和国家的宣传责任,但是它却不同于一般的宣传,尤其是在传播形式上,总体摆脱了政治宣传标语刻板和单调的传播方式,用短小轻便、生动活泼和艺术性手法,以一种寓教于乐的传播方式为受众所接受。

三、人文关怀

人文关怀是公益广告的高层次境界的升华,它体现了公益广告的本质意义和终极关怀。所谓"公益",就是要"益公",即为大家做事,为大众谋福利,这是对于整个人类的一种博大关怀。公益广告离不开人文关怀,人文关怀赋予公益广告独特魅力。优秀的公益广告总是充满人文关怀,在向受众传递有益的思想或观念的同时,也如春风般温暖着人心。公益广告中一个动人的故事,一句有力量的话语,都传递着积极向上的正能量。公益广告是一盏灯,灯光亮一些,社会中的正能量就会多一些,它引领社会风尚,传播正能量,可以说公益广告从整体上促进了人类文明的进步,提高了社会的文明程度和受众的思想道德水准。

公益广告的人文关怀也体现在公益广告以情动人的表现方式上。根据马斯洛需求层次理论,人类的需求分为五种:生理上的需求、安全上的需求、情感和归属的需求、尊重的需求和自我实现的需求。其中情感和归属的需求正是公益广告创作的重要诉求点,通过公益广告动人的画面和感人的话语,受众会在情感上得到寄托,然后受众会去关注公益广告,受众的内心会对世界充满爱,去善待身边的一切,进而提升人文情怀,这也是公益广告的魅力所在。中央电视台曾播出过一则公益广告《有时间多陪陪孩子》,短片中的主人公小姑娘领了奖状,等爸爸回来向他诉说,结果等了一晚上爸爸也没回来,最后小姑娘哭了。故事虽然很短,但很朴实,道出了很多孩子的心声:他们内心深处只渴望父母的陪伴。这则广告也告诉现在的父母,其实对孩子的爱最简单的方式就是陪伴,让孩子们的情感有个归属,让他们感受到家庭的温暖。

公益广告的人文关怀还体现在对社会特殊人群,即弱势群体的关怀上。这部分群体包括自我保护与分辨能力薄弱的青少年,行动不便以及自我照顾能力不足的老年人、孕妇以及遭受灾害的灾区人民等。经济地位较低的人们、易遭受歧视的社会群体以及其他的社会边缘群体等,都是公益广告人文关怀的对象。例如,中央电视台在12月1日世界艾滋病日推出了一则由中央电视台著名主持人周涛、新闻评论员白岩松和"洪荒少女"傅园慧拍摄的关爱艾滋病儿童的公益广告(见图3-2)。广告表现一个受艾滋病感染的儿童的小手在黑白的画面中踟蹰游走,而周涛、白岩松、傅园慧的温暖笑容与坚定握住孩子的手的动作改变了整个画面的色彩。该广告通过震撼的视觉强化,呼吁整个社会对弱势群体——艾滋病儿童,多一些理解和爱护。公益广告的社会关怀价值不只是在中国,在西方国家也得到有力的体现。老年痴呆症患者是一个特殊的群体,据统计全世界患老年痴呆症的人大约有4700万。瑞典某非营利公益组织制作了一则特别的公益广告,营销人员在纽约的各大咖啡馆放置了热感应咖啡杯套,当每一位顾客拿过咖啡,放上这个杯套,咖啡的温度会让黑色表面显现广告文案:"当你为你女友拿咖啡的时候,这个世界上正有4700万人忘记他们的爱人,请不要让你的爱人忘记你",让人印象深刻。

图3-2 公益广告《关爱艾滋病儿童》

第二节 公益广告的文化价值

中华民族的文化历史源远流长,在推进新时代社会主义现代化建设的进程中,既要注重物质文明建设,更要注重精神文明建设,重视对自己民族文化的保护和宣传,以公益广告形式弘扬中华民族优良传统文化,使公益广告成为文化传承的重要组成部分。

一、公益广告的文化特征

公益广告是文化传播的一个重要路径,它传播文化价值观念,传承文化传统、民俗习性,蕴含丰富的文化价值和人文旨趣。同时,公益广告的传播总是在一定文化背景下进行的,受制于特定的文化传统,体现文化传播的发展水平。公益广告体现出继承性、时代性、导向性、创新性的文化特征。

继承性是公益广告文化的基础特征。文化是一个国家、民族历史的凝聚,是在历史长河中积淀下来的道德、教育、哲学、科技、风俗等的总和。文化具有鲜明的继承性的特点。公益广告无论从内容还是形式,处处彰显着鲜明的文化继承性特征,如有关社会主义核心价值观的系列公益广告、精神文明的系列公益广告等。那些汲取传统文化精华、传播中华优秀文化的公益广告,那些以"中国风"的形式讲述中国故事的公益广告,总能受到公众的青睐。

时代性是公益广告突出的文化特征。公益广告从内容到形式,无不打上鲜明的时代印记。它在内容上与时俱进,引领社会新风尚,面对现实,有感而发,针砭时弊,矫正过失。随着我国经济的长足发展,大众生活水平的不断提高,一些不良的文化习俗也有所滋生,比如官场上的你来我往,市场经济中的欺诈行为,民间红白喜事的大操大办等。物质主义、拜金主义、享乐主义等,阻隔着先进文化的社会引领作用。而以公益广告恰恰以其鲜明的现实态度、时代感和强烈的现实导向性,成为传播时代先进文化的重要力量。

导向性是公益广告发挥文化功能的重要特征。公益广告文化导向性应建立在对文化发展总体规律的认识上,逐步培养公众的一种文化自觉,引导人们的社会行为,在规律的轨道上行驶。公益广告导向性要以中国先进文化为引导方向。从文化特征上看,中国的先进文化是民族的、科学的、大众的文化。公益广告既要继承和发扬民族优秀的文化传统,又要植根于中国特色社会主义建设的伟大实践;既要广泛吸取外国的一切优秀文化成果,又要充分显示鲜明的中国风格和中国气派;公益广告文化还是"大众的文化",表现在它的创意素材、表现形式来自人民群众,服务于人民群众,反映人民群众的意愿。近年来中央电视台在春节晚会期间播出的多个公益广告,都是取材于真人真事,甚至直接由本人本色出演,产生了极大的反响。

创新性是公益广告文化持久活力的鲜明标志。创新性建立在现实基础之上,对现实社会发展趋势进行分析和判断,能够在其发展过程中把握规律性,以创新性的思维、超前性的创意引导现实社会生活发展的方向。2000年《中国广告》杂志上曾刊登过一则《拍卖空气》的公益广告,一个装着空气的玻璃瓶和其他拍卖品同时置于拍卖架上,广告意在表达如果不保护环境,未来可能连新鲜的空气都是奢侈品。当时看起来这个公益广告只是运用了夸张的表现手法,但时隔多年,这个公益广告却真实地发生在我们身边。2016年8月8日,杭州市,天猫国际将三瓶来自"上帝的后花园"新西兰、100%直采的空气进行拍卖,起拍价8.8元,经过25次出价,最终以12008.8元成交①。虽然这个新闻有制造噱头、吸引眼球之嫌,但在环境污染严重、民众环境意识日益强烈的背景下,消费者为了身体健康,开始购买空气净化器,本质上为空气买单却是不争的现实,不得不让人佩服《拍卖空气》创意人员超前的创意理念。

二、公益广告的文化价值概述

1. 弘扬优秀传统文化

传统文化是一个民族的灵魂,具有强大的凝聚力和生命力。我国有五千多年的悠久历史,中华民族传统文化是其中最为耀眼的瑰宝,它博大精深、源远流长,艺术、戏剧、哲学、文学、民族传统节日……都为我国现代公益广告提供了很好的创作素材。公益广告创意人员将传统文化元素巧妙地利用到公益广告的创作中,如表现民族气节和民族精神的"自强创辉煌"公益广告主题系列、"奥运会"主题系列,表现儒家道德文化中"仁""义""礼""智""信"等传统美德系列,表现"天人合一"、人与自然和谐相处、保护环境等。这些传统的民族文化内容通过公益广告这一大众传播方式一一呈现在大众眼前,不但重塑了国民的文化性格,同时也营造了良好的时代文化氛围,积极参与了社会文化的建设,发挥了文化整合的功能。

弘扬民族文化对公益广告来说不仅要开掘公益广告的文化意蕴,而且还要注重公益广告的艺术表现形式,以及艺术语言与民族文化的结合。2008年我国奥运会宣传活动,就采用公益广告传播的形式,把公益广告内容很好地与传统文化相融合。其中一张奥运专题海报(见图3-3)设计的文化内涵表现很好。通常情况下人们都会从运动项目,或是奥运五环联想设计。这幅海报的出发点很独特,运用了夸张的表现手法,用心电图的形式绘制了数字2008,运用了具有中国特色的红色,以民族传统文化颜色的象征意义反映出中国人民心系2008,关注奥运,期待奥运。

图3-3 奥运公益海报

---

① 天猫拍卖新西兰空气 三瓶空气拍出12000元[EB/OL].[2019-06-05].http://www.yicai.com/image/5059298.html.

2016年中央电视台春晚上,琥珀传播制作的关于中华民族传统文化的公益广告《门》(见图3-4)温情播出,广告内容讲述了五个关于门的真实感人的故事。河北的石阶门、上海的石库门、广州趟栊门等五扇极具各地特色的"门"不仅饱含着当地的文化与民俗,门与人之间的真实互动,更是让每个瞬间愈加精彩。《门》在腾讯、爱奇艺等视频网站播出后,《人民日报》等媒体相继报道,广告主题"门外世界门里是家"引发社会群体对中华传统"家"文化的热议。

图3-4 公益广告《门》

2.传播先进时代文化

每一个时代,都有属于自己的文化。文化的时代性是指文化的发生、形成、发展、成熟都是在一定的社会历史阶段中进行的,并以时间作为其基本的存在形式。一方面,文化的存在是时代性的,任何一种文化模式或文化形态、文化内容,都存在于具体的时代之中,每个时代都有自己的文化要求和文化特色。另一方面,文化创造是时代性的,所有的文化都是在具体的时代被创造出来的;每一个时代都在不断创造着各种文化形态和文化内容,使得人类文化不断累积、保存而日趋丰富。公益广告传播时代的文化,既包括公益广告在传播中所体现的时代特征及文化属性,也包括不同时期所积淀的民族文化精神,如自五四运动以来中国人在历史风雨中所锤炼的民族精神、革命精神、奉献精神、英雄主义、集体主义、乐观主义等。

同时,公益广告所传播的具有时代文化特征的内容也是其时代文化价值的重要体现。如作为全世界收视率最高的综艺节目之一,春晚承载亿万观众对新年的美好祝福。在春晚期间播出的公益广告往往以短短几分钟的暖心演绎,触动着广大平凡百姓的心灵,引发最深层的情感共鸣。2016年春晚公益广告《父亲的旅程》(见图3-5)关注城市打工群体春节不能回家的

图3-5 《父亲的旅程》

现状,引起社会对这类人群的关怀。这则广告内容讲述的是在城市里打工的孩子春节不能回家,为了与其团聚,父亲带着家乡特产从老家独自上路,千里迢迢赶到城市,历尽千辛万苦终得与孩子相见。这个公益广告诉说了千千万万在异乡打拼的中国人难以兼顾亲情和生活的艰难现实,也通过真实朴素的记录,传递着真挚动人的父子之情。《父亲的旅程》不仅是符合时代性特征的文化传播,还符合春节温情的基调,积极地体现当代中国的社会现状。

3. 兼容并蓄多元文化

无论东西,一切文化都构成了人类文化的精华。以兼容并蓄的姿态对待外来文化,并全方位地汲取其精华,也是公益广告文化价值的折射。优秀的公益广告往往是站在多元时代文化的制高点上,选择题材,挖掘主题,与现代文化建设相呼应,将人类文明中的优秀成果,诸如科学精神、独立人格、平等观念、竞争意识、民主法制、契约精神、效益观念等,融入公益广告的主题凝练、形式创新之中。

第三节 公益广告的伦理价值

公益广告是传播公益观念的广告传播活动,最终目的是通过其伦理基因构建与社会发展相适应的伦理道德规范,为社会主义精神文明建设服务。公益广告的伦理价值不仅具有理论意义,在社会主义市场经济条件下,在精神追求和物质利益追求的博弈中,公益广告的伦理价值更具有深刻的现实意义。

一、公益广告的社会伦理动因

公益广告的产生和发展也是社会逐步发展与道德规范逐步完善的重要产物。公益广告关注的是社会中公众的群体及个体行为,公众的社会行为方式受制于他们的素质和人际利益、经济利益关系的效益协调原则,公益广告本身的存在与发展也涉及经济利益和社会效益的协调问题,因此公益广告必须解决利益平衡的问题,即利己和利他的平衡。每种社会行为都有其利益的内在驱动,利己性是每一种社会行为产生和发展的先天目的,利己有时会破坏和谐的社会关系;如果把是否利他作为衡量一种行为的道德价值的社会尺度,道德利他的结果也必将使利益"天平"失衡,因为道德不单是行为主体自身利益在主体意识中的直接投射,还是他人利益与社会利益在个体中的显现。

在市场经济中,人的本质具有双重属性。亚当·斯密"经济人"的假设,真实地反映了市场经济中人的本质的一般属性和市场行为的共同要求。马克斯·韦伯的"道德人"假设也指出经济冲动与道德抑制必须相互平衡。公益广告的伦理价值正是从社会伦理的角度对经济和社会发展中诸多问题或矛盾的探求和回应。推动公益广告产生、发展的伦理动因是利益的辩证与平衡,因为它涉及各种关系的建立与处置、行为后果的价值评判、行为所遵循的道德选择、宣扬的道德方向等问题。

同时,作为广告的一种形式,公益广告自身也涉及多重利益关系的辩证与平衡,利益关系由公益广告主体、公益广告客体、公益广告环境三个基本因素构成。公益广告主体指策划发布公益广告的单位、集体或个人,公益广告主体一般又包括公益广告主(政府、企业或其他社团组织)、公益广告经营者(广告公司)、公益广告发布者(传播媒体);公益广告客体指公益广告的受众;公益广告环境指公益广告运作的社会环境。因此,公益广告利益关系首先是公益广告经营者、发布者之间的利益关系,它关系到公益广告信息的发布和公益广告利益的成立,是基本利益关系。其次是公益广告主体与客体间的利益关系。公益广告主的目的是使公众接受观念,而客体必须对自己的选择做出利益判断,根据自己需求和好恶做出接受或不接受的最终选择。再次是公益广告主体与社会环境之间的利益关系。公益广告是广告主通过传播观念的手段体现一定的价值观,公益广告最终会起到怎样的社会功能,对社会有益还是无益是客观的,需要由公众做出公益广告社会价值的评判。

二、公益广告的伦理价值概述

公益广告的伦理道德传承主要体现为人与自然的互爱共存、人与家庭的和睦相处、人与集体的共同发展和人与社会的和谐进步。

(一)公益广告的伦理教育功能

伦理教育是常识教育的升华,涵盖的范围极为广泛,归纳起来主要体现在道德规范、传统风俗、生态伦理等方面。

1. 道德规范

道德规范是比风俗习惯高一层次的社会规范。人们对那些与社会共同生活关系较为重要的事物与行为,给予是非、善恶、公正或偏私的评价,加以褒贬,由此形成道德标准。一个国家、地区或民族,有着若干共同的道德标准,这些标准不会因为社会形态变化而改变或者中断,一般是可以继承和发展的。公益广告倡导的道德规范更多是一种美德伦理。

(1)尊老爱幼。

先贤孟子提出"老吾老以及人之老,幼吾幼以及人之幼",尊老爱幼是中华民族的传统美德,也是中国人的基本道德修养。在我国人口老龄化速度加快、未富先老、高龄化以及空巢现象严重的今天,"尊老"不仅是家庭问题,俨然已经成为社会问题。"尊老"应该具有尊老、敬老、爱老的深层内涵,诸如公交车上给老人让座、子女应常回家看看、关注老年人身心健康等主题的公益广告很好地诠释了"尊老"的伦理诉求。"爱幼"在公益广告中主要表现为树立道德榜样,反对家庭暴力,关注单亲儿童、流浪儿童、留守儿童等内容。中央电视台有这样一则公益广告,画面是一家人在照全家福,旁白:"一、二、三,好了,下一张……"这时儿女们纷纷接到电话说有事要离开,只剩下老人孤独一人在拍照,独自拍照的老人笑着面对镜头,看上去是那么的凄凉,旁白:"我们在父母眼里是心头肉,父母在我们眼里呢?"字幕:"在父母心里,天下没有什么比孩子更重要的事了,可你们呢?"结尾处点出主题:"尊老、爱老是中华民族的传统美德。"

(2)诚实守信。

诚实守信是做人的基本准则,也是社会道德和职业道德的要求。诚实指的就是对人要坦诚相见,真实无欺,既不自欺,也不欺人,要光明磊落地行事,要真心诚意地为善去恶,要实现自我修养的提升;在人际交往过程中要做到开诚布公,不隐瞒他人,不欺骗他人。用一句话概括来讲,诚实其实就是能够做到表里如一,说老实话,办老实事,做老实人。守信指的就是守诺言,讲信誉,重信用,忠实履行自己所应承担的责任。诚实和守信是和谐统一的,守信以诚实作为基础,离开了诚实的"守信"就是伪守信。2014年,中央电视台在综合频道等多个重点频道播出首部"诚信"主题公益广告——《窍门篇》。该片旨在通过诙谐讽刺的方式介绍男主角在生活中投机取巧的"小窍门",引发受众对当今社会经济发展与诚信缺失并存的关注与思考,达到营造以诚相待的和睦人际关系、和谐社会氛围的目的。作为"诚信"系列公益广告,《窍门篇》在内容上贴近生活,选取逃票、逃缴停车费等大家屡见不鲜的身边小事;在形式上,避免刻板说教,以男演员诙谐幽默的表演讲述事实,落脚于"你的诚信心呢"的旁白拷问,发人深省。该系列的第二部公益广告《亲子篇》则讲述父母努力兑现许给孩子的承诺,通过言传身教,诚信植根于孩子内心,潜移默化演变为支撑孩子做出正确选择的内心的力量。

(3)仁爱生命。

"仁爱生命"的伦理观念是中国传统儒家学派人文理念的重要组成部分。仁爱生命是高尚的道德情怀、博大的生命境界。仁爱生命也是"大地伦理"的体现,大地上生存成长的一切生命,包括那些默默的不被关注的生命体,甚至濒临绝迹的动物、植物以及微生物,都拥有自己不可抹杀的生命的尊严,任何一个物种的灭绝都势必影响到整个自然生态系统的平衡,都会给这个世界带来难以预料的灾难。因此,人类对自然生态系统给予道德关爱,从根本上来讲就是对人类自身的道德关爱。公益广告体现"仁爱生命"诉求的具体表现在物种保护和节约资源两个方面。

(4)公平正义。

公平正义是和谐社会的价值追求,是一切德性的大成。亚里士多德认为,在各种德性中,"公正是最主要的,它比星辰更加光辉","公正不是德性的一个部分,而是整个德性"。墨子的"兼爱"思想也希望"大不攻小也,强不侮弱也,众不贼寡也,诈不欺愚也,贵不傲贱也,富不骄贫也,壮不夺老也,是以天下庶国,莫以水火毒药兵刃以相害也"。在我国,流动人口、劳改人群及子女等一般都经历过非公平正义的遭遇。例如流动人口子女在就学问题上就会有不公正的待遇,戒毒劳改群体走到阳光下时也会遭受歧视和侮辱,甚至他们的子女也会受到不公平的对待,需要通过公益广告教育和引导广大民众用平等眼光和态度对待这一类弱势群体,给予他们人权和尊严。江苏教育电视台播放的一则尊重关爱农民工的公益广告讲述了普通农民工的故事。农民工为了城市的发展、人民的生活付出了艰辛和汗水,他们就像是城市不可缺少的血液,他们应该获得人的尊严,应该获得公正的对待和基本的生活保障,"他们也是父母心头的宝贝""他们也是孩子身后的依靠""他们也是爱人日夜的牵挂"。针对戒毒劳改的群体,公益广告主要侧重于呼吁社会给他们重新步入正常社会生活的机会,在择业、就业、创业的过程中少一些偏见,多一些公正。

2.**生态伦理**

天人相谐的生态伦理是传统伦理的重要组成部分,也是公益广告伦理教育的重要部分。"和谐"是中国文化的精髓,亦是被各家各派所认同的普遍原则。无论是天地万物的产生,人与自然、社会的关系,还是道德伦理、价值观念、心理结构、审美情感都贯通着和谐。"天人相谐"是公益广告在生态伦理维度宏观层面的思考,是从宏观层面来表现人与自然的和谐统一关系。从人与自然关系的角度来看,"天人相谐"表现一种人与自然的冲突降到最低程度的状态。罗尔斯在《环境伦理学》一书中提出,遵循自然,尊重自然,"一种冲突的伦理"——人作为掠夺自然资源的征服者必须转变成自然的保护者这样一种互补的伦理:人应以满足和感激的心情栖息于大自然中。要实现"天人相谐"的目标,关键是要探索出一条调整和处理好人与自然关系的可行之路。基于"天人相谐"的生态伦理诉求,很多公益广告通过宏大的场景、哲理性的文案,表达了对人与自然和谐相处的最佳状态的追寻。

3. 传统风俗

风俗习惯是出现最早、最普遍的一种社会规范,自发的行为规范被反复不断地长期遵循,便成风俗。风俗一般都是传统的、长期存在的。为了能够使公益广告更好地实现弘扬中华文化的目的,很多公益广告的创作都在尽力挖掘传统风俗习惯。例如公益广告《二十四节气之处暑》(见图 3-6),以短小精悍的歌谣讲述了农历二十四节气之一——处暑——的天气变化和民间风俗:"夕阳下,落叶飘,处暑天渐渐凉;秋风摇,小树唱,不摇扇也清爽;稻谷熟,栽白菜,抢收抢粮种满仓;早晚凉,加衣裳,运动健身保健康。"处暑时间点在公历 8 月 23 日前后,谐音"出暑",是炎热离开的意思。处暑节气意味着进入气象意义的秋天,处暑后中国长江以北地区气温逐渐下降。届时会有一些风俗活动,如放河灯、开渔节、泼水习俗等,还会在这一天以吃鸭子作为风俗习惯。这则广告,不仅提醒人们秋天的到来,也宣传了中国传统文化。

图 3-6 《二十四节气之处暑》

(二)公益广告的伦理构建功能

社会伦理主要是探讨社会活动、社会关系中的伦理问题。从伦理层面上讲,公益广告的产生是维护社会关系的必然。公益广告的伦理价值主要侧重于反映人伦关系以及维持人伦关系必须遵循的准则,公益广告是在符合个体道德追求的主客观条件下产生和发展的,所以从公益广告的起源来讲也具有伦理道德价值。公益广告中所蕴含的关爱之情、慈爱之心,能够帮助人们克服日益严重的社会疏离和人际隔膜,促进人与人之间达成亲近、融洽、友善的人际关系,使人们都能够感受到在这个社会生活所获得的幸福感,从而增强和谐社会的凝聚力以及向心力,最终达到促进整个社会和谐稳定的目的。

1. 倡导伦理秩序

(1) 缘起——呼唤道德与人性的回归。

伴随着经济的高速发展,对道德的忽视或漠视现象时有发生,经济发展与道德失范这个二律背反态势促使人们思考道德在社会经济发展中具有的不可或缺的作用,即呼唤道德与人性的回归,呼唤新的伦理道德规范的确立,呼唤有效的道德教化力量,呼唤人与社会、人与自然的和谐发展。正如学者王小锡说的:"科学的伦理道德就其功能来说,它不仅要求人们不断地完善自身,而且要求人们珍惜和完善相互之间的生存关系,以理性生存样式不断创造和完善人类的生存条件和环境,推动社会的不断进步。"[①]当中国与世界各国被联结在"全球可持续发展"的重大课题前,中国和世界各个国家一样,也都开始反思自身的生活方式和生存方式。公益广告也正是在呼唤道德与人心回归的社会内在要求下,把目光投向了人们共同关注的话题,及时地、敏锐地提醒和规劝公众,调整自己的行为,唤醒社会良知,提倡社会公德,并最终确立一种新的伦理道德规范,最终改善社会生存环境和生态环境,营造一个经济和道德发展共赢的和谐的社会环境。

(2) 导向——倡导伦理道德,规范社会风尚。

公益广告的产生和发展本身也可理解为一种伦理现象。从伦理学的角度看,伦理现象表现为伦理规范,伦理规范反映了一个社会中占核心地位的伦理体系的价值观念和具体行为要求,它与其他社会规范等一起调控、制约着人们的行为,使社会在健康、有序的状态下良性运作。每一个社会,都必然要向其成员提供一套可遵循的伦理规范,这些伦理规范其实就是社会集团对个体道德意识和道德行为的定性要求,它可以为个体行为选择和判断提供道德依据和道德标准。公益广告为人们提供一系列价值观念和行为,并指导人们的道德实践,最终起到促进人自身进步和社会的协调发展,达到个体道德发展和社会伦理关系协调的双赢结果。公益广告具有调节社会伦理关系的功能,这种道德调节的特征在于:主要通过具体人的行为来实现,其重点是对社会成员个人的指导并成为人们的行动指南。公众运用公益广告内含的评价标准,评价自己和他人的动机、行为,以此调节个体行为,并转化为内在的情感和信念,由此协调自己与他人、与社会的关系,在接受公益广告倡导的合理伦理规范的基础上,形成个人道德提升和社会文明程度提高的双向良性互动。

公益广告倡导合理的伦理道德规范,并自觉遵循伦理规范,主要体现在:

①普遍性。公益广告针对最广大的受众,通过传播公益广告体现着社会整体的意志。

②公开性。伦理规范总是要求人们去遵守,而公益广告利用"广而告之"的形式,使人们在经常持久的伦理规范的熏陶下减少行动的不合理性。

③适度性。公益广告以其适度的宣传,使伦理精神及规范艺术再现,能获得社会公众的认同。

④稳定性。公益广告所传播的伦理精神有传统美德、民族精神和当代的经济、生态、科技伦理等,即使在时间跨度上有一定的阶段性,但传播的恰恰是符合人类自身发展和社会和谐发

---

① 王小锡.论道德资本[M].北京:人民出版社,2005:84-85.

展的规律,内容的相对一致性和确定性维护了伦理规范的持久作用和感召力。

2. 传播伦理道德

从传播伦理道德的角度讲,公益广告的产生有其必然性。社会伦理主要探讨社会活动、社会关系中的伦理问题,反映人伦关系以及维持人伦关系必须遵循的准则。《学会关心:21世纪的教育——圆桌会议报告》中指出"工业化带来的道德衰退,已成为人类面临的首要的挑战和威胁"。这些问题的存在迫使人们要"在人类价值观和社会制度方面来个根本变化",要求人们"在当前和未来生活的责任感和信任感方面有一种新的伦理观"[①]。从个体来说,道德侧重于反映个体作为道德活动主体所具备的德行。公益广告的产生也符合个体道德追求的主客观条件,所以公益广告的产生和发展具有伦理性。

(1)真:公益广告伦理价值实现的前提。

真即真实、可信,它是公益广告伦理价值实现的前提。公益广告只有根植于真实、可信的土壤中,它的伦理价值才能根深叶茂。因此,公益广告必须对现实生活极度关注,以无限广阔丰富的现实生活为素材。它不仅要洞察时代的前进方向,更要倾听社会各个阶层在当代的诉求,及时捕捉现实生活中存在的冲突与问题。只有这样才能让观众真切地感受到公益广告播出内容的真实性,公益广告才能达到真实、可信的要求,公众才能产生心理认同感,才能够接受它,从而实现公益广告的伦理价值。

当然,这种"真实"并不是对来源于生活的素材的简单再现,而是要求广告工作者在准确理解和把握客观现实生活发展规律的前提下,开掘生活的底蕴,捕捉灵感,才能有自己的真知灼见,才能在创作中富有真情实感。也就是公益广告既应保持生活中的"原汁原味",还应引导观众对生活做出规律性的认知,对生活有所感悟。只有这样的公益广告才是厚实的、沉甸甸的,才能让人回味无穷,才具有真实性和感染力。没有这一切,公益广告就会变成无源之水、无本之木。

(2)善:公益广告伦理价值实现的基础。

这里的善应解释为扬善、劝善。公益广告传播对象是人,关系的是人与人、人与自然、人与社会的和谐。因此,它应以善为出发点,目的应是扬善惩恶。只有把社会的伦理道德规范原则和行为规范内化为自己的人格魅力,做到明辨是非,从善如流,人、社会、自然便会处于一种和谐统一的状态。

当社会处于转型时期,市场经济体制的确立,使人们的生活方式、行为习惯和思维方式都发生了很大的变化,矛盾与冲突不可避免,传统伦理价值观念可能会发生动摇,冲击社会的道德建设。在这一背景下,公益广告更应始终谨记规劝与引导从善的初衷,始终以扬善、劝善作为最终目的。只有这样,公益广告的伦理价值才有存在的基础。

(3)美:公益广告伦理价值实现的归宿。

公益广告的美,来源于两个方面:一是内容美。公益广告内容美的创造,即公益广告的真(公益广告来源的真实性)和善(公益广告的劝善功能)的统一,当公益广告的内容达到了真与

---

① 王一兵.学会关心:21世纪的教育——圆桌会议报告[J].教育研究,1990(7):14.

善的境界,便自然而然地实现了内容美。二是形式美。形式美即公益广告借助文案、图画、语言和音乐进行艺术表现时所体现出的艺术上的完美程度。我国古代的美学思想认为"美善相乐",说的是善与美相结合,使之相得益彰。正是公益广告的内容美与形式美的完美结合,增加了公益广告的吸引力。因此,只有具有美感的公益广告,才能产生巨大的魅力,才能真正实现公益广告的伦理价值。

3. 构建伦理规范

公益广告对社会现实既是反映,也是塑造和建构。对个体来说,公益广告的道德建构指向公众的道德素质。因为公益广告关注的是社会人,而社会人是有其伦理性质的;公益广告关注的是人的一种价值取向,而价值取向属于伦理道德的范畴;公益广告关注的是人的社会关系,而伦理学研究中从来不缺少这方面的内容,因此公益广告是讲"伦理道德"的,是帮助公众以科学的伦理道德准则和规范来确立世界观、人生观、价值观的。

对社会而言,公益广告道德建构使命的实现是建立在对现实社会道德现状理性批判的基础上的。公益广告以其敏锐的眼光深刻地把握了时代发展的现状,走到时代发展的前列,用短小精悍、言简意赅的方式做出旗帜鲜明的指引,成为公众伦理道德规范的"引路人"。公益广告不仅反映现实,更在于它必须把握社会道德规范的关键所在,及时提出现实的整合方法和手段,用其建构的新的伦理道德规范引导现实。公益广告的道德引导性是建立在对人类社会发展规律的总体把握的基础上,引导公众社会行为的自觉行动。

对文明发展来说,公益广告道德建构的社会使命是精神文明、政治文明、物质文明的建设。公益广告本身是一种文明精神的体现,公益广告又是现代社会运用传媒手段净化和升华公众"灵魂"的工具,这个使命是服务于公众对真、善、美的追求,服务于社会文明的进步,它高举着理性、发展和精神文明的大旗引导现代化建设,也为建设现代社会公众精神家园指明了方向。

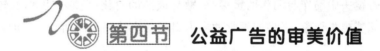

第四节 公益广告的审美价值

优秀的公益广告作品总能在其形、声、色等多方面给人以愉悦,使人有一种欣赏艺术品的感觉,心理和生理都得到审美享受,这就是公益广告的审美价值。审美价值是艺术作品的核心,贯穿于探究艺术创作的始终。审美价值也是现代公益广告价值不可或缺的组成部分,是现代公益广告所追求的至高境界。社会价值的精神美和艺术价值的形式美是现代公益广告审美价值的两大范畴。现代公益广告社会价值展现出的道德之美、人性之美、社会公平与正义之美、人与自然和谐并存之美等正是这种审美价值的精神体现,这种审美价值又体现在现代公益广告本身的意境、构成、色彩等形式美之中。

一、公益广告的美学特征

审美价值是任何一个从事艺术研究的人都无法回避的问题。黑格尔指出:"审美价值的对象就是美的领域,说得更精确些,它的范围就是艺术,或者说,就是美的艺术。"①因此对审美价值的追求,是一切艺术追求的共同目标。现代公益广告同样遵循艺术的价值形态的必然规律,追求美的价值的创造,在艺术作品中力求体现美的存在。CNN曾播出一则公益广告:两个幼儿亲密地在一起玩耍,下面分别写着以色列人、巴勒斯坦人;紧接着又出现波黑和塞尔维亚幼儿、伊拉克和科威特幼儿等几组亲密玩耍的镜头,然后打出字幕:停止战争,为了孩子。署名:联合国儿童基金会。这是一则典型的反战广告,战争让很多无辜的、幼小的生命受到伤害。这种无声却诉求于人们的感官直觉的形象语言,表现出了一种精神理念,一种思想哲学,一种意境氛围,一种情、神、形、色的相互渗透中形成的和谐统一,使受众产生一种精神愉悦的美的享受。正如黑格尔所讲:"思想融进情感,再融入画面,感性直观与理性思维、理智与情感在艺术创作中实现高度的统一,这是艺术家的本领(同时,我们也不可以认为是一切艺术形态的要求)。对艺术家来说,他在理智上所肯定的,同时也就是他情感上所热爱的。"②因此审美价值使得公益广告的各种价值得以艺术化地体现,成为公益广告综合价值中重要的、不可或缺的核心部分。

1. 形象之美

从根本上讲,公益广告是要传递一种抽象的"道理"。如何使抽象的"道理"让公众以感性的形式接受呢?公益广告借助形象化的手段,寓理于形,通过感性直观的形象来表达抽象的道理和观念,如以电视、互联网多媒体为载体的公益广告,决定了它独特的形象审美性。它以连续的声音画面组合为形象素材,以流动的电视视觉画面和委婉劝导的声音为载体,按照美学构图规律构建起集审美性与教育性为一体的感性形象。2008年北京奥运会宣传期间,中央五套播出了主题为"同一个世界,同一个梦想"的公益广告。这则广告以婴儿为主线,以不同奥运选手的运动画面为辅来表达主题。广告中婴儿的画面色彩柔和,而表现运动员的黑白镜头充满力度。电视广告镜头中动作与动作的贯穿,稚嫩与成熟的对比,色彩与黑白的转换,拼贴剪辑成了一连串的完美视觉形象,强烈的视觉冲击力引起受众情感的冲动和心灵的理性思考。

2. 情节之美

情节之美是公益广告重要的创意因素。它要用明了简洁的故事传递主题鲜明的公益理念,故事情节必须要有悬念和真实情感贯穿其中,这样才能调动起受众的关注欲望,才能真正触及受众的心灵深处。中国公益广告发挥本身动态的叙述优势,把我国社会公德、文明礼貌、保护环境等公益理念通过大众日常生活场景,借助熟悉而感人的故事情节进行展示。例如,公益广告《你在伤害我、你在侮辱我、你在藐视我、请你尊重我》。老师兴奋地告诉家长:"恭喜你,你的孩子考了第一名!"双手递上一个红包,说:"谢谢您。"老师满脸无辜和委屈:"你在伤害我。"医生走出手术室,满脸疲惫地摘下口罩对病人家属说:"恭喜你,病人终于脱离了危险。"双手递上一个红包,说:"谢谢您。"医生正义凛然:"你在侮辱我。"政审官员拿出文件对办事者说:"恭喜你,你的文件审批下来了。"双手递上一个红包,官员坚定拒绝:"你在藐视我。"交警一边

---

① 黑格尔.美学[M].朱光潜,译.北京:商务印书馆,1997:70.
② 梁玖.新编艺术概论[M].重庆:西南师范大学出版社,2003:93.

书写着手中的成绩单,一边告诉考生:"恭喜你,你的路考通过了。"双手递上一个红包,交警敬礼,满脸肃然:"请你尊重我。"这则公益广告有情节,有悬念,整个画面简洁流畅,从个人的视觉出发,发人深思。"于无声处听惊雷",也许就是公益广告的最佳境界。

3. 意蕴之美

黑格尔认为:"意蕴是一种内在的生气、情感、灵魂、风骨和精神。""意蕴是比直接显现的形象更为深远的东西。"①因此,人们通过公益广告的语言、形象、声音等文本符号系统最终体会到的感受就是深层的意味、意蕴。广告之所以感染受众的也恰恰在于它在艺术表现中所营造的一种美的情境,是传达给受众的一种美妙的情感体验。

文贵含蓄是我国古代艺术创作遵循的基本规律,符合艺术审美的规律性。艺术创作"言征实则寡余味也,情直致而难动物也,故示以意象使人思而咀之,感而契之,邀哉深矣,此诗之大致也"②。我国美学理论中召唤结构理论也强调语言要有意蕴之美,即作品中某些人为的空白和不确定性,会对读者产生一种刺激和召唤作用,使读者自动地去填补,丰富作品的形象体系和内在意蕴。公益广告以其深刻的意蕴,运用各种含蓄、有韵味的有声语言,暗示、象征等各种修辞手法来激活受众潜在的审美结构,引发他们的联想,品味出公益广告的"味外之意""弦外之响",从有限进入无限,产生"使味之者无极,闻之者动心"的艺术效果。

二、公益广告的审美形态

所谓审美形态又可称为审美类型,即在审美活动中人们得到什么样的情感愉悦,取决于审美对象在内容和形式上的特点、主客体之间的关系处于何种状态以及这些特点在审美主体引起的心理体验的性质。它是由审美主体和审美客体两个方面相互交融而形成的。公益广告作为一种艺术形式,从表现内容和表现主题的审美形态上来看,主要体现在优美与丑恶、崇高与卑微、喜剧与悲剧等审美形态。

(一)优美与丑恶

公益广告的优美主要体现于自然与人两个方面。自然中的优美具有和谐自由的形式之美。自然的优美体现为人类的社会实践活动与自然规律之间的和谐统一。优美的自然景物能激起人们的美感,它给人的感受是恬静、惬意、轻快、和谐、舒适,它带给人们的审美情感始终是积极的、向上的、肯定的。大自然中的鸟语花香、和风细雨、春光明媚等自然风光给人的审美体验都是优美的。优美在社会生活中主要表现为作为主体的人的心灵的善、姿态的优雅和性格的温和。它强调内在人格的美,道德情操上的"从善如流",能自觉地把文明行为内化为自身的人格魅力。在日常生活中,关于人的道德、情操、思想、人生观、价值观等多个方面,往往通过人的语言、行为和特定的场景表现出来。

一般看来,"审美"似乎就一定是在审阅美好、优美、漂亮的事物,其实,对于丑与恶的事物的审视,也是另一种审美。因此,公益广告的审美价值也体现于广告中所表现出的人们的"恶"

---

① 黑格尔. 美学[M]. 朱光潜,译. 北京:商务印书馆,1997:70.
② 出自明朝王廷相的王氏家藏集(卷二十八)。

的行为、"丑"的面目。公益广告不仅可以审视崇高、俊美,还可以审视社会中的丑陋、不道德的行为。通过丑与恶带来某种感触或震撼,人们会产生对美的向往、珍惜与追求,这就是公益广告否定性的审美。例如,由于工业的膨胀发展带来了环境的极大破坏,许多优美的自然环境已经面目全非:土地的沙漠化,农田的干涸开裂,空气的污浊昏暗,森林被乱砍滥伐后的光秃残破,动物因流离失所发出凄惨的嚎叫……所有这一切都是以丑的感性形式直观呈现出来的。社会生活中的丑主要表现为人的行为和心灵的丑,即道德上的恶。在一则倡导保护动物的电视公益广告中,灯光闪烁、光彩照人的 T 台上,模特们身着昂贵的裘皮大衣,优雅地展现着完美的身材。广告的镜头切换到了另一画面:一只只稀有珍贵动物惨遭屠杀,被剥下的皮毛堆在一起……对比鲜明地彰显了此种行为的丑陋,震撼了受众的心灵。

(二)崇高与卑微

崇高之美在人物品德方面,表现为一种正气、凛然、大爱、正义的人格之美。它与自私自利、心胸狭隘、思想僵化、心灵空虚等卑下的人格形成鲜明的对照。中国古人讲"天行健,君子以自强不息;地势坤,君子以厚德载物""浩然正气""威武不屈"。西方哲人也把拥有人格尊严和人的自由看作人的基本追求。20世纪的诺贝尔文学奖,更是以作品是否具有"观念和生活哲学的真正崇高",是否体现着"高尚的、健全的理想主义旨趣",是否能"让人性能比从前更好、更高尚"作为其评选标准。中央电视台有一段时间一直播出一部公益广告《我23岁》(见图3-7)。广告中,一位"成功大佬"率先霸气出场,炫耀成就;一群高校毕业生反复以'我23岁'回应成功大佬,看似答非所问,实质蕴含气吞山河的机智,黑白和彩色对比的处理手法塑造出一批斗志昂扬的青春群像,表达了90后不惧强权,遇强越强,最后用"年轻不可看轻"的气势结尾,再一次加强了全片的积极态度。

图 3-7 《我 23 岁》

卑微可以看作丑的另一种表现形式。卑微作为崇高的反衬,其特点是崇高特点的反面。人格的低下、卑下、渺小,心胸狭窄,精神空虚,猥琐,为人的冷酷、可耻,极端自私,心灵麻木,把人等同于动物的作为及思想的僵化,情感和志趣的颓废、堕落等,都可以看作卑微的主要特点。卑微的本质在于主体在客体的强大压力下,由于主体实践力量的微弱,以致丧失人格,被扭曲而变形,是对主体自由的否定。因此,卑微的事物、现象、行为,只能引起人们的轻蔑、唾弃、反感,产生否定的情感。比如公益广告《千辛万苦毁于一赌》《戒酒三部曲》等都是表现这种卑微的人格。它从人们对这种卑微人格的厌恶和唾弃中,在内心唤起一种对美好人生和健康人格的向往和追求。

(三)喜剧与悲剧

鲁迅先生曾说:喜剧就是"将那无价值的撕破给人看","悲剧是将人生有价值的东西毁灭给人看"①。公益广告的悲剧形态则主要表现为一种主体与客体的矛盾斗争趋向于统一的过程,即体现人的本质力量的实践主体暂时被否定而最终被肯定,即凡是美好的、正义的、崇高的人或者是事物,受到挫折、失败或者不必要的牺牲等情形时,都会引起人们悲伤、怜悯的审美情感,代表善与恶,或者美与丑两种伦理力量的矛盾冲突。由于某种不可抗拒的因素或力量,代表着善和美、代表肯定力量的一方被另一方非正义的、恶的势力所战胜和毁灭,因此结局是悲剧的,它让人们在悲痛之余产生一种崇高感,它能激起人们与丑恶的势力作斗争、追求真理的斗志。社会生活中悲剧性的社会事件有很多。例如,近几年我国工业的膨胀发展,带来了环境的急剧恶化:许多珍稀动植物濒临灭绝,空气污浊昏暗,森林被大量砍伐,土地沙漠化加剧,城市人口聚集带来严重的环境、住房、治安等社会问题……人类的生存环境没有了洁净的空气,没有了鸟语花香,没有了青山绿水,对于人类来说,这不能不说是一件悲剧性的事情,这些都成为公益广告表现的对象。

以上我们讨论了公益广告审美的基本类型。从根本上说,这些审美基本类型都是相互联系的,可以在一定的条件下相互转化,它们之间的划分是相对的。社会生活本身的丰富性、复杂性以及主体审美需求的多样性,决定了除了以上几种主要的审美类型之外,还存在多种多样的复合型美感。另一方面,以上各种审美类型本身并无优劣高下之分,只要能满足观众多种审美心理需求的公益广告都是好的公益广告。中国古代美学家说,"声一无听,物一无文"。世界上如果万籁一声,这个世界就会显得太寂寞单调了;世界上万事万物都是一个外形,都是一种色彩,则更枯燥乏味。现实生活是丰富多彩的,人们的审美需要又是多种多样的,这就要求公益广告创意的审美类型也多种多样。从广告创作的角度看,创作者必须要考虑到广告接受者的接受心理和审美需要。显然,长时间的单一信息、单一审美情趣的刺激,容易使人感到单调乏味,产生疲劳,引不起欣赏的兴趣。正如雨果所说,单一的美会使人感到重复、单调乏味,故而要把丑带进艺术中来。这一点值得借鉴,需要公益广告创意人员更自觉地去了解大众审美心理,努力改变当前公益广告审美形态不够丰富多彩的现状。

三、公益广告的审美形式

任何艺术形式,都能使人产生某种形式美感,引起人们心理上的愉快反应,这就是审美心理学中所说的形式感。形式感不仅能增强公益广告主题的外在美,而且能丰富、深化其内涵和外延,加强公益广告作品的艺术感染力。现代公益广告形式美感是由体、线、面、质地、色彩、音响等构成要素相互作用形成的心理感受。构成现代公益广告形式美的因素分两部分:一部分是色彩、形状、声音等基本要素,另一部分是这些基本要素的组合规律。

(一)外在形式美

1. 构成公益广告形式美的要素

色彩作为表情达意的手段,在现代公益广告中具有很强的表现力和心理影响作用,色彩之间相互配合,能表达公益广告主题本身特点的完美艺术效果。形状是审美客体感性外观形式

---

① 鲁迅.坟[M].南京:译林出版社,2018:132.

的抽象化,这也使形状成为相对独立的形式美。形状由点、线、面组合构成。形状之所以能构成形式美,其根本原因在于人们在社会实践中对形状的自由把握和运用,并使各形状构成要素之间产生对比,和谐转换,平添了画面的灵性和气韵,使之成为审美客体,引起人们的审美感受。下面的广告乍一看还以为是要倡议大家走斑马线,但仔细看才发现,是要大家善待动物,保护珍稀物种(见图3-8)。可见,公益广告的色彩是很讲究的,有其深刻的内涵。

图3-8 《"斑马"在脚下》

2.构成公益广告形式美的法则

色彩、形状、声音等现代公益广告形式美的基本要素,不是杂乱地呈现出来的,而是按照一定的规律法则有机组合起来的。这些审美规律包括均衡与对称、比例匀称、节奏有韵律、对比调和等。均衡与对称是现代公益广告构图的最基本法则,是达到形式美的重要条件。运用均衡与对称能给人以稳定和图案式的美感。适当的比例也是衡量美的一种标准。任何艺术的形式都有一定的比例关系,现代公益广告也不例外。公益广告作品构图可以看作是一种有审美比例的空间关系的创造。"黄金分割"是经过人们长期审美检验得到的最佳比例,以其恰当的独特方式体现了比例关系的结构美和形式美。另外,公益广告还需要遵循对比与调和的规律,注重各种形式要素,如在整体与局部、局部与局部之间的关系,以及色彩的冷与暖、图形的大与小、空间的虚与实等对比。图3-9、图3-10分别是"世界无烟日"和防治艾滋病的公益广告,两个广告虽然主题不同,但在表现形式上都注重了大面积的留白,特别是图3-10,火柴头的红色与白底形成强烈的对比,视觉冲击力强,给人留下深刻的印象。节奏感、韵律感也是构成公益广告形式美的基本法则。节奏感、韵律感一般指同一事物以同一形式、同一规律重复出现。这一法则能使作品产生类似音乐的意趣。现代公益广告如果没有节奏感也就没有完整的形式美呈现。以上法则不但可以增强艺术感染力,还能更鲜明地揭示公益广告的主题。

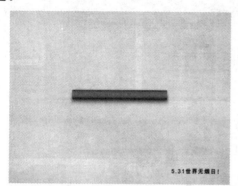 

图 3-9 "世界无烟日"公益广告　　图 3-10 防治艾滋病公益广告

(二)内在现实美

内在现实美,是公益广告审美价值的重要体现。公益广告反映现实问题的目的就是构建人与人、人与社会、人与自然的和谐发展。公益广告冲击着人们的心理,震撼着人们的心灵,引发人们的共鸣,公益广告这种隐藏在形式美之中的内容,才更为深刻,更有意义,更能反映出公益广告的审美价值,带给人们强烈的震撼和无尽的美感。公益广告表现的内容有很多方面,如保护环境、保护野生动物、关注弱势群体、反对酒后驾车、慈善捐助等,这些内容都具有一定的现实意义,教育人们如何成为一个文明的人。人们在汲取着文化的养料,规范着合理的行为及观念的同时,也在欣赏公益广告的这种内在美。

【案例评析】

7-11"爱的鼓励墙"

一则好的公益广告,融合了艺术、音乐、影视等多种艺术表现形式来展示作品,这种纯粹的审美体验就具有审美价值。公众认为欣赏这样的公益广告是一种欣赏艺术作品的过程。公益广告不仅是思想教育的手段,也是审美价值的集中体现,它提升了公众对审美情趣的鉴赏力,并且还是一种享受美的过程。艺术性体现得越强越有感染力,就越能引起公众的关注,使公众在潜移默化的过程中陶冶情操,激发公众对真善美的渴望。便利店品牌 7-11 打造了一个名为"爱的鼓励墙"的线下装置(见图 3-11)。在"爱的鼓励墙"前有个捐款箱,当投入零钱时,装置上的手掌便会开始鼓掌,"把最好的掌声,送给捐款助人的你",传达"用爱捐的每一块钱,都值得鼓励"的理念,鼓励消费者参与募捐。除了线下装置以外,7-11 还在线上创建了一个网页,在这里每一个人都可以用手机或电脑创作自己的掌声版本,分享到 Facebook 并传送到实体的"爱的鼓励墙"后台,还有机会真正在实体店面听到自己创作的掌声。7-11"把爱找回来"活动遵循"随手行善"的理念,让消费者可以随手捐出结账后的找零,以帮助他人。

图 3-11　7-11"爱的鼓励墙"

第五节　公益广告的经济价值

经济价值是指任何事物对人和社会在经济上的意义。经济价值可分为直接经济价值和间接经济价值两方面。直接经济价值可以直接得到,是社会经济效益的货币表现形式;间接经济价值不能直接得到,必须通过其他途径衍生出来。显然,公益广告的社会价值是直接的,公益广告的经济价值是间接的,需要通过长时期的传播提升消费者对企业的好感度,从而开创经济行为。

一、广告营销的颠覆性观念

1971年,杰拉尔德·蔡尔曼和菲利普·科特勒提出了"社会营销"的概念,促使人们将营销学运用于环境保护、计划生育、改善营养、使用安全带等具有重大的推广意义的社会领域。同时,还出现了"人道营销""社会责任营销""企业公民"等相关概念。这些概念都认为企业应负有一定的社会责任,反映了社会对企业提出的要求。也就是说,企业不仅是一个经济组织,还是一个社会组织,应承担起对社会各方的责任和义务,强调企业在决策时需要兼顾消费者需要和公司目标以及社会长远利益。随着时代的发展与社会进步,企业自身也逐步认识到追求巨大社会财富,不可避免地会对生存环境带来破坏和影响,企业应具备社会责任感、社会正义感,尽企业应尽的义务。一些企业将自身发展定位为回报社会,逐步改善了经营理念,特别是一些知名品牌企业,都极为关注企业的社会影响力。公益广告是企业社会形象塑造的一个途径,具有经济价值。企业投资公益广告,既回报了社会,体现了企业的社会责任和义务,又赢得了良好的社会形象,提升了企业的品牌价值,间接促进了企业的销售和服务,实现了社会效益和经济效益的双赢效果。

【案例评析】

百威啤酒《爱的代驾》

对于许多品牌来说，新年不仅意味着辞旧迎新开始新一年的计划，也意味着一年之中最具有节日气氛时间段的到来。如何利用这个时间段去和消费者进行情感交流，让自己的产品能触动更多人，是每个品牌都在思索的事情。每到年底的聚餐时刻，"酒驾"和"安全"都会成为人们讨论的热门话题。百威在这个时候推出富有明星号召力与病毒传播性的公益广告，对于消费者来说可谓是一种喜闻乐见的形式。从2013年开始，百威每年年底都会推出巨星姚明领衔的公益广告《爱的代驾》（见图3-12），推广理性饮酒的概念。全国第四个交通安全日，百威与上海市交通警察总队、中国酒业协会一起在上海科技馆举行了《爱的代驾之兄弟救驾》公益微电影发布会，在发布会上作为主角的姚明与刘翔与大家一起分享了自己的驾车经验。姚明＋刘翔组合带来的话题性和明星效应，配合年底的安全话题，很快就引爆了《爱的代驾》微电影的线上传播。而百威官方微博也在这时推出了"救驾"故事活动，邀请消费者在微博上晒出自己遇到的趣味救驾经历。同时，百威也恰逢时机地推出了"新年欢聚，百威代驾"的互动官网页面，以"既要喝得尽兴，又要安全回家"为切入点，不仅给消费者提供实用的安全驾车贴士，更赠送滴滴代驾券，让有车一族尽兴举杯，平安而归。作为一个著名的啤酒企业，百威的广告营销没有站在自身企业角度，而是换位思考，从消费者角度出发，友善提醒消费者节日聚会期间不可酒驾，要注意安全，以一种人文关怀的方式拉近与公众的距离，体现了企业在社会事务中承担责任的能力。这一系列广告活动可以看作广告营销的一次颠覆性实践。

图3-12　百威与滴滴联合推出的《爱的代驾》H5广告

二、品牌形象的立体化塑造

品牌形象是指企业或其某个品牌在市场上、在社会公众心中所表现出的个性特征,它体现了公众特别是消费者对品牌的评价与认知。在日益激烈的市场竞争中,企业实现长远发展战略最为重要的就是树立良好的企业品牌形象。良好的企业品牌形象不仅能够给企业带来直接的经济回报,也是企业宝贵的无形资产。品牌形象的塑造涉及多方面因素,是一项系统工程。它需要企业动员各方面力量,对各种资源优化组合,并且品牌形象的塑造不是单在企业内部即可完成,而要通过公众才能完成,因为品牌形象最终要树立在公众的脑海中。因此品牌形象需要面向社会,和社会相配合,并动员社会中的有生力量,利用社会中的积极因素。公益广告的对象主要是社会公众,社会公众能从公益广告中感受到目前社会的主流意识和价值观,对公益广告天然的良好亲和度正是企业加强与公众联系的重要情感纽带,并由此产生情感转移,关注和认可企业。借助公益广告,企业可以在更广、更深层次上塑造企业形象,创造与公众沟通的新平台,从而创造商业价值。许多国际知名企业都非常重视公益广告传播,早在20世纪80年代初,公益广告就已经成为其塑造品牌形象、开拓市场空间的主要路径和手段。例如,美国运通公司于1981年在全国开展"修复自由女神像"活动,只要用信用卡购买运通公司的产品,运通公司就相应地捐赠一笔钱用来修复自由女神像,到1983年,该公司为此公益事业捐赠了70万美元。直销企业安利在当年加勒比海油轮泄漏,造成巨大的环境污染时,发动当地的直销人员,用起家产品LOC清洁被油粘连、失去飞翔能力的海鸥的翅膀。当成千上万的海鸥重新展翅高飞时,安利产品的品质与环保性自不必说,由此LOC畅销全球。星巴克在中国台湾地区通过"对原住民儿童的关怀教育"和"部落孩童助学计划"等公益活动,大大提高了自己的知名度和美誉度,树立了良好的企业形象。这种模式有效避免公众因厌恶商业广告抵触企业产品服务的现象,也得到了当前国内企业的青睐。

【案例评析】

蚂蚁森林"云养树"

大多数人都会觉得:蚂蚁森林只是手机里的公益小游戏,但是通过支付宝脑洞大开的"云养树"功能,我们的生命可以与遥远的土地和太空有了某种联系。2017年11月,支付宝在微信公众号发文表示,蚂蚁森林推出了卫星看树和实时看树功能。蚂蚁森林工作人员在部分地块安装了智能监测站,结合无人机技术,让管理人员能准确统计树木的数量变化趋势及健康状况。除此之外,他们还在无数卫星照片中找到了蚂蚁森林所在区域种植前、后的照片(见图3-13)。如今,2.3亿的用户都可以通过蚂蚁森林这一平台看到这一地球的奇迹。通过这种公益的可视化,增强了每一个用户的参与感,同时又将品牌的实际行动及时反馈,让用户对这个项目有更多的信任感,激发产品的关注率,这是树立品牌良好形象的一种新鲜尝试。蚂蚁森林的负责人也表示,科技是这个时代最大的公益。

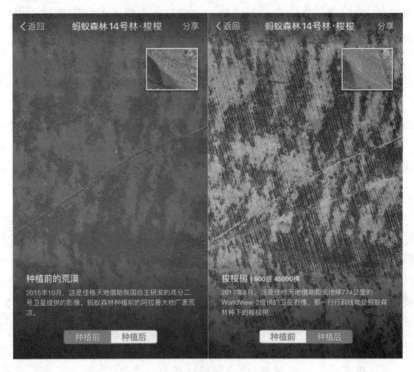

图 3-13 蚂蚁森林"云养树"

三、品牌价值的良好呈现

品牌价值是品牌管理要素中最为核心的部分,也是品牌区别于同类竞争品牌的重要标志。品牌价值是企业除了产品、厂房、设备等有形资产之外,所具有的知名度、美誉度、普及度等一切正面信息的总和。消费者在选择品牌时,不仅会考虑功能、质量等用户价值,也会考虑品牌知名度、美誉度的外在价值。可口可乐公司前CEO道格拉斯·达夫特就曾自信地说道,"如果可口可乐在世界各地的厂房被一把火烧光,只要可口可乐的品牌还在,一夜之间我会让所有的厂房在废墟上拔地而起",可见企业品牌价值的重要性。

公益广告传播不像商业广告那么诉求明显,要求企业必须以公益性视角切入,但却以一种长久性的方式呈现其价值,最终给予企业的经济价值回报是不可估量的。首先,品牌认知是产品品牌价值的重要组成部分,一个能够被广大消费者所熟知的品牌,其品牌价值必然就较高,反之就非常低。当前,为了支持公益广告事业发展,各大媒机构都给予较大优惠鼓励企业赞助公益广告。其次,公益广告提升了品牌的美誉度。能否做一个合格的企业公民也体现了一个企业的价值取向和长远追求。公益广告内容具有公正性和公平性的特征,通过一个个鲜活的实例展示正确的价值观,具有提升社会公平正义、树立社会道德楷模的作用。例如,哈药集团制药六厂在2001年前采取最原始的密集式播放和明星形象代言的方式,使许多受众产生了厌烦。从2001年1月1日开始,哈药集团制药六厂系列公益广告在全国绝大多数省市级电视台(包括黄金时间段)播出,每月一个主题版本,全年共12个主题,每天播出2~5分钟,全年共支出公益广告费上亿元,约占当年广告费的一半。公益广告消解了公众的抵触心理,起到了商业广告直接诉求所难以达到的效果①。

【案例评析】

百雀羚公益广告《你应该骄傲》

百雀羚是知名国货品牌,曾被誉为东方时尚。百雀羚在多年的广告中,一直坚持树立鲜明的品牌文化,即一种极致的东方美,一种"认真你就赢了"的生活态度,一种创新的精神。2017年11月,为庆贺"双11"取得"三连冠"的骄人业绩,百雀羚推出公益广告《你应该骄傲》(见图3-14)。

场景一(日本,东京):教大老板用支付宝和微信,有点小骄傲,但不敢大声笑;场景二(美国,洛杉矶):看完《战狼2》唱起了国歌,被外国人问及时,却不好意思回答;场景三(英国,伦敦):刚去英国留学的时候,有一个当地的同学邀请我去参加家庭聚会。"你是中国人吗?你知道这个叫电视机吗?我听说中国都没有电视的。"面对外国人对中国的误解,却什么都没有解释。从小就被灌输了"要内敛""要低调""不能骄傲",从来不敢说自己有理想有抱负,取得的成功也归功于运气。视频通过现实故事,阐述了低调谦逊文化影响国人的"真相",原来内心真实的情感不仅受外界束缚,还一直被禁锢在自身的枷锁当中。然后,广告文案点题:"请为你的善举而骄傲/请为征战四方的雄心而骄傲/请为你的汗水而骄傲/请为每一次喝彩而骄傲/你脚下是先贤走过的足迹/你身后是五千年的文明/你面前是飞速发展的国家/何必低调,你应该骄傲!"整支广告节奏连贯、情节紧凑,点燃了人们为努力的自己、为强大祖国而骄傲的情感。最后屏幕出现百雀羚销售三连冠的文字,百雀羚这一值得国人骄傲的国货品牌价值也随着这支广告的播出深入人心。

图3-14 百雀羚《你应该骄傲》

【本章小结】

本章从公益广告的社会价值、文化价值、伦理价值、审美价值、经济价值五个方面入手分析公益广告的价值内涵、具体形式及作用。公益广告具有社会教育、舆论引导、人文关怀的社会

---

① 李鹏,焦玉河.论我国公益广告的经济价值[J].东岳论丛,2007(7):174.

价值,同时也承担着先进文化传播、文化导向、文化有机整合的功能。另外,公益广告倡导伦理秩序、伦理规范,弘扬社会正能量,兼具审美功能,是外在形式美与内在现实美的统一体,其美学特征体现在形象之美、情节之美、意蕴之美,并通过优美与丑恶、崇高与卑微、喜剧与悲剧等审美形态表现出来。通过对本章公益广告价值论的梳理,读者便可以理解公益广告的价值,从而引发读者对公益广告价值的作用及意义的深度思考。

【思考题】

1. 公益广告的文化价值有哪些?
2. 公益广告的社会价值有哪些?
3. 公益广告的伦理价值有何现实意义?
4. 构成现代公益广告形式美的因素有哪些?
5. 公益广告经济价值给企业带来了什么?

第四章 公益广告创意与表现

【学习目标】

1. 理解公益广告创意的基本概念、原则和创意过程。
2. 了解公益广告构成要素及各自的作用。
3. 了解公益广告中感性与理性诉求,掌握公益广告表现手法。
4. 熟悉公益广告文案的语言特点。
5. 掌握公益广告文案的写作要点。

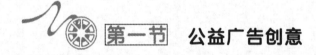

第一节 公益广告创意

创意是广告的灵魂。无论商业广告还是公益广告,要想实现良好的传播效果,都离不开精妙的创意。尤其在当前新媒体时代,受众信息接触的途径和方式日益碎片化,注意力资源日益稀缺,广告创意的重要性愈发突出。

公益广告旨在向社会和公众传达有益观念和行为规范,对受众来说,这些观念和规范并不像商业广告中的消费品,可以为其带来直接显见的利益满足。公益广告更需要找到一个与受众情感共鸣的切入点,才能产生强大的震撼力。公益广告的创作是一个系统工程,必须遵循一定的创意原则,经过受众分析、主题确定、素材选择和艺术化加工,才能实现引导受众接受广告中传播的观念,建立受众行为自觉的目标和效果。

一、公益广告创意概述

(一)创意与广告创意

1. 创意

世界著名未来学家阿尔温·托夫勒在其著作《第三次浪潮》中预言:"资本的时代已过去,创意时代在来临;谁占领了创意的制高点谁就能控制全球!主宰 21 世纪商业命脉的将是创意!创意!创意!除了创意还是创意!"①今天,创意已经渗透到社会和人们生活的方方面面,成为被广泛接受的概念。

20 世纪初,著名经济学家熊彼特在其《经济发展理论》一书中,对创新做出了基于产业发展背景的界定,指出所谓创新,就是建立一种新的生产函数,也就是说,把一种从来没有过的关

---

① 托夫勒.第三次浪潮[M].黄明坚,译.北京:中信出版社,2006:11.

于生产要素和生产条件的新组合引入生产体系。这种新组合包括以下内容:引入新产品、引入新技术,即新的生产方式;开辟新市场;开拓并应用新的原材料;实现工业的新组织。这可以说是创意概念内涵的界定基础。中国台湾创意创作人赖声川认为,"创意是生产作品的能力,这些作品既新颖(也即具有原创性,是不可预期的),又适当(也就是符合用途,适合目标所给的限制)"①。广告学者金定海教授认为,创意在本质上应该是一种沟通传达,是主体在对事物之间关系的重新定义中,将人生与审美的差异体验符号化、价值化、传播化的过程。创意应赋予事物一种全新的价值属性,在形式上将抽象概念和不可见的策略进行创新的有形的艺术表现,并创造一种传播意义上的附加价值②。

综上,对创意的理解没有完全一致的观点,但我们也可以通过其共同之处简单将创意理解为,通过创新的手段创造新价值的过程③。

2.广告创意

创意一词,由英文翻译而来,主要源自英文词汇:idea、creation、concept。

idea,原意是思想、概念、主意、念头等,由于广告大师詹姆斯·韦伯·扬的著作 *A Technique for Producing Ideas*(中文译名为《产生创意的方法》)而被普遍认同,其中 idea 被理解为旧元素的新组合,突出创意的概念和表现层面的含义。

creation,从词根 create 衍生而来,意指生产、创造等,指的是创造性的思维活动,突出从无到有的原创性。这成为目前被最广泛认同的一种翻译来源。

concept,由中国台湾学者樊志育介绍到中国,原意为新概念,在表达广告创意时则指"打破传统概念的新构想"。

可见,创意与广告有相生相伴的紧密关系。对于广告创意,在 20 世纪的广告实践中,广告大师们就纷纷提出了自己的理解。

大卫·奥格威认为,要吸引消费者的注意力,同时让他们来买你的产品,非要有好的点子不可。除非你的广告有好的点子,不然它就像快被黑暗吞噬的船只。这个点子,就是创意④。

李奥贝纳提出,创意点子只能在人类的脑海里形成。只要有创意在,人们就能生存与繁荣。若没有创意,人类还寄居在洞穴,忙着撕生肉吃。所有被我们称之为财富的,称之为幸福的,所有被我们称之为文明的事物,全都是创意的产物。

威廉·伯恩巴克认为,创意具有给广告赋予精神和生命的功能。

基于广告大师对创意的理解,我国广告界也从思维、表现、实效等层面对广告创意进行阐述。如广告创意就是创造性的想法,是表现广告主题的新颖构思、意念或主意、点子等。金定海教授将广告创意定义为"为传达传播上的附加值而进行的概念突破和表现创新"。孙大伟教授指出"广告创意就是现有事物和旧事物的组合"。丁俊杰教授认为"广告创意=创异+创益",强调广告创意的有效性。

---

① 赖声川.赖声川的创意学[M].北京:中信出版社,2006:12.
② 金定海,郑欢.广告创意学[M].北京:高等教育出版社,2008:5.
③ 冯希哲,刘磊.广告原理与实战[M].西安:西北工业大学出版社,2011:174.
④ 奥格威.大卫·奥格威自传[M].麦慧芬,译.海口:海南出版社,1998:157-158.

尽管目前并没有对广告创意的一致性界定，但从众多的观点中我们可以发现一些共性的关键词：主题、表现、创新、价值。

（二）公益广告创意简述

广告大师詹姆斯·韦伯·扬指出："创意是每位广告人都应具有的能力，它往往是广告撰稿人员和设计人员根据广告主的需要与意志，经过一番精心思考，然后运用艺术手段，把所掌握的材料，塑造成一个形象或形成一个意念的全部过程。"

公益广告创意也是一个在特定主题的指导下，运用适合的素材，将抽象的公益观念形象、新颖、有力地表现出来的过程。

节约用纸是一个众人熟知的公益观念，如何能让老话题吸引公众的关注，让公众能将观念转化成生活中切实可行的行为，是这类公益广告创意的关键和难点。这则由WWF创作的公益广告（见图4-1），巧妙地把卷纸与树桩外皮结合起来，将一圈圈的纸张与树木的年轮融为一体，来表达"请节约用纸"的公益主张。广告在创意过程中紧扣主题，选取公众非

图4-1　WWF《节约用纸》公益广告

常熟悉的元素"卷纸"，通过独特的剖面视角和创造想象，与另一相关元素"年轮"联系起来，塑造了一个意义明确的新形象。广告画面简洁、有力，让人印象深刻。

二、公益广告创意原则

公益广告传播的是对人、对社会有益的某种观念，其创意应是以人为核心，激发人类的生理情感和心理情感，引导受众形成正确的态度和自觉行为，传播人间的真善美，让社会充满正能量和爱。因此，在创意时也需遵循一定的原则。

（一）思想性

公益广告推销的是思想观念，广告创意应倡导正确的价值观、道德观、理想信念，体现一定的品位和品质。也就是说要把一种思想与艺术巧妙结合在一起，达到和谐统一的境界，让人回味。

俗话说，做好事容易，坚持做一辈子好事不容易。江西人民广播电台创作的广播公益广告《路灯篇》用爷爷和孙女亲切朴实的对话，描述了爷爷几十年如一日为他人点亮路灯的故事，平淡的语言中包含着无尽的温暖。虽然广告创意并没有新奇的刺激符号，但情节中小小悬念的设计和音效的恰当使用，让公众在感受广告平实的艺术美的同时体会到"赠人玫瑰，手留余香"的那份美好，路灯照亮的不仅是那条小巷，更是人心。

广播公益广告《路灯篇》

(偏僻的小路上,一老一少走路的脚步声和竹棍敲击地面的哒哒声由远而近)

孙女:爷爷,当心台阶。

爷爷:放心吧,孩子。这条路爷爷都走几十年了。

(脚步声和竹棍敲击地面的哒哒声继续,稍后停止)

孙女:爷爷,到了。

爷爷:知道了。

(拉路灯开关声)

爷爷:亮了吗,孩子?

孙女:嗯,亮了,爷爷!您眼睛看不见,为什么还要每天打开这盏路灯呢?

爷爷:哈哈,傻孩子,爷爷看不见,你看见了吗?

孙女:看见了。

爷爷:嗯,看见了就好。

(音乐渐扬至结束)

公益广告的思想性不仅体现在对中国优秀传统文化的传承与传播上,还应该注重对当前社会发展带来的人们生活理念、方式及心理等方面的变化进行深入思考,表达个体价值,阐释社会主流价值,让广告主题更贴近社会,与公众产生心理和情感共鸣。

图4-2是2013年中央电视台春节公益广告《感谢不平凡的自己》。广告由多个小故事组成,包含了东南西北不同地域、不同职业、不同年龄的各类普通中国人:在巡逻路上为了千家万户安全而不能和家人团聚的边防军人,边照顾生病的家人还要边奋力工作的中年男人,在无声的世界里为了让妈妈看到自己美丽的舞姿艰苦练习的舞者,在地震中受到创伤的家庭里给全家人带来希望的新生命,在工作后依然需要努力学习的城市白领,几百万努力寻找工作的毕业

图4-2 中央电视台春节公益广告《感谢不平凡的自己》

学生,肩膀上扛起一家人生活责任的艰辛小贩……广告讲述了他们2013年的故事,让观众看到这个世界上和自己一样平凡的人们,为了值得期待的未来坚持着、努力着。

通过对主题思想的深入挖掘,激发公众的思考,提供有震撼力的导向性的社会教育,让公众在欣赏广告艺术美的同时思考和体会画面符号背后深层次的意义,这正是公益广告创意中思想性原则的最佳体现。

(二)原创性

20世纪60年代广告大师威廉·伯恩巴克根据自身创作经验总结出ROI创意理论,指出优秀的广告必须具备三个基本特征,即关联性(relevance)、原创性(originality)、震撼力(impact)。其中原创性指的是广告创意应与众不同,要有所创新,突破常规禁锢以区别于其他广告。广告本身没有原创性,就欠缺吸引力和生命力,所以原创性是广告创意所追求的理想目标。

心理学的首因效应指出,最初接触到的信息所形成的印象对人们以后的行为活动和评价的影响重大,也就是说第一印象在人们头脑中占据着主导地位。原创性正是力求创造时间上的第一,或者内容与形式上的第一。公益广告创意中,内容与形式上的创新可以从多个方面着手。

1. 关注新现象,表达新话题

随着社会的发展,一些需要关注的公益新现象、新话题不断涌现,它可能会伴随特定时期的特定政策或事件出现,如下岗再就业;或是由某个重大事件开始发展成为常规性话题,如从2008年北京奥运会至今的"讲文明树新风"系列公益话题;或者是社会发展现状与趋势的反映,如留守老人与留守儿童、网络暴力、创新创业等。

1998年国有企业改革,大批工人纷纷下岗,为了鼓励下岗工人重树就业信心,鼓起勇气再就业,中央电视台拍摄了一组以下岗再就业为题材的公益广告。由刘欢演唱的MTV形式的公益广告《从头再来》(见图4-3)就是其中影响最大、最打动人心的一则。广告通过大气、激昂又富有深情的音乐和演唱,激励下岗职工"心若在,梦就在,只不过是从头再来"。

图4-3 公益广告《从头再来》

图 4-4 是 2016 年度陕西省"讲文明树新风"公益广告大赛平面类获奖作品,关注的是当前普遍存在的网络语言暴力问题。广告创意简单形象,表意明晰。

图 4-4 《拒绝网络暴力》公益广告

2. 对旧元素进行改造或组合来阐释新的意义

广告创意中的新形象可以通过创作人员的创造想象产生。心理学中,想象指的是受众在头脑中对已储存的表象进行加工改造形成新形象的心理过程,是一种特殊的思维形式。广告创意者通常是基于创造想象来进行创作的,即并不依据现成的描述而独立创造出新形象,因此具有首创性、新颖性的特点。这一过程可以通过多种方式实现,如原型启发、粘合、夸张等。

图 4-5 这则系列公益广告使用粘合手法,创造性地将人体上半部分与椅子的腿部结合起来,形成一个在现实世界中并不存在的新形象,以此来表达广告主题"Sedentary people can't run away from diseases. Exercise",号召人们积极运动,保持健康。

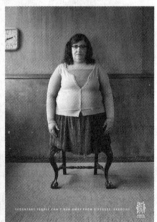

图 4-5 运动保持健康公益广告

3. 巧妙运用新技术

如今大数据、增强现实、眼球追踪、全息投影等新技术的应用,让广告的面貌发生翻天覆地的变化。公益广告借此创新现有创意内容与形式,使其新颖性、参与性、传播力都大大增强。

图4-6是国际特赦组织推出的反家庭暴力户外公益广告,其主题是"它往往在没有人注意时发生(It happens when nobody is watching)"。为了强调这一主题,广告牌装置了一种追踪型的摄像头。当摄像头捕捉到有路人在看这一广告牌时,画面便会显示一对幸福的夫妻,而当路人转头不去直视广告牌时,等离子显示屏会自动转换画面,变成丈夫在殴打自己的妻子,形象地表达了公益宣传的主题。

图4-6 反家庭暴力公益广告

(三)简明性

广告大师伯恩巴克说:"假如你不能把你所要告诉消费者的内容浓缩成单一的目的、单一的主题,你的广告就不具有创意。"心理学研究表明,消费者对广告的注意以无意注意为主,对大多数广告都是匆匆一瞥而过,除非是与自己现行计划、意图和目标有关的信息。哈佛大学心理学家乔治·米勒研究指出,人们可以同时注意7个(加或减2个)单位的信息,如果信息太多,容易使人们不知所措。因此广告创意不只是求新求变,更重要的是必须找准诉求点,尽量使信息简单、清晰,给人留下深刻的记忆。

图4-7的两则广告用袜子和针织马甲两个生活中人们常见的物品,将其正反面进行对比,物品光滑的正面上是微笑的儿童,而满是杂乱线头的反面则是儿童糟糕的形象和痛苦的表情,画面中的图形创意完全源自物品的原样原貌,自然真实,广告信息集中,简单明了,让人们意识到虐待儿童在儿童心中造成的伤害是难以磨灭的,正如广告文案所说"Child abuse leaves indelible damage within"。

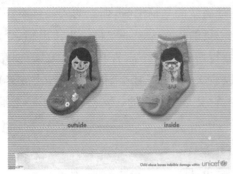 

图 4-7　反对虐待儿童主题公益广告

(四) 人性化

公益广告主要是表现一种美好的情操、一种愿望或一种情怀,来促进人与人之间、人与社会之间的沟通和理解,因此公益广告创意需要研究和洞察人性,准确把握和解读受众心理,唤起人性与良知,引导人们向善与美的方向发展。

公益广告创作中要注重情感因素的运用,表现对人性的关心和对社会的关注,结合民族文化与心理,让广告主题、表现元素从文化心理上接近受众、打动受众,实现与受众沟通的目的。

如图4-8所示,《筷子篇》是中央电视台在2014年春晚黄金时段插播的公益广告,引起了广泛而强烈的社会反响。该广告在短短2分钟内,以筷子为载体,表达出多种含义。筷子不光是每一个中国人的饮食工具,也是含蓄的中国人表达情感与爱的重要工具。广告中有牙牙学语的孩童,有满头白发的老者,一双双筷子述说着他们的不同人生和情感:小孩通过筷子第一

图 4-8　中央电视台春节公益广告《筷子篇》

次尝到人生的酸甜苦辣,老人通过筷子尝到了儿孙满堂的幸福滋味,孤独的人通过添双筷子找到了人情的温暖,相守的人通过筷子找到了彼此心灵的依靠……一双筷子表达出感恩与分享,浓缩了家人最深邃的爱意与情感。正如喻国明教授所说:"这个广告具有'顶天'的创意,广告制作人找到了一个触点,社会情感、社会诉求得以放大,在当下社会,像灯一样,让被雾霾遮蔽的人们的良知、情感、文化被激发出来,引起共振;它又是'立地'的,为观众找到了一个承载物,把自己的情感、情怀装进去。"

(五)互动性

公益广告的互动性是公众参与广告的过程,可以体现在两个层面,一是共思维,二是行动力。共思维是指在广告创意时可以有一定的保留,在不影响作品理解的情况下,给受众留下思考和想象的空间,进而更为深刻地感知公益广告的内容。

如图4-9所示,公益广告《Family:爱的表达式》对"FAMILY"的字母进行巧妙解读,将这个单词拆解为Father、Mother、I,并人格化为家庭中的成员,演绎了一个孩子在家庭的成长故事,表达"感恩父母从现在开始,有家就有责任"的主题。广告并没有使用具体的人物形象,只是借助字母的变形设计表现家庭成员的形象轮廓和行为特征,同时片中同期声有孩子的喃喃声、爸爸哄孩子的口哨声、孩子顶撞父母的声音、母亲的哭泣声、父亲的叹息声以及刮风下雨的自然声音……给受众留下极大的想象空间,让受众在观看时不自觉地与自己相似的经历联系起来,形成近似联想,产生强烈的共鸣。

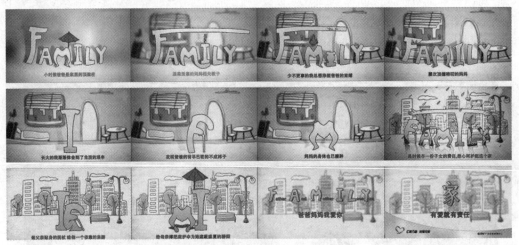

图4-9 公益广告《Family:爱的表达式》

行动力指的是受众可以直接参与到公益广告中,成为广告效果的直接影响者。如图4-10所示,广告设计在半透明的抽纸装置上,随着每一张纸的使用,非洲大陆的绿色就消失一部分,这样的后果恰恰是人的行为直接造成的。广告创意效果是在受众的参与性使用行为中实现的,在参与的过程中,受众自然而又深刻地理解并接受广告主题"Save paper,save the planet(节约用纸,保护地球)"。

除了这些基本原则,公益广告创意也需要注意适合性和贴近性,因受众、发布媒介、发布时间的不同而异,如针对少年儿童的多采用儿歌或卡通的表现方式;广告的内容和形式应与时俱

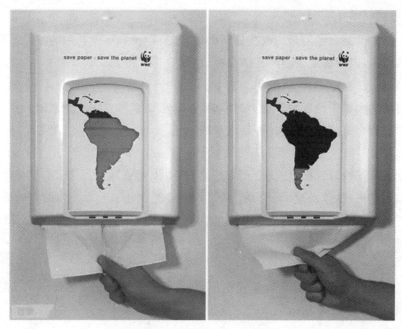

图 4-10　WWF 节约用纸公益广告

进,贴近当下社会热点,贴近受众实际生活需求。

三、公益广告的创意过程与思考方法

公益广告与商业广告的创意过程没有本质区别,任何创意的产生不是靠闭门造车,也不是靠天马行空的主观臆想,而是一个艰苦和复杂的工作和思维过程。创意人员需要在认真调查的基础上,搜集整理广告创作的资料和素材,结合自己的知识经验进行消化加工,提炼广告主题,表现成创意作品并进行检视,最终完成作品。

(一)公益广告创意过程

广告创意过程有多种模式,如广告大师詹姆斯·韦伯·扬为代表的扬氏模式,美国广告学家奥斯伯恩的奥氏模式等。

1. 扬氏模式

詹姆斯·韦伯·扬把创意的产生比喻为"魔岛浮现":在古代航海时代,传说中的突然闪现、令人捉摸不定的魔岛就如同广告人的创意一般,魔岛其实是在海水中长年积累,悄然浮出海面的珊瑚形成的。创意等同于魔岛浮现。为了科学地阐述这个过程,可以将其归纳为五个步骤:

(1)收集资料。

收集资料是广告创意的前期准备阶段,核心工作是为创意收集、整理各类相关信息、事实和材料,主要包括两部分:一是特定资料,指与广告创意直接相关的资料,如受众心理、社会文化、社会焦点等,这是创意的重要来源和依据;二是一般资料,指广告创意人员必须具备的知识和信息,包括一切人们感兴趣的事情,这主要源自平时的积累。

(2) 品味资料。

这是在大脑中反复思考消化所收集资料的过程,要挖掘和理解其中的关系和意义,寻找公益问题背后的原因,以便确定公益广告的目标、主题及诉求方式。

(3) 孵化资料。

孵化资料即在大脑中让各种思维资料沸腾起来,借助多种方式刺激想象力,或将一些东西丢进潜意识中进行合成,酝酿形成各种创意片段。

(4) 创意诞生。

在前面创意酝酿的过程中,往往会有灵感出现,也就是创意的诞生,常表现为顿悟或偶然性获得。灵感一旦出现,应及时记录下来,随后及时补充深化。公益广告面向的受众相较商业广告更加广泛,广告主题又涉及社会普遍现象或热点话题,更容易产生争议,所以创意上更需要精心推敲,把握其"人文"特质。

(5) 定型实施。

确定公益广告的文字、图形等具体表现形式,并根据广告目标、受众、发布媒介等进行检查、修正与完善。至此,一个广告创意就完成了。

2. 奥氏模式

奥氏模式主要有三个步骤:

(1) 查寻资料:阐明创新思维的焦点(即中心),收集和分析有关资料。

(2) 创意构思:形成多种创意观念,并以基本观念为线索,修改各种观念,形成各种初步方案。

(3) 导优求解:评价多种初步方案,确定和执行最优方案。

无论哪一种模式,都包含了几个共性步骤:占有资料→消化资料→苦思冥想→完成创意。正如王国维在《人间词话》中说:"古今之成大事业、大学问者,必经过三种之境界:'昨夜西风凋碧树,独上高楼,望尽天涯路。'此第一境也。'衣带渐宽终不悔,为伊消得人憔悴。'此第二境也。'众里寻他千百度,蓦然回首,那人却在,灯火阑珊处。'此第三境也。"这个读书三境界可以说也描绘了公益广告创意的"准备选题、酝酿主题、顿悟表现"的过程。

【资料链接】

2014年中央电视台春晚公益广告《筷子篇》创作资料①

继《春节回家篇》在蛇年春晚带来感动之后,麦肯创作的公益广告《筷子篇》又一次在马年的春晚中亮相。广告选择了从平凡而普通的事物、人物中,洞见不凡的品德与品格。与蛇年"回家""团圆"的主题不一样,这一次的命题为"感恩"与"分享"。而这一次,麦肯也有想要超越《春节回家篇》系列广告的企图,希望这部广告片不仅仅是在春节期间一闪而过,而且在节后也能照样不过时地传播。

如何创作一条有新意,又完全不同于2013年视角的公益广告,成为摆在创意人员面前的

---

① 根据《麦肯春节公益广告背后:平凡中洞见的不凡》和《〈筷子篇〉创作纪实》整理而来。

迷雾,在春晚与春节期间的特殊时间窗口,什么样的公益广告才能让全国14亿中国人产生情感的高度共鸣,是整个公益广告创意团队所面临的巨大挑战。

制作团队将创意的视角对准了普通中国人每天都会用到的工具筷子,小小的筷子中蕴含了中国人极其丰富的情感,这是一个民族文化与情感传承的载体。我们用一双双筷子作为主要元素,贯穿了几组不同家庭发生的故事。这小小的筷子让我们感受到了不同的家庭丰富的内容与情绪。启迪、传承、明礼、关爱、思念、守望、睦邻、感恩等各种中国人含蓄的情感,都可以通过一双筷子来表现,于是就有了《筷子篇》。

为何以"筷子"作为切入点呢？麦肯董事长莫康孙这样解释:春节其实有许多题材可以做,而"吃"也是春节少不了的主题,团聚团圆都少不了一桌美食。这个时候,筷子就像一座桥梁一样将大家连在一起,中国几千年流传下来的传统文化也凝聚在这一双普通的筷子中,所以筷子是一个能够以小见大且具有符号性的东西。在不断观看这部短片的期间,莫康孙也数度想起自己小时候学习使用筷子时,以及在餐桌上不懂礼貌被家人"修理"时的情形。正如他所感受到的一样,这部片子里的故事都是曾经发生在我们自己身边的故事。

为更精准地传递筷子的含义,在执行的前期阶段,创意执行团队专门采访了筷子博物馆的专家,还补习了很多关于筷子习俗的专业知识。中央电视台广告经营管理中心专门请来中国人民大学哲学院牛宏宝教授和国学院李萌昀博士,和创意团队一起考证筷子使用的合理性。

制作《筷子篇》,麦肯历经了60天的创作讨论与准备,苦心研究古今南北的筷子文化,而后在一个月的时间中奔波了8000公里,紧锣密鼓地进行拍摄。

(二)公益广告创意思考方法

广告大师詹姆斯·韦伯·扬说:"创意不仅是靠灵感而发生的,纵使有了灵感,也是由于思考而获得的结果。"思维习惯和思维方式直接影响着创意的形成和发展,无论广告创意采用什么模式,创意思维都在其中发挥着重要作用。

思维是指人脑对客观事物的本质属性和事物之间内在联系的规律性所做出的概括与间接的反映。创意思维是将抽象创意概念转化为具体点子的过程,是一种创造性思维。

1. 垂直思考法

垂直思考法即按照一定的思考路线进行的,向上或向下的逻辑上的思考。垂直思考法的明显特点是思维的方向性和连续性。方向性是指思考问题的思路预先确定不能随意改变;连续性则指思考从某一种状态开始,直接进入相关的下一状态,循序渐进,中间不能中断,直到解决问题,犹如挖井,从指定的位置一锹一锹向下挖,不能向左或向右,也不允许中间漏掉一部分不挖。

图4-11是一则反映我国修建乡村公路的公益广告。广告受众明确,即农民兄弟、乡村居民,广告要把政府的工作展示给他们看,给他们以希望。广告创作的关键是如何用农民兄弟能够接受的表达方式,把信息准确有效地传达到位。经过大量的阅读、总结、归纳,创作人员理清思路,找到了一个城市人较为熟悉的切入点——农民工,并进一步概括出一个农民工的简单心路历程:行路难→致富难→寻出路→进城务工→心存故乡,为故乡致富担忧。最终广告选取了"回乡路上"作为背景,以"胶鞋"这个道具作为标志,从一个小角度集中体现了行路难给农民兄

弟带来的不便①。这则广告的创意思维就是垂直思考的方式,从农民工开始,沿着"进城务工原因(行路难、致富难)→解决办法(寻出路、进城务工)→情感升华(心存故乡、回乡探亲)"这一思路,一步一步地挖掘广告要表达的主题信息,最终引导受众理解和认同"让农民兄弟走上柏油路和水泥路"的工作成果。

图4-11 公益广告《回乡路上篇》

垂直思考法的优点是思路清晰,有一个明确的方向,比较稳妥;缺点是偏重于以往的经验、模式,思考的空间具有局限性,创新性不足。

2. 水平思考法

水平思考法,又叫横向思考法,是由英国心理学家爱德华·戴勃诺博士提出的。这种类型的思考法是指在思考问题时摆脱已有知识和经验的束缚,脱离既存的概念,重新思考提出创造性的见解和观点的一种方法。

水平思考法是一种非逻辑性、不连续的思考,是典型的发散性思维。戴勃诺曾对垂直思考法和水平思考法进行了详细的比较分析,总结了十点不同之处。

(1) 垂直思考法是有选择性的,水平思考法是生生不息的。

(2) 垂直思考法的移动,只有在确定了一个方向时才进行;水平思考法的移动则是为了产生一个新的方向。

(3) 垂直思考法是分析性的,水平思考法是激发性的。

(4) 垂直思考法是按部就班的,水平思考法是跳跃性的。

(5) 用垂直思考法必须每一步都正确,用水平思考法则不必。

(6) 垂直思考为了封闭某些途径要用否定,水平思考则没有否定。

(7) 垂直思考法必须集中排除不相关的因素,水平思考法则欢迎新东西介入。

(8) 用垂直思考法,问题的类别、分类和名称都是固定的,用水平思考法则不必。

(9) 用垂直思考法要遵循最可能的途径,水平思考法则探索最不可能的途径。

(10) 垂直思考法是无限的过程,水平思考法则是或然性的过程。

人类思考具有一定的定势和习惯性倾向,对新方法、新概念的产生具有一定的抑制性,水

---

① 俞祖伟.公益广告要做好表达方式需用心[J].大市场·广告导报,2005(11):34-35.

平思考法就意味着要突破这些定型抑制。日本学者植条则夫在其著作《广告文稿策略——策划、创意与表现》中总结了水平思考法的四条原则：

第一，找到支配性的构想。支配性构想源自日常生活中的旧知识、旧经验，往往束缚人的创造力，影响新创意的产生。因此要把它们找出来，并努力摆脱其影响。

第二，寻找各种各样的看法。思考的重点是要把视角从明晰的看法转移到其他尚不明确的看法上，比如有意识地颠倒事物的关系。

第三，挣脱垂直思考束缚。垂直思考的思维定势会抑制创新构思，所以要摆脱垂直思考的束缚，打开思路。

第四，有效利用偶然性机遇。偶然性常常隐藏在潜意识中，飘忽没有定态，难以捕捉，但其中却往往蕴含着超越凡俗的创新意识，如果能充分利用这种偶然性机遇，将无意识信息联系起来，则有助于创意构思的产生。

很明显，水平思考法能有效弥补垂直思考法的不足，突破其思维局限，但又不能像垂直思考法那样对问题进行深入研究和挖掘，所以它并不能完全取代垂直思考法。在广告创意中，两者常常是相互交融的，一个横向拓展思维，一个纵向深入挖掘，才能使创意更加新颖、深刻、有效。

3. 头脑风暴法

头脑风暴法，又称集体思考法、脑力激荡法，是以会议的方式，组织广告公司内部各方面的人员聚集在一起，围绕一个明确的议题，共同思考，相互启发和激励形成连锁反应，以产生更多创造性设想的创意方法。该方法由美国 BBDO 广告公司负责人奥斯本在 20 世纪 40 年代提出，是广告创意思考方法中最常用的方法之一。

头脑风暴法在实施的时候可以分为三个阶段：

(1) 前期准备阶段。这个阶段包括：选择主持人，要求必须熟悉头脑风暴法的基本方法和会议的基本程序，有良好的组织能力且幽默风趣；确定会议议题，要求尽量单一、具体，并提前告知与会人员；选择与会人员，一般以 6~12 人为宜，应具有广泛性和代表性，最好包括广告公司内部人员、专家、消费者等多种类型。

(2) 讨论畅想阶段。这个阶段鼓励所有与会人员异想天开，自由畅想，提供的建议和想法越多越好。为了保证自由畅想的效果，在这个过程中，禁止对他人的想法直接提出批评。

(3) 整理创新阶段。讨论结束后，将收集到的各种构思进行整合，形成创意方案。

头脑风暴法可以通过互补性思考产生创意构思，具有在短时间内即可见效的优点，但也有人对此方法提出批评，主要在于与会人员知识、经验、创新能力等方面的差异，不可避免会产生一些平庸的想法，这会成为阻碍创意天才创造力量的障碍，而大量的构思也给后期筛选、评估与优化带来困难。

第二节　公益广告诉求表现

公益广告的创意最终要体现在具体的广告作品中，这个过程就是广告诉求表现。也就是将广告的主题、创意构想，用语言文字、图像、声音等信息形式表达出来，解决公益广告"说什么""怎么说"的问题。公益广告通常以情感诉求为主，通过激发受众情感共鸣，进行心灵沟通。在表现手法上也不拘一格，依据不同广告主题、受众特征，以直接、间接、对比、夸张、拟人、联想等多种方式将公益观念具体形象表达出来，吸引受众的关注，引导受众接受广告信息。

一、公益广告构成要素

公益广告的构成要素与商业广告基本一样，因广告形态而异。虽然具体的表现形式有所不同，但核心要素主要有以下几个：

（一）文字

奥格威曾说"广告是词语的生涯"，广告效果的50%~70%来自广告的语言文字部分。文字的内容属于广告文案研究的范畴，而文字表现属于广告的视觉形式。基于不同媒介类型的公益广告，文字的呈现方式也有所区别。平面类公益广告中的语言文字主要是广告作品中的书面文字部分。视频类广告，包括电视广告和网络视频广告的文字则主要是字幕。

公益广告中的文字是广告创意表达非常重要的元素，对广告传播效果具有重要作用。它可以作为核心要素独挑大梁，也可以与画面配合画龙点睛，甚至其本身就兼具文字与图形的双重表达效果。

如图4-12所示，这则保护森林主题的公益广告的创意表现全部由语言文字独立实现。广告利用"森""林""木""十"等文字结构上的特殊关联，将笔画递减，来表现森林资源的不断减少，尤其是最后一个"十"字，使用文字图形化的手法，将投影幻化成十字架，寓意死亡。由此呼吁大家"关注森林资源的可持续发展"，也是关注人类自身的可持续发展。几个文字，简洁明了，凸显了森林保护的迫切性，引人深思。

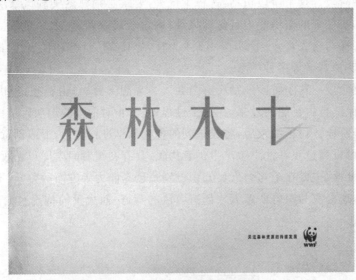

图4-12 保护森林主题公益广告

如图4-13所示，这则影视广告从第一个画面开始，哭闹不安的婴儿在不同的人之间传递,无论是阳光的叔叔、慈祥的奶奶,还是温柔的阿姨、可爱的小姐姐,都无法让他平静下来,直到最后一个相貌看起来并不温柔的中年男性抱着他,婴儿才破涕为笑,整个过程让人疑惑与好奇,而最后的字幕揭露了谜底,原来是婴儿母亲的心脏在数月前移植给了这位男士,由此呼吁人们"器官捐献,爱让心跳不止"。广告创意采用悬念法,简洁的画面激发人们的好奇心,文案点明主旨,互相配合,相得益彰。

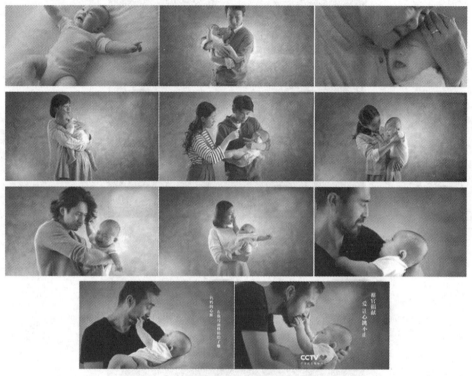

图4-13 器官捐献主题公益广告《心跳篇》

图4-14显示的这则系列广告中的文字符号,既保留了其作为语言文字的本意,更通过艺术化加工,将每个文字设计成疾驰而过的汽车般的视觉效果,使其兼具了图形创意,构成广告主要的图像信息,让文字内涵和画面寓意都更加深刻,引导公众认识到"手机信息让马路变得危险重重",提醒大家"注意交通安全,驾驶时请勿收发手机信息"。

除了广播广告,其他类型的公益广告中,文字的字体、字号、文字编排等都影响着广告的整体效果。这就要求公益广告进行创意表现时,语言文字的数量、风格都要与广告主题和目标受众相一致,使受众易于接受信息并得到美的感受。

(二)图像

图像可以理解为所有具有视觉效果的画面,是人们主要的信息源。据调查,人们对图像和文字的注意率分别为78%和22%,可见图像比语言、文字在视觉表达上更占优势。图像信息生动形象,能够快捷地传递信息,弥补语言文字的不足,因其极强的视觉冲击力,能有效吸引受众注意并引发兴趣,是广告创意的重要载体。

公益广告中的图像可以理解为核心图形、色彩及背景元素构成的整个画面。图形创意、色

图 4-14 交通安全主题系列公益广告

彩寓意将公益广告要传播的抽象观念具体化、形象化,受众会一目了然,很多广告的创意精彩之处就在于此。

如图 4-15 所示,这两则广告创意就集中体现在图形上。第一则中长颈鹿脖颈外皮与一段树干粘合在一起,形成一个现实生活中不存在的形象,无需文案说明受众也能准确地理解广告想要表达的意思——砍伐森林等于杀害动物,进而接受广告提出的"Forests for life"的公益主张。第二则更为直观,被砍倒的树木直接危及了熊猫的生命,而创意的巧妙之处在于将 WWF 的标志中的熊猫符号融入画面表现中,使得整个广告画面更加生动。

广告色彩具有抽象性,可以激发人的多种情感和联想,可以让广告信息表达得更为直观有力,也能造成丰富多彩的审美意境。图 4-16 是厄瓜多尔红十字会发布的献血主题公益广告,画面中一张脸上有两个人,设计巧妙,直观表达了"另一个生命取决于你"的广告主题。特别是红色与白色的强烈对比充满视觉刺激力,使人产生温暖、兴奋的心理反应。可以说色彩的运用是该广告的亮点之一,对创意表现起到了非常重要的作用。

图 4-15　WWF 保护森林主题公益广告

图 4-16　献血主题公益广告

(三) 声音

声音是与影像共同构筑银幕空间和银幕形象的不可或缺的重要视听元素,是影视广告和广播广告用以表达思想、传达情感、完成叙事的重要手段。广告中声音的恰当运用,可以增强现场感,渲染气氛,表达情感体验,增强记忆效果,也可吸引注意,激发联想,还有助于提升广告的艺术美。公益广告中的声音体系与商业广告无异,主要由三部分组成,即人声、音响和音乐。

1. 人声

人声是广告中人物所发出的声音,也称为语言。人声可分为对白、独白和旁白几种形式。

对白也称对话,是人物之间的交谈。独白是广告中人物潜在心理活动的表述,采用第一人称,常用于人物幻想、回忆或披露自己心中鲜为人知的秘密。旁白是以画外音的形式出现的人物内心活动的自白。

公益广告中的人物语言通常简明扼要,符合人物身份和受众特点,多为贴近生活、自然亲切的口语化表达。

如图4-17所示,这则广告旨在表现当下新一代青年的价值观和精神面貌,引导其积极进取,实现自我。广告中的旁白语言简短,节奏明快,语速适中,语气果断,充满自信。在"不是不可能,而是,不,可能"这句话中使用多次停顿,强调新青年的态度与个性。最后三句"时代选择我,我改变时代,我是新青年"语调上扬,配合快速切换的画面,让受众感受到新时代新青年的活力与激情。

图4-17 中央电视台青年节公益广告

附:广告文案
世界在变,时代也在变
新的时代
我怎样选择?
选择新精彩
选择新浪漫
选择新未来
选择新节奏
不去随大流
我自成潮流
不是不可能
而是,不,
可能
不是没态度
我自有想法
时代选择我

我改变时代

我是新青年

而广播公益广告中的人物语言更是承载了广告的绝大部分信息,人物的身份、性格、行为状态等,以及广告的情节发展都通过人物的语言来塑造和推动,从而使广告具有极强的画面感。例如下面一则广播公益广告《邻里关系篇》。

广播公益广告《邻里关系篇》

音效:电视机里播放紧急求救的场面(戛然而止)

女:真讨厌! 刚到热闹处,就停电了。

男:嘿! 搬来第一天就停电,真够倒霉的。

音效:按门铃声

男:来啦,来啦!

女:谁呀? 停电了还串门?!(走动的声音)

(开门声)

孩子:阿姨,你们家有蜡烛吗?

女:没有!(没好气)

音效:哐的一声,门关上(音效夸张一点)

女:刚搬进来就让小孩来借东西,这以后还怎么相处啊?!

男:贪小便宜也没见过这样的。

女:好啦,好啦,赶紧找蜡烛吧,黑灯瞎火的!

音效:门铃声,开门声

女:怎么又是你?!(音效淡入)

孩子:阿姨,这是妈妈让我送给你的蜡烛。

(音乐渐强)

旁白:屋里亮啦,心里也亮啦!

这则公益广告采用对话式,通过人物语言,受众可以清晰了解广告情节的发展与转折,想象出对话时的场景、人物表情前后的变化,引导人们思考邻里之间的相处之道。口语化的人物语言具有较好的亲切感,易于和受众进行信息及情感沟通,增强广告的生活性和真实性。

2. 音响

音响,也称音效,是视频广告和广播广告中人物语言和音乐之外的声音,是广告不可缺少的表现手段之一。音响可以创造画面环境的现场效果,让人身临其境,增强画面的真实性和生活气息;可以用来强化或烘托人物的心理,刻画人物形象;还可以表情达意,传达创作者的思想情感。

广告中的音响有多种类型,包括:

(1)非话语人声。非话语人声包括喘息、咳嗽、哭泣、叹息、啼笑等。

(2)物声。物声包括:动作音响,即人和动物活动时发出的声音,如人的走路声、打斗声,动物的奔跑声等;自然音响,即自然界中非人的行为动作所发出的声音,如风雨雷电、山崩海啸、鸟叫声、水声等；机械音响，即机械设备运转发出的声音，如汽车行驶声、机器轰鸣声、电话铃声、钟表走动声等；枪炮音响，即军事武器或烟花爆竹被引爆或点燃时发出的声音；背景音响，通常是群众杂音，如集市上的叫卖声、观众欢呼声、含糊不清的交谈声等。

（3）拟声。拟声是为了某种特殊目的和效果，经过变形处理的非自然界的声音，如电子合成音效。

如图4-18所示，此公益广告以舒缓的钢琴曲开始，与暖色调的画面配合，给人温馨舒适的感觉。之后在"成功的印记"画面出现时加入了热烈的掌声，在"甜蜜的印记"画面中加入了婚礼现场的交谈声、祝福声等背景音响，"成长的印记"画面加入了孩子的欢笑声，之后又出现了朋友聚餐时觥筹交错的声音，音画并茂地讲述了一个人成长与生活中的美好时刻。但这些都被接下来的紧急刹车声、车辆碰撞声和玻璃破碎的声音打破，一切戛然而止。此时出现黑色背景板和字幕"别让酒驾毁了你的幸福"，所有声音暂停1秒，然后舒缓的钢琴曲再次响起直至广告结束。在这则广告里，音乐和音响是创意表现的主要载体，不仅让一个个静态画面鲜活起来，更通过其陡然转折警示人们认清酒驾的后果。

图4-18　中央电视台公益广告《印记篇》

3. 音乐

音乐是反映人类现实生活情感的一种艺术，分为声乐和器乐两类。声乐是通过人声演唱的音乐形式，而器乐是相对于声乐而言，完全使用乐器演奏而不用人声或者人声处于附属地位的音乐。公益广告中的音乐通常是使用节奏和旋律，以及演员配以歌词演唱的形式来表达思想情感的一种特殊语言。在广告创意中巧妙使用音乐，有助于吸引受众注意，渲染广告中的情感，增强广告的美感和表现力。

公益广告中音乐的使用方式主要有三种：

（1）借用：把现成的音乐原封不动地用作广告歌曲或者背景音乐。这类也是最为常见的一种形式。

（2）改编：将现成的歌曲改造后融入广告，通常以改造歌词的方式居多。

（3）创作：专门为广告创作一首全新的歌曲或乐曲。这是难度最大的一种形式，但具有较强的创新性，且如果广告歌曲朗朗上口，容易流传开来，会成为记忆广告的重要线索，提升广告效果。

如图4-19所示的《我创故我在》公益广告，2015年9月由中央电视台推出，是中国首支动漫形式的创业主题公益广告，旨在引导年轻人勇于创新创业，接受创客文化。该广告歌曲有男声版和女声版，采取摇滚风格，旋律轻快，朗朗上口，洋溢着年轻的梦想和激情。广告的主题思想都融入歌词里，鼓励大家创造新东西，不要抱怨和空想，重在将想法付诸行动，让世界看到创新的力量。

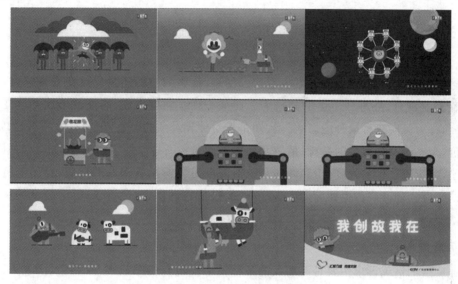

图4-19　公益广告《我创故我在》（男声版）

附：广告歌词

造一条会飞天的裙子

造点什么，什么都好

造点什么，让自己骄傲

造一片生产快乐的菜园

造一家挂在天上的旅店

造点什么，什么都好

造点什么，让世界看到

抱怨很廉价，别做空想家

做个创客让自己骄傲

疯狂的想法，没什么可怕

造点什么，让世界看到

造一架和恐龙约会的飞机

造一把给音乐白痴的乐器
造点什么,就趁现在
造一条擦掉困惑的毛巾
造一副寻找美丽的眼镜
让想法变成行动
造一条属于自己的路
抱怨很廉价,别做空想家
做个创客让自己骄傲
疯狂的想法,没什么可怕
造点什么,让世界看到

二、公益广告诉求方式

公益广告通过文字、声音等元素表现广告创意,最终的目的还是要改变受众态度,说服其接受某种公益观念,并进一步影响其行为。而从心理学角度来说,态度的形成和改变受到认知、情感和行为倾向三种成分的影响。认知是人对外界对象的印象,包括有关的事实、知识、信念和评价,是态度其余成分的基础;情感是人对态度对象所持有的情绪体验,如尊敬或鄙视、喜欢或厌恶,决定着态度的强度;行为倾向是人对态度对象所预备采取的反应,会影响将来对态度对象的反应。公益广告也如商业广告一样,通过情感诉求、理性诉求,诉诸公众的情感体验或理性认知,来实现其目的。

1.情感诉求

公益广告的情感诉求主要是调动人的各种情绪反应和情感共鸣,来刺激、激发人的理解、记忆、评价和传播等行为,满足其不同的心理需求。公益广告可表达的情感类型包括亲情、友情、爱情、乡情、自我实现、同情、恐惧等。

人们的内心普遍容易被幸福、美好、健康、成功之类的画面或文字打动,因此公益广告借助这种温馨感,满足公众的心理需求。如前述《印记篇》公益广告,就通过亲情、友情、爱情的多重表现,唤起人们对生活中幸福时刻的回忆和感受,引起公众对交通安全的重视,自觉抵制酒后驾驶行为。而《我创故我在》公益广告则主要针对年轻公众自我实现的心理需求,通过贴近其观念与行为的画面和文案,表达年轻人的世界观、价值观以及对创新创业的态度,很容易引发他们的情感共鸣。

同情是对他人的苦难、不幸产生的关怀、理解的情感反应,是一种普遍性的关怀情感,无关乎对象的强弱、贫富等,甚至延伸到动植物等对象。奥地利作家茨威格将同情分为两种:一种是出自感情的冲动,看到别人的不幸后本能地感到难受,这种同情虽出于善心,但于事无补;而另一种是伴随着冷静与理智的真正同情,有帮助的方法、行动上的反应,有贯彻的毅力,还有持久的耐性。在公益广告中,同情是广告创意表现中经常意欲刺激的反应,以此引导公众设身处地理解他人的思想、感情和需求,并给予关心、安慰、支持等情感援助和行动支持。比如动物保护类、关爱弱势群体类主题的公益广告经常诉诸这一情感诉求。

无论上述正面情感诉求还是负面情感诉求,都能促使公众接受公益广告信息、改变态度以及采取行动,但对一些公众不太熟知的议题,或者会给受众带来安全危险的议题,如"抵制毒品""预防艾滋病""酒后驾驶"等,使用负面情感诉求更能吸引其注意力,使其意识到问题的严重性。因此,在公益广告中,恐惧诉求能引导受众对信息对象的否定态度,进而达到改变目标受众态度与行为的目的,是一种能够有效吸引公众注意力的诉求方式。而恐惧诉求要产生预期效果,需要在广告信息和表现中让公众感受到与自己相关的受害风险,并且相信广告中所陈述的建议能有效降低威胁发生的可能性,且自己有能力执行。因此,充分了解目标受众的心理特征,激发受众害怕和焦虑的心理,并提供明确的改变态度和行为的可行建议,才能使恐惧诉求真正有效。

2. 理性诉求

对于公益广告,虽然受众的接受心理大多偏向于感性,但适当的理性诉求,也可以从不同的视角寻求创意突破。

理性诉求即在创意表现中陈述一个事实,作用于受众的理智动机,通过晓之以理、以理服人来达到广告目的。公益广告采用理性诉求,可以借助知识、数据等方式呈现客观事实,分析人们的观念和行为,对受众进行指导和教育,使其了解广告所倡导的观念背后的依据和道理,带来思想上的转变,反而具有长远的效应和意义。

如图4-20所示,这则公益广告中,妈妈将饮料包装盒等垃圾扔进了厨余垃圾桶内,结果垃圾桶发出报警反应,并将丢进去的垃圾反弹了出来,提示"包装盒不属于厨余垃圾,请扔进其他垃圾桶",之后儿子将果皮等垃圾重新扔进去,出现了循环利用的显示,同时以旁白和字幕形式告知公众"1000公斤厨余垃圾回收利用,可生产300公斤优质化肥",引导公众接受"分类产生价值,垃圾变成资源"的新观念。这则广告就采用理性诉求的方式,告知人们如何科学进行垃圾分类,并用数据说明这样的做法对地球环境产生的良性影响是什么,让人们了解了垃圾分类的知识和价值。由于垃圾科学分类对很多公众来说属于新话题,对其了解不多,而垃圾分类行为又是以此为基础的,因此这种主题类型的公益广告,理性诉求相较于感性诉求就更为适合。

图4-20 垃圾分类公益广告《厨房篇》

公益广告中的理性诉求可以采用正面表现,在广告中告诉公众接受或采取某种观念或行为会获得什么样的利益,特别是精神和心理层面的利益;也可以采用反面表现,在广告中告诉公众不当的观念和行为会有什么后果,引起公众反思。无论哪种方式,都要求其创意和表现要事实清楚、逻辑严密、道理明确、说明清晰。如图4-21所示,这则广告用四个画面展现了用餐的四种场景:年轻人约会用餐,为了显得大方,点菜量远超两人的食量;商务宴请,因为公款报销,点餐时无所顾忌;同学聚会,为了面子拒绝打包剩饭剩菜;带孩子吃饭,为了讨孩子高兴,不喜欢吃的全部重新换菜。如此在用餐时造成了极大浪费,达到什么程度呢?广告使用理性诉求,用数据说话:"中国人每次外出就餐平均浪费20%,价值高达上千亿,相当于全国小学生1年的午餐费用。"广告创意展现客观存在的现象,让受众犹如看到自己的种种行为,一个个触目惊心的数据,不禁让人反思。

图4-21　公益广告《节约无小事——餐馆篇》

三、公益广告表现手法

在公益广告创意中,创意人员通过各种艺术方法,将各种创意表现元素组合在一起,将原本抽象的观念清晰、具体、形象地表达出来,就形成了多样的表现手法。

1. 直接法

直接法是以写实的方式直接反映现实。有时将生活中微不足道的,或者容易被人们忽视的现象,以写实的方式再现,刺激人们正视现实,反而能产生直接效果。直接法可以采用正面表现,告知受众正确的观念和行为;也可采用反面表现,通过不当的或有危害的内容与画面,引发受众的反思,进而拒绝错误观念和行为,接受广告传达的信息。

孝是中华传统文化提倡的行为,所谓"百善孝为先",正反映了我们中华民族极为重视孝的观念。古有"二十四孝",讲述了历代二十四个孝子从不同角度、不同环境、不同遭遇行孝的故事。今天时代变了,对"孝"的理解也应既传承又创新。于是2012年8月13日,由全国妇联老龄工作协调办、全国老龄办、全国心系系列活动组委会共同发布新版"二十四孝"行动标准,并通过公益广告的形式在大众媒体上传播。广告使用卡通形象,直接展示了24种孝敬父母的方式和场景,从正面告知社会公众在当下如何理解"孝",如何行孝。

电视公益广告《新二十四孝》文案

1. 经常带着爱人、子女回家
2. 节假日尽量与父母共度
3. 为父母举办生日宴会
4. 亲自给父母做饭
5. 每周给父母打个电话
6. 父母的零花钱不能少
7. 为父母建立"关爱卡"
8. 仔细聆听父母的往事
9. 教父母学会上网
10. 经常为父母拍照
11. 对父母的爱要说出口
12. 打开父母的心结
13. 支持父母的业余爱好
14. 支持单身父母再婚
15. 定期带父母做体检
16. 为父母购买合适的保险
17. 常跟父母做交心的沟通
18. 带父母一起出席重要的活动
19. 带父母参观你工作的地方
20. 带父母去旅行或故地重游
21. 和父母一起锻炼身体
22. 适当参与父母的活动
23. 陪父母拜访他们的老朋友
24. 陪父母看一场老电影

图4-22　WWF"节约用电"公益广告

如图4-22所示的这则广告，也使用了直接表现法，但使用了否定的表达，告诉人们不随手关灯，需要为其付费的不只是使用者，还有南极冰川以及生活在那里的动物。

2. 间接法

间接法是广告画面中不出现表现的对象本身，而是借助于其他相关事物来表现该对象。这种手法可以借助受众熟悉的事物来表现不熟悉或较为抽象的事物，给受众留下较大的思考空间。

如图4-23所示，这是一则"保护鲸"主题公益广告，用两个不同肤色的人手组成鲸尾鳍的模样，表达"Together,we can save the whale"的公益主张。虽然没有直接出现完整的鲸的形象，但使用了其身体的一个部位——尾鳍，这样的表现手法包含了"鲸"和"人"这两个相关主体,抽象与具象完美融合,表意清晰,寓意丰富,画面干净简洁,让人印象深刻。

图4-23 "保护鲸"主题公益广告

3. 对比法

对比是把具有明显差异、矛盾和对立的双方安排在一起,进行对照比较的表现手法。它有利于充分显示事物的矛盾,借彼显此,互比互衬,突出被表现事物的本质特征,增强广告的表现力度,吸引受众的注意,带来直接又深刻的视觉感受,并在平淡中隐含着丰富的意味。

图4-24的广告关注的是生态系统开发给人类带来的影响。左边画面中是凶猛的鲨鱼,让人感觉"Horrifying",右边画面中是一片寂静的海面,文案却是"More horrifying"。那么,到底哪个更可怕呢?这正是广告要传达给受众的观念——相较于凶禽猛兽,没有生机、死气沉沉

图4-24 WWF公益广告

的世界更可怕。该广告的创意表现正是通过对比手法,让受众感受到"Exploiting the ecosystem also threatens human lives(开发生态系统也威胁着人类的生命)"。

如图4-25所示的这则节能主题的系列公益广告,以比较选择的方式让受众意识到"汽车排量小,环保效益大""(LED节能灯)处处用它,家家省电""(电视)屏幕暗一点,节能又护眼"。为了增加广告的持续效果,给受众提供切实可行的节能建议,广告文案提供了有效的信息"节能窍门20个,快上www.20to20.org",这也正体现了公益广告创意的互动性原则。

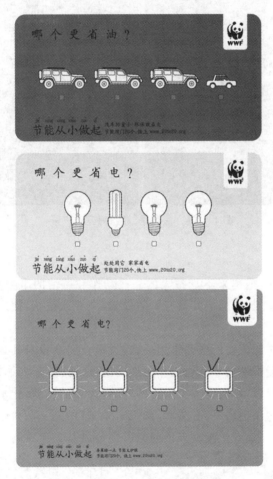

图4-25　WWF节能主题系列广告

4. 类比法

类比是将性质、特点在某些方面相同或相近的不同事物加以比较,借助类似事物的特征刻画突出本体事物的特征,更浅显形象地加深对本体事物的理解,引起受众丰富的想象和强烈共鸣。在公益广告创意中使用类比手法,首先需要找到与公益观念关联度较高的符号元素,再寻找与其外形、意义相似或相反的符号,将两者有机结合或比较展示,从而使公众更直观准确地理解广告要表达的观念。

假冒伪劣药品会给使用者带来极大危害,甚至会造成使用者死亡。为了引导人们认识这个问题的严重性,抵制假药生产和销售,广告创意需要找到既能承载死亡概念,又与药品具有相似性的符号。如图 4-26 所示的这则系列广告,利用药片与棺材、胶囊与子弹外形上的相似,表现了两种符号原本意义的矛盾和特殊情况下的一致,突出"假药杀人"的概念。

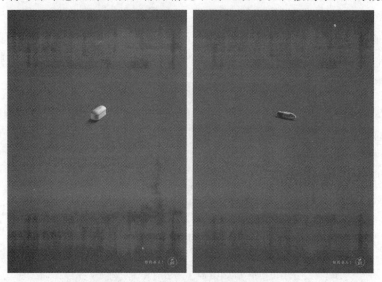

图 4-26 "假药杀人"系列公益广告

5. 拟人法

拟人是把事物人格化,把本来不具备人的一些动作和感情的事物变成和人一样,如把物体、动物、思想或抽象概念拟人化,使其具有人的外表、个性或情感,使广告中的形象和信息都更加生动、形象、具体。

拟人是动物保护类主题公益广告的常用手法,可以让受众设身处地、感同身受,有效进行情感和信息交流。国际爱护动物基金会创作的这则广告(见图 4-27),就采用拟人的手法,设计了大象妈妈和孩子的对话,小象稚嫩又兴奋的问话、大象的沉默,让本应温馨的画面显得十分悲凉,不禁让人痛心,进而理解"没有买卖,就没有杀戮"的意义和价值。如图 4-28 所示的系列广告则通过拟人手法,呈现了濒临灭绝的黑面琵鹭、鲸、大猩猩的"自杀"行为,以及"他杀

图 4-27 动物保护公益广告

不如自杀"的告白,以"同是生灵,你怎忍心下毒手"痛斥环境破坏对动物生命安全带来的危害,告诫人们保护环境、保护动物的迫切性。

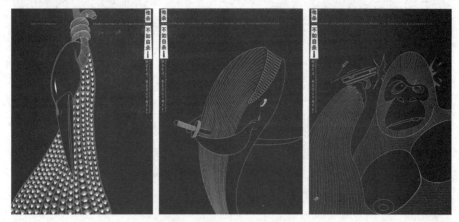

图4-28 动物保护系列公益广告

附:广告文案
"妈妈,我长牙了"
"……"
"妈妈,我长牙了耶"
"……"
"妈妈,我长牙了!"
"妈妈……?"
"妈妈,你不为我高兴吗?"
宝宝长牙,对于妈妈来说,是件多么幸福的事啊!
然而,对于大象家庭又意味着什么呢?
人类没有必要的装饰需要,使全球象牙贸易恣意蔓延,
人类的贪婪购买,已夺去了100多万只非洲和亚洲大象的生命……
拒绝购买才能停止杀戮
让我们对象牙制品说"不"

6. 置换法

置换法就是将广告中视觉元素的一部分换成另一视觉元素,产生移花接木的效果,创造出正常世界中不太可能出现的形象,以吸引人们的注意力,激发人们的好奇心,去寻找不寻常背后的原因,进而理解广告主张。

置换包括形式置换和意义置换。形式置换是利用图形、声音等形式要素重新组合内容,如图4-29所示,广告中将熊猫最典型的标志——熊猫眼与狼、犀牛、狮子等的眼睛结合起来,就是图形置换。凶猛的野生动物纷纷装扮成熊猫的样子,看似滑稽,实则令人心寒,以此告诉人们要"像保护熊猫一样保护其他野生动物"。

意义置换是一种思维方式、角度和观点的转变,即挖掘一个事物的寓意或象征性,使受众

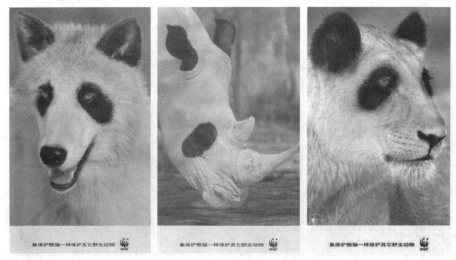

图 4-29 野生动物保护系列公益广告

联想到与之相同或相反内涵的事物,来表达图形的主题思想。如图 4-30 所示,这则印度交通公益广告,将"开车时别打电话"的提醒对象设定为驾驶者的亲友——丈夫、女友或者朋友,跳出了"提醒驾驶者"这个惯性思维,让受众认识到给正在开车的亲友打电话是非常危险的,很容易导致车祸。正是因为思维方式的独特,广告中即便没有出现车祸现场,也带给人警示和思考。

图 4-30 印度班加罗尔交通公益广告

7. 夸张法

夸张是为了达到某种表达效果,对事物的形象、特征、作用、程度等进行夸大或缩小。夸大是故意把客观事物说得"大、多、高、强、深"等,缩小是故意把事物说得"小、少、低、弱、浅"等。苏联文学家高尔基指出:"夸张是创作的基本原则。"无论哪种形式,公益广告使用夸张的表现手法,有助于突出事物本质,加强广告的艺术效果,引起受众丰富的想象和强烈的共鸣。但需要注意的是,夸张不等于有失真实或不要事实,不能失去生活的基础和依据。

语言暴力隐藏的伤害到底有多大,用语言文字描述可能无法让人准确感受到。因此新加坡的这则系列公益广告(见图 4-31),将语言暴力带来的伤害通过肢体暴力来表现,寓意语言暴力伤人于无形,比肢体暴力更可怕。广告夸张的画面充满了视觉冲击力,非常直观地表现了语言暴力的伤害性。

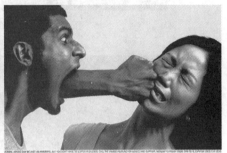

图 4-31 防止语言暴力系列公益广告

8. 联想法

联想是由当前感知的事物想起另一事物,或由某一经验想起另一经验。古希腊学者亚里士多德认为,一种观念的发生,必然伴随着另一种与它相似、或相反、或接近的观念的发生。这种在空间或时间上的接近、对比和类似的观念的联系,被称为三大联想律,即接近律、对比律和类似律。后来有人补充了因果律,成为四大联想律。

如图 4-32 所示,这则广告就巧妙利用了"世界无烟日"和"国际儿童节"两者时间上的接近,让人联想到吸烟对儿童健康带来的危害,简洁醒目,具有极强的视觉冲击力,有效唤起了人们的情感认知。图 4-33 则运用联想类似律,让人们意识到吸烟就是慢性死亡。如图 4-34 所示的广告中的儿童为什么如此痛苦?人们不禁寻找原因——二手烟!广告正是借助因果联想,直接有力地表现了二手烟对儿童的危害。

图 4-32 戒烟系列公益广告(1)

图 4-33 戒烟系列公益广告(2)

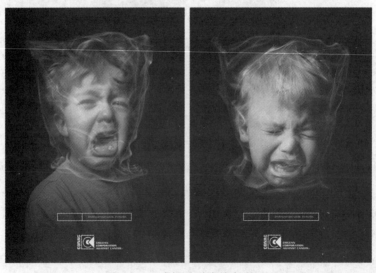

图 4-34 戒烟系列公益广告(3)

在公益广告创意表现中运用联想法,能突破时空的界限,扩大艺术形象的容量,加深画面的意境。

9. 恐吓法

恐吓法是利用人们的恐惧心理来制造压力,以改变人们态度或行为的方法。这也是公益广告的常用手法,尤其是关乎公众身心健康类的公益广告,经常将不当行为造成的可怕后果展示出来,引起受众的恐惧,激发其安全的心理需求,进而引导其正确的态度或行为。如前面图4-30所示的系列广告中,电话中喷溅出鲜血的画面,就会产生恐惧效果。图4-35中破碎的儿童,看起来让人害怕,更让人心痛,寓意如果父母对孩子失去耐心,采取语言或行动暴力,带给孩子的伤害将会使父母失去更多。图4-36中被砍断的树和被断头的动物,令人毛骨悚然,让人们意识到野生动物与树木共存亡,呼吁人们关注森林保护。

图4-35 关爱儿童公益系列广告

图4-36 森林保护系列公益广告

10. 幽默法

幽默是事物所具有的荒谬荒唐的、出人意料的,而就表现方式上又是含蓄或令人回味深长的特征。幽默法在公益广告中通过喜剧性安排或者风趣夸张的情节,造成一种充满情趣的效果,引人发笑,更引人深思。

中央电视台推出的得蛙蛙系列公益广告采用动漫方式，设计了"得蛙蛙"这个拟人化角色，通过得蛙蛙在旅游、排队、乘车、用餐等不同场合的经历，以幽默诙谐的手法，来传播日常行为礼仪规范。其中《自助篇》（见图4-37）讲述了得蛙蛙在吃自助餐时遇到的不文明行为：一位顾客漠视餐厅提醒，超量取用食物，最后吃不完就偷偷将剩余食物转移到得蛙蛙盘中。得蛙蛙看到后略施小计，让那位顾客把一盘剩余的流食倒进了自己的帽子中，结果不知情的客人戴帽子时把食物全扣在了自己头上。广告最后提醒大家"节俭，从自助开始"。该广告看后不禁让人哑然失笑，联想和反思自己和身边的不文明行为。

图4-37　得蛙蛙系列公益广告《自助篇》

广告创意重在不拘一格，公益广告的表现形式也需根据广告主题、受众特征、创意策略的不同选择适合的、创新的形式，并不拘泥于上述几种技巧，如此公益广告才能不断适应时代、社会和受众的变化，吸引受众的关注，发挥其真正的作用。

第三节　公益广告文案写作

文案是广告作品中重要的组成部分，是广告作品的点睛之笔，也是广告信息的主要载体。关于广告文案的定义有很多，一般理解为"已经完成的广告作品中的全部语言文字部分"。其中语言指有声语言，包括影视广告中的人物对白和画外音，以及广播广告中的可听语言部分；文字指书面形式的语言，包括平面广告中的文字部分，以及影视和广播广告文案脚本等。公益广告文案与商业广告文案并无本质上的区别，但在结构、语言风格和写作技巧上也有自己的特点。

一、公益广告文案的结构

一则完整的广告文案包括广告标题、广告正文、广告口号、广告附文四个基本要素。但因发布媒介的不同，文案构成要素也会有所不同。如平面广告文案的四个要素一般较为完整，文案结构清晰明确；影视广告和广播广告文案结构比较模糊，有时不完整或者没有结构。公益广告文案大多较为简短，其结构也可分为完整型和不完整型，但通常以不完整型居多，或直接呈现广告正文,或呈现广告标题和正文,有时广告标题和广告口号合二为一。

(一) 广告标题

广告标题位于广告文案的最前面,是旨在传达文案中最重要或最吸引人的信息,统领全文的短句。

大卫·奥格威认为:"标题是大多数平面广告最重要的部分,它是决定读者是否读正文的关键所在。读标题的人平均为读正文的人的 5 倍。"如图 4-38 所示的广告中,文案标题"不要忽略我",用简洁、醒目的字体吸引人们对广告中"隐形的儿童"的好奇与关注,进一步阅读正文才知道,广告在呼吁人们关注社会流浪儿童。

图 4-38 联合国儿童基金会系列公益广告

(二) 广告正文

广告正文是在广告文案中向受众传达主要广告信息、居于主体地位的语言文字部分。它是广告文案的中心,可以对标题进行解释说明,也可以对广告主要信息做详细说明。

图 4-38 中的广告标题"不要忽略我"可以吸引人们的注意,但并没有清晰具体地说明"我"是谁,这样说的原因和目的是什么,因此,需要文案正文进一步说明,如此受众就能更准确理解广告的意图了。在影视广告或广播广告中,广告正文更是广告信息的核心来源。如中央电视台公益广告《感恩父母 感恩教育篇》,用手绘漫画的风格,描绘了父母辛苦养育儿女的过程,告诉子女们当父母老了,我们应该如何照顾他们,感恩他们的爱。

中央电视台公益广告《感恩父母 感恩教育篇》文案

你是否还记得……
当你还很小的时候……
他们花了很多时间教你用勺子、用筷子吃东西
教你穿衣服、绑鞋带、系扣子
教你洗脸,教你梳头发
教你擦鼻涕、擦屁股
教你做人的道理
你是否还记得你们练习了很久才学会的第一首儿歌?
你是否记得经常逼问他们你是从哪里来的?
所以……
所以,当他们有天变老时……
当他们想不起来或接不上话时
当他们啰啰嗦嗦重复一些老掉牙的故事
请不要怪罪他们
当他们开始忘记系扣子、绑鞋带
当他们开始在吃饭时弄脏衣服
当他们梳头时手开始不停地颤抖
请不要催促他们
因为你在慢慢长大,而他们却在慢慢变老
只要你在他们眼前的时候
他们的心就会很温暖
如果有一天,当他们站也站不稳,走也走不动的时候
请你紧紧握住他们的手,陪他们慢慢地走
就像当年他们牵着你一样
极其平凡却又深厚的感情,留在他们和我的心里,陪伴我们走过一生
爸爸妈妈,我爱你们

(三) 广告口号

商业广告中的广告口号是企业为了加强受众对商品或品牌形象的持久印象,在广告中长期反复使用的简明扼要、口号性的句子,来表现商品特性或企业理念。广告口号信息单一,内涵丰富,是受众认知企业的桥梁,有助于加强受众对企业、商品和服务特点的印象和记忆,如耐克的"JUST DO IT"、海尔的"真诚到永远"、格力空调的"好空调,格力造"等都让受众对企业和商品特点有了深刻的认识,形成与竞争对手的差异。

公益广告文案中的广告口号,主要是广告所倡导的公益理念的凝练与表达,以点明或强化广告主旨。许多公众熟悉的公益主题,当广告创意以画面为主时,文案往往只需一句简短的广告口号点明主题即可。图4-39广告中三个婴儿肤色和着装形成鲜明对比,寓意明显,易于理

解。广告口号"Your skin color shouldn't dictate your future"（你的肤色不应决定你的未来）传达的正是广告倡导的观念"反种族歧视"，使受众对广告的理解更加准确和一致。

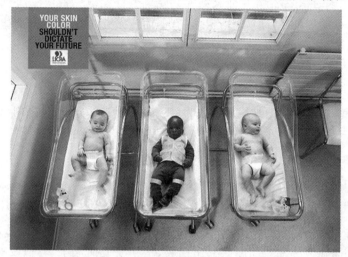

图 4-39 反种族歧视公益广告

（四）广告附文

广告附文是在正文之后用来补充正文中无法包含的必要信息。商业广告中广告附文通常是企业名称、地址、电话、购买方式等信息，公益广告中附文出现的较少，多以公益广告发布机构名称、网站或公益咨询电话等为主。在图4-38中，广告标题为"请不要忽略我"，附文为"救助热线020-8226××××"，为受众提供了行动途径。

二、公益广告文案的语言特点

公益广告关注和表现的对象是人及其思想和行为，关注的话题和内容是与社会发展密切相关的伦理道德、法律规范等。因此公益广告的语言不像商业广告一样，侧重于使用直接的、充满物质利益诱惑的语句刺激受众的消费欲望，而是更多通过呼吁、鼓励、提倡、感召等充满感性的语言激发公众的自觉性。

（一）简洁有力

公益广告文案一般语句比较简短，将希望受众接受的公益观念凝练成口号式短句，言简意赅，具有传播力。句式上祈使句、感叹句较多，体现了与受众平等沟通对话的姿态，谆谆善诱，饱含号召力，如"为了您的身体健康，请不要加入烟民的行列""无偿献血，从我做起""谨防假冒伪劣，保护消费者权益""停止战争，为了孩子""珍爱生命，远离毒品"等。

（二）富有情感

公益广告多以感性需求为主，或以温情打动受众，或以恐惧警示受众，通过激发受众的情感共鸣引起其对公益主张的关注，形成态度和行为的转变，如"司机一杯酒，亲人两行泪""别让你的父母感到孤独""没有买卖就没有伤害""献出的血有限，献出的爱无限"等。

(三)善用修辞

修辞是语言艺术的花朵，公益广告文案尤其是广告标题或广告口号，经常使用修辞技巧，使文案简练通俗、生动形象、易读易记，产生言有尽而意无穷的效果，充满韵律美。

小草有生命，足下多留"青"

使用双关修辞，"青"谐音"情"，既指小草青青，又指人们有情，词浅意深。

人人为环保，环保为人人

使用回环修辞，将前一句的结尾部分作为后一句的开头部分，反过来用前一句的开头部分作为后一句的结尾部分，回环往复，表现了每一个人和环保行动的关系。

一花一草皆生命，一枝一叶总关情

使用了对偶的修辞手法，句式整齐美观，音节和谐悦耳。

(四)朴实严谨

公益广告的内容都是与公众生活密切相关的话题，为了便于理解和记忆，其文案语言多通俗朴实，给人随和亲切之感，如"高高兴兴出门去，平平安安回家来"看似没有修饰，却体现了"平平淡淡才是真"的创作意境。有时为了说明某个公益问题的严重性，引起人们的重视，文案也会借助数据及其他论据进行严谨论证，有理有据。如下文的禁烟公益广告文案，站在吸烟者对其他人造成不良后果的角度，告诉吸烟者和不吸烟者一个事实，那就是吸烟不是一个人的行为，而是一个群体的行为，一个人的主动行为导致了一个群体的被动行为，以此来劝诫吸烟者多为大家着想。整个文案条理清晰，语言简洁平实，还引用权威期刊的论述，给人一种科学、可信的感觉，增强了广告说服力。

禁烟公益广告

标题：没有人把一整支香烟完全吸完的

正文：没有人把一整支香烟完全吸完的。实际上，大概有三分之二的烟直接散布到空气中去了。像在屋里、酒吧、餐厅或电影院等地方，空气被弄得十分糟糕。烟气不仅仅是进入了非吸烟者的鼻腔里，那些烟气还穿过他们的喉咙，钻进肺里。据英国医学月刊载(摘引)："烟草燃烧释放出来的物质被认为是导致了某些肺癌病例。如果你吸烟的话，我们希望你为多数不吸烟的人着想一下。如果你不吸烟，但和吸烟的人生活共事，我们希望你别让他们错过这个忠告。

三、公益广告文案的写作要点

公益广告文案写作是文案创作者在广告目的的制约和支配下，进行广告作品主题的提炼、材料的选择、结构的安排，以及与美术设计部分配合的过程，是创作者采用不同的语言排列组合、不同的表现方式表达广告主题，传达广告信息，实现广告意图的过程。公益广告文案创作需兼顾社会、公众和创意，才能实现其社会教育的功能和价值。

(一)与时俱进，反映社会热点

公益广告的焦点集中在人、社会、自然三个方面，其任务就是倡导正确的社会意识和生活观念，引导公众重视事关公共利益的社会问题，对那些有损公众利益的思想和行为提出警示和诚勉,以弘扬真善美,创造美好生活。因此,公益广告关注和反映的问题应具有社会性、普遍性和代表性,这就要求公益广告的选题、创意表现及文案内容都要与时俱进,及时发现社会发展中存在的热点问题,转换为具体的创意主题,引起人们的广泛关注,如网络文明、手机依赖、全民阅读、环保节能、新农村建设、中国梦、传统文化、公共礼仪等。

移动互联网和智能手机的发展使得越来越多的人成为"低头族",每个人低头沉迷于自己的手机世界,不仅影响自身健康,更增加了人际交流与沟通的障碍。如图4-40所示的这则广告中,低头专注于手机的父亲不知不觉错过了儿子的成长,陪父亲下棋的儿子冗长不休的通话让父亲等白了头,沉迷于手机游戏的丈夫忽然发现新婚妻子已成中年妇女,这样的"我们"错过了太多本该与家人共度的美好时光。广告就针对当前这一普遍现象,呼吁越来越多的低头族"关机一小时,为你所爱的人"。

图4-40 《关机一小时,为你所爱的人》公益广告

附:广告文案(字幕内容)

多少成长时光

人在身旁

却错过陪伴

多少亲情时刻

人在身旁

却未曾陪伴

多少青春芳华

人在身旁

却忘记陪伴

（二）符合传播媒介特征

不同媒介的传播特点、受众的接触心理与行为各不相同，公益广告文案写作需要了解媒介特性，以符合并能充分利用这些特性。广告媒介的时段、版面、风格是决定文案篇幅和风格的重要因素。

报纸作为传统的印刷媒介，其内容以文字形式为主，大量信息的干扰极大影响了受众对广告的注意力和阅读程度，而且读者阅读习惯是先标题后内文，快速浏览居多，因此报纸类公益广告文案应以标题为主，醒目易记，语言风格可较书面化，如图4-41所示。

杂志也是传统印刷媒介，相对于报纸印刷效果更为精美，针对性更强，精读率也更高，因此公益广告可以图文并茂，文案可以更具有艺术性和画面感，内容更为详细。

图4-41 报纸公益广告

广播公益广告主要诉诸受众的听觉，信息稍纵即逝，文案最重要的特点就是让听众听得清楚、明白，因此应通俗易懂，做到语言生活化、口语化，多用节奏明快的短句，少用缩略语，不用同音不同义的词，避免混淆和误解。

广播公益广告《警示篇——祸始于贪》

（老鼠：叽叽叽叫并忙碌声）

鼠妻：鼠儿他爹歇歇吧！别在一个劲儿地往家里捞了，够咱们吃喝一辈子了！

鼠夫：哎！我得给咱小鼠崽儿整点儿！

（老鼠：叽叽叽叫并忙碌声）

鼠妻：鼠儿他爹，好了！也够咱儿子吃喝一辈子了！

鼠夫：哎！我还得再给咱以后的小孙子预备点儿！

（老鼠：叽叽叽叫并忙碌声）

（音效老鼠夹子"啪"一声和老鼠惨叫声）

小孩子：快来看啊！逮着了一只大老鼠！

成年人：小样儿！看你这回还逃得了！

画外音：祸始于贪！

影视类公益广告集画面、声音、字幕为一体，表现形式丰富多样。影视类公益广告文案与商业影视广告文案基本特点一样，即文本格式化，以广告脚本的形式呈现。广告脚本有两种类型，一是文学脚本，二是分镜头脚本，一般后者居多。分镜头脚本构成要素主要包括镜头号、镜头运动、景别、时间长度、画面内容、广告词（包含字幕、对白、独白、解说词等）、音乐和音响等。

有的也注明广告客户、广告名称或主题、广告时间长度等。如公益广告《帮妈妈洗脚》和《常回家看看》都是广告分镜头脚本的格式,前者是文字分镜头脚本,多为文案创作者完成,后者是表格分镜头脚本,又称工作台本,由文案创作者或导演完成,增加了画面草图,使文案进一步视觉化,内容更为清晰。

公益广告《帮妈妈洗脚》广告脚本

时间:45秒

主题:爱心传递孝敬父母

音效:贯穿全集

镜头一　　内景 1″(近景)孩子的脚在水盆中,一双大手在给孩子洗脚。

镜头二　　内景 2″~3″孩子的母亲给孩子一边擦脚一边讲故事。母亲说:"小鸭子游啊游,游上了岸。"

镜头三　　内景 4″(镜头俯视)孩子快乐地在床上打滚,笑声十分欢乐。

镜头四　　内景 5″母亲转身开门欲出去,并对孩子说:"你自己看,妈妈待会儿再给你讲。"

镜头五　　内景 6″孩子躺在床上看书。

镜头六　　内景 7″~8″母亲拎着一桶水进了另一个房间。

镜头七　　内景 9″~11″孩子很好奇,就紧跟着也出了门。

镜头八　　内景 12″~13″孩子的母亲正蹲着在给孩子的奶奶洗脚(镜头由远及近),奶奶说:"忙了一天了。"

镜头九　　内景 14″~15″奶奶捋了捋孩子母亲的头发(镜头是那个母亲的脸部特写),奶奶继续说道:"歇一会儿吧。"孩子的母亲笑了一笑说:"不累。"

镜头十　　内景 16″~17″切换至孩子的近景,孩子依在门边看着这一切。

镜头十一　　内景 18″~21″孩子的母亲舀着水给奶奶洗脚(镜头由下而上),(镜头给了奶奶特写)奶奶轻轻叹了口气,同时孩子的母亲说:"妈,烫烫脚对您的腿有好处。"

镜头十二　　内景 22″~23″(孩子脸部特写)孩子看到这番情景以后,转身跑了出去。

镜头十三　　内景 24″~27″孩子的母亲回到孩子房间打开门一看,孩子不在房间里,房间里的风铃也在作响。母亲好像听到孩子的声音了,便回头看去。

镜头十四　　内景 28″~30″这时,孩子端着一盆水由远及近走来。(镜头速度放慢)

镜头十五　　内景 31″~34″(孩子近景特写)孩子笑逐颜开地说:"妈妈,洗脚。"

镜头十六　　内景 35″~38″孩子的母亲露出了欣慰的笑容。(母亲脸部特写)38″时画外音起。

镜头十七　　内景 39″镜头转换。

镜头十八　　内景 40″~45″坐在板凳上的孩子给坐在床边的母亲洗脚,对母亲说:"妈妈,我也给你讲小鸭子的故事。"同时画外音:"其实,父母是孩子最好的老师。"画面字幕:将爱心传递下去(同时镜头画面逐渐模糊)。

公益广告《常回家看看》
时长：15秒

分镜	镜号	景别	镜头运动	画面内容	解说词	音乐	音响	长度（秒）
	1	近景—特写	推	初生时，父母满怀喜悦托起初生的婴儿		温馨的背景音乐	婴儿啼哭音和父母笑声	3
	2	中景	固定镜头	上学时，父母亲手为子女背书包			来，妈（爸）给你把书包背好	3
	3	特写—大全	拉	结婚时，父母将女儿的手交给新郎		婚礼进行曲	婚礼环境音	3
	4	中景	固定镜头	工作时，父母向出门的子女招手			环境音	3
	5	落板	固定镜头	闪白后弹出字幕：你多久没有和父母牵手		温馨背景音乐		3

（三）选取贴近生活的素材

公益广告文案写作是广告创作的一个重要环节，需要经过准备、构思、撰文和修改几个阶段，其中构思过程中的重要工作就是寻找合适的素材表现广告主题和创意。公益广告旨在引导与社会公众生活密切相关的观念，因此文案创作也应选取贴近受众生活的素材，增加受众的熟悉感，进而影响受众的态度和行为。

面对今天激烈的社会竞争,不让孩子输在起跑线上成为众多父母的教育理念,于是孩子的童年就是在各种兴趣班中奔波,承受着巨大的身体和心理压力。我们常说"少年强则国强",孩子是祖国未来的花朵,因此关爱儿童健康成长是需要倡导的理念。那么什么是关爱呢?如何关爱呢?如图4-42所示的这则广告站在孩子的视角,用孩子生活中最常说、最朴素的语言表达心声——"我最喜欢的作业,爸爸妈妈带我去玩!"广告选择的三角尺、量角器等图像素材,以及语言素材都是受众生活中非常熟悉的元素和场景,很容易引起受众共鸣。

图4-42　关爱儿童成长系列公益广告①

在另一则《节约用水》广播公益广告中,广告设计了生活化的场景和对话,三个人物的言行似曾相识,像是我们自己,又像是我们身边的人。正是这样熟悉的内容,更让受众意识到节约用水,人人有责。

广播公益广告《节约用水》

(水龙头哗哗的流水声,持续)

"呦,水龙头怎么没关哪!"(女声,生活化的声音,渐远)

"看看,水都这么浪费了!咳!"(男声,六十岁,渐远)

"也没人管管,真不像话!"(男声,四十岁,渐远)

(自来水的声音逐渐加重,略带回音,持续2秒,插入旁白)

我们都会做,我们都能做

可是,我们都觉得别人会去做

结果……

---

①　第二届山东报业公益广告设计大赛获奖作品。

一点一滴,从我做起(男声)

(男声加大混响)

(流水声止,一滴水落下,混响效果)

(四)换位思考,平等对话

以往公益广告大多站在高高在上的教育者视角,以命令的口吻告诫大家"不要……""不能……"很容易激发受众的逆反心理。今天,社会的发展带来了人们生活理念和方式的变化,传媒的变革也使人们信息接触心理、方式与行为发生转变,受众在信息传播过程中不再是被动的信息接收者,而是信息选择者、创造者和二次传播者,其主体性大大增强,因此公益广告文案不能再居高临下,而应了解受众心理需求,以平等的视角、受众喜闻乐见的方式,与其进行真诚的沟通和交流,重在呈现,引导受众独立思考,而非直接给出强硬的结论。

【案例评析】

中央电视台公益广告《再一次为平凡人喝彩》

中央电视台公益广告《再一次为平凡人喝彩》,通过跳高运动员、漫画爱好者、兼职学生、藏区医生、山区教师、芭蕾舞者等十个平凡的普通人生活中经历的挫折,让人们看到他人并不比你轻松分毫,在你面对挫折想要放弃的那一刻,对自己说声"再来一次",结果可能会大不一样。广告文案以画外音的方式表达着这些普通人的心声,犹如每一个受众对自己的倾诉。当画外音说到"成功与否并不重要,因为这不仅仅是为了自己。这个民族只会越挫越强,这个世界永远欣赏每一个敢于再来一次的人"时,个人的角色被赋予了更深重的责任,但从个人励志上升到民族兴衰,并没有出现"天下兴亡,匹夫有责"之类的硬性口号,感觉自然不造作,让人在不知不觉中意识到努力、奋斗对自己、民族和国家的意义。

《再一次为平凡人喝彩》文案

生活没有彩排,人生也没有彩排。

总会有些时候,满心期待换来的是失望或者是不体谅。

环顾四周,似乎只有你自己在徘徊。

努力了好像还是看不见希望。

你甚至一度认为,没有人比你更加不如意了。

渐渐的,你会开始不自信,不勇敢,不愿向前。

然而,每当这个时候,你都能在心中听到一个声音,清晰可见:再来一次。

当生活的哨声响起,再一次,选择责任与担当;

再一次,为成长积蓄力量;

再一次,只为追逐的梦想更近些;

再一次,为了更多人能分享阳光;

再一次,相爱在通往年轻的路上;

再一次,坚守心中的完美。

这一刻,每个平凡人,旧的自我离开,新的自我诞生。

成功与否并不重要,因为这不仅仅是为了自己。
我们总会在逆境中汇聚起再一次的能量,
这个民族只会越挫越强,这个世界永远欣赏每一个敢于再来一次的人。
再一次,为平凡人喝彩!

(五)以小见大,浅入深出

公益广告传播的内容事关社会公众利益的某种观念和价值取向,通过广告表现手段和艺术魅力对社会大众产生教育作用,具有社会性和大众性的特点,因此广告文案应从小处入手,以小见大,或直接提倡观念,或巧用修辞含蓄表达,或揭示本质、鞭辟入里,或轻松幽默、寓教于乐,让抽象的观念浅显易懂,让广告表达浅入深出。

如中央电视台得蛙蛙系列动画公益广告,从生活中常见小事入手,用幽默的表现手法、简短上口的广告口号,向公众传播文明行为规范和礼仪,颇受喜爱。

占用急行道,危险滚滚来。(《得蛙蛙文明旅游版滚梯篇》——文明乘坐电梯)
随意攀爬,失足则成千古恨。(《得蛙蛙文明旅游版野人篇》——文明旅游)
有礼,不要声高。(《得蛙蛙文明旅游版喧哗篇》——公共场所勿喧哗)
你拍一,我拍一,珍贵文物在哭泣。(《得蛙蛙文明旅游版偷拍篇》——博物馆勿拍照)
排队,排才对。(《得蛙蛙文明旅游版排队篇》——文明排队)
吸烟不避人,德行如烟散。(《得蛙蛙文明旅游版吸烟篇》——公共场所勿吸烟)

(六)指出行动的方法

公益广告的目的不仅要传播正确的观念和价值,更要引导公众采取实际行动,因此公益广告文案如能在清晰表达公益观念的基础上,告诉受众如何落实观念,公益广告的意义才能真正体现。前述《新二十四孝》就为新时期公众提供了尽孝心具体可行的建议,如"每周给父母打个电话""教父母学会上网""陪父母看一场老电影""带父母去旅行或故地重游"等,对受众来说更具有实际指导意义。

关爱帮助社会弱势群体是每一个人应该做的,但是很多人往往并不知道如何才能帮助他们,所以当农夫山泉提出"每喝一瓶农夫山泉,就为贫困山区孩子捐出一分钱"时,得到了广大消费者的积极支持,因为消费者找到了可行的途径,公益广告也应如此。

2014年5月,腾讯微信推出"为盲胞读书"(见图4-43)产品及活动,利用语音识别技术,邀请微信用户每人捐献一分钟,合力为视障群体读书。微信用户只要进入"为盲胞读书"的微信账号,可以在"名人领读""愿望书单""众人合读""感恩反馈""邀请朋友参与"等多种功能版块,通过语音功能朗读由系统推送的一段文字,或者随手拿起手边的书朗读自己喜欢的段落,微信后台则把这些语音文件收集起来制成有声书,提供给盲胞收听。活动推出后,21位名人自愿成为领读者,在社交网站响应和号召的名人超过50位;捐献平台拥有57万声音捐献者,每天收到超过10万条语音捐献,3个月完成112本有声书;第一批100本有声书送达全国100所盲校,超过10000名视障儿童获取有声书;官网及公众号线上有声书收听累计超过3000000人次。该项目也获得了"第三节中国广告年度数字大奖"的银奖。"为盲胞读书"项目正是针对当前受众的信息接触特点,让人们在排队的时候、等公交的时候、想说话的时候,随时随地,打开微信就能参与公益行为,为其提供了便捷的公益行动途径和方式,大大提升了公益活动效果,让公益观念真正落地。

图 4-43 腾讯"为盲胞读书"公益活动

【本章小结】

  本章主要论述了公益广告创意的概念、原则、创意过程与思维方法,公益广告的构成要素、诉求方式与表现手法,公益广告文案的结构、语言特点及写作要点。公益广告创意在过程上与商业广告相似,也是对特定主题的艺术性表现过程。创意时需要遵循思想性、原创性、简明性、人性化、互动性等原则,经过收集资料→消化资料→创意构思→创意实施等基本环节最终完成广告作品。公益广告通过语言文字、图像、音乐和音响等要素将抽象公益理念具象化,以情感为诉求,运用对比、拟人、夸张、联想、置换等多种表现手法艺术化表现广告创意,使广告易于理解,富有吸引力和沟通性。作为公益广告主要信息载体的文案也具有其自身的特点:结构上多为不完整型,广告标题和口号经常合二为一,语言简洁富有情感,善用修辞技巧等。公益广告文案创作时要注意以下方面:与时俱进,反映社会热点;与传播媒介特征相符;选取贴近生活的素材;针对受众心理,换位思考,多对话,少命令;小处入手,以小见大,让公益观念浅入深出;更重要的是为受众提供有效的行动方法建议。

【思考题】

1. 公益广告创意的原则有哪些?
2. 尝试用一种创意思维方法,创作一则"关注大学生心理健康"的主题公益广告。
3. 收集3~5个公益广告,试分析其使用的创意表现手法。
4. 公益广告文案的构成要素及特点是什么?
5. 整理20个左右公益广告文案,分析其结构特点及语言修辞技巧。

第五章 传统媒体公益广告

【学习目标】

1. 掌握和了解报刊公益广告的发展现状和设计要点。
2. 了解广播公益广告的声音元素及其作用。
3. 了解中国电视公益广告的特点、优势及存在的问题。
4. 掌握电视公益广告的脚本创作方式及编辑风格。
5. 了解户外广告的发展趋势。

"传播学之父"施拉姆曾说,大众媒体具有传播社会主流价值的功能。中国政府对报刊、广播、电视等传统媒体公益广告的刊播率有明确规定,在客观上体现出传统媒体作为公益广告主要发布者的重要地位。传统媒体除了为公益广告提供广告时间段、版面之外,还更多地承担了组织策划、创意制作公益广告的重任,是中国公益广告策划和创作的主体力量之一。特别是在新媒体环境下,受众获取信息的渠道日益多元化,信息良莠不齐,导致了社会各阶层认知的分化。传统大众媒体更应充分发挥其与生俱来的舆论引导优势,大力传播公益广告,倡导正确、主流的价值导向,形成社会各阶层的广泛共识。

第一节 读图时代的报刊公益广告

在中国,报刊公益广告历史较为悠久。中国报刊公益广告的现状如何?同国外的报刊公益广告发展相比有何不同?报刊公益广告的主题包括哪些?它们分别有什么设计要点?文化对报刊公益广告有何影响?报刊公益广告有什么成功案例?这些问题都是本节所要阐述的内容。

一、中国报刊公益广告的现状

报刊公益广告制作成本低、制作周期短,传达的信息简洁明了。尽管与电视相比,报纸缺乏动态的影像合一,但报纸公益广告几乎可以渗透到社会的各个细分群体,其可信度排名第一。而杂志为公益广告的格调和表现手法提供了另一种表现的舞台,其权威性、可信性以及形式特点,使其更适合发布那些制作精美的有知识深度和意义深度的公益广告。

报刊新闻具有真实性和可信度,对贫困和弱势群体的新闻报道往往能引起读者的捐助行为,这一点可以和报刊公益广告进行良好的结合。在信息泛滥的时代,公众对信息真实性的怀疑及对广告的防范心理使报刊公益新闻更具公益广告的潜力。一般情况下,报刊公益广告的创意不需要很多文字，只需要使用独特的视觉效果和特有的创意，用图片以及少量文字等简单元素将广告所要表达的意思传达出来即可。随着经济和技术的发展，报刊公益广告的制作质量也在不断提高。

一般来说，中国的报刊公益广告都是政府部门倡导，或由社会组织、媒体自主发起的。当前国家对报刊公益广告给予了大力支持，为其发展提供了保障，中国报刊公益广告得到长足发展，并具有独特的中国特色。例如，配合党和政府的中心工作开展的宣传，在政府重点关注的下岗再就业、希望工程等这些浩大工程中，中国的报刊公益广告发挥了重大作用，唤醒了整个国家和民族的忧患意识。2008年汶川地震成为引起全国关注的重大事件，报刊公益广告再次引发全国人民众志成城帮助灾区人民重建家园的热潮。围绕这个主题，传统报刊在短时间内推出了大量的公益广告，几乎所有报刊在地震发生第二天，头版都变成了黑白套色，并且配以整版地震相关的图片和公益广告。公益广告以如此高的频率和密度出现，在报刊公益广告宣传的历史上是绝无仅有的。但是各个广告大赛中涌现出的大量优秀报刊公益广告作品，除了少数在广告专业刊物上刊登外，大部分并没有与公众见面。因此，根据《中华人民共和国广告法》，国家新闻出版广电总局2016年1月15日颁布了84号令《公益广告促进和管理暂行办法》（以下简称《办法》）。《办法》规定：中央主要报纸平均每日出版16版（含）以上的，平均每月刊登公益广告总量不少于8个整版；平均每日出版少于16版多于8版的，平均每月刊登公益广告总量不少于6个整版；平均每日出版8版（含）以下的，平均每月刊登公益广告总量不少于4个整版。省（自治区、直辖市）和省会、副省级城市党报平均每日出版12版（含）以上的，平均每月刊登公益广告总量不少于6个整版；平均每日出版12版（不含）以下的，平均每月刊登公益广告总量不少于4个整版。其他各级党报、晚报、都市报和行业报，平均每月刊登公益广告总量不少于2个整版。中央主要时政类期刊以及各省（自治区、直辖市）和省会、副省级城市时政类期刊平均每期至少刊登公益广告1个页面；其他大众生活、文摘类期刊，平均每两期至少刊登公益广告1个页面。

中国的报刊公益广告同发达国家相比，不仅在"量"上少，而且设计风格也不够多元化。目前中国尚未形成非常完善的报刊公益广告运行机制，公益广告在资金投入、资金保障体系等方面仍有一定困难。在设计创作方面，报刊公益广告很大程度上依靠报刊媒体、广告公司或少数企业的短期投入，其设计风格和理念无从谈起。此外，由于现在报纸的阅读量和传播力度有限，在进行大型公益广告传播时，会出现连续性不强、传播错时等问题，难以承担较大的公益主题。比如"环保"这个主题，需要报刊媒体坚持不懈，慢慢深入人心，才能发挥公益广告真正的作用。在选择报刊作为公益广告的传播载体时，应尽量保持公益广告的连续性，在同一位置进行相同主题的反复宣传，提高公益广告的效果。

二、报刊公益广告的设计要点

作为社会教育的一种手段，报刊公益广告的影响力和产生的社会效益都是巨大的，它对于塑造人类心灵、创造人类精神财富以及促进社会文明进步，都产生深远的影响。因此，应调动社会各界的积极性，形成不同的报刊公益广告设计风格，在设计上更具有人情味，更加关注社会问题,发挥其应有的社会引导和教育作用,使报刊公益广告能够更好地展示自己的魅力。

(一)不同主题的报刊公益广告设计

报刊公益广告涉及人们生活的方方面面,社会、政治、文化、教育等都是公众所普遍关心的话题,也都是报刊公益广告的宣传主题。总体而言,报刊公益广告可分为文化主题、教育主题、环保主题、和平主题和反腐主题,其设计要点也根据报刊公益广告内容的不同而有所差异。

1. 文化主题报刊公益广告设计

文化主题的报刊公益广告要重视传统文化与现代文化的融合。一些传统的中国艺术元素有着特定的意义,例如,牡丹象征富贵,松鹤代表长寿,将中国特有的文化元素融入公益广告,可形成中国现代报刊公益广告的设计新理念。但这种融合不是盲目抄袭古代文化的精髓,凭空搬用,而是要将中国传统的文化元素中所蕴含的精神方式与审美内涵转化到现代的报刊公益广告设计中,使得传统文化更符合现代审美。

例如2009年中国元素创意大赛图形类金奖作品《山水系列水墨画(污染篇)》(见图5-1),画面中,远看是一幅普通的中国传统水墨山水图,但是细看则会发现,山不绿、水不清,处处都是电线杆、煤矿等现代工业的身影。而右上角的"山非山,水非水"的书法题词,更是对工业污染的无奈感叹,再配以"禁止"形状的图章,构成了一幅别具风格的古典山水图。作品是对已有中国传统文化元素组合的巧妙运用,在顺应受众审美习惯的同时,顺利传达广告的主题信息,唤起人们保护自然的意识,可谓独具匠心。

图5-1 环境保护公益广告《山水系列水墨画(污染篇)》

2. 教育主题报刊公益广告设计

在设计教育主题的报刊公益广告时,要注意对情感的定位。报刊公益广告的情感定位一般需要有同情和悲情的表达,因为人都有同情弱者的倾向,这能够较强地触及大众心理,从而做出行为上的改变。如果引发同情的刺激源(某个人或某种事物)与受众个人有某些相似之处,这种由同情引发的情感还能被放大。这一方法在教育主题的报刊公益广告中被广泛应用,通过某种设计要素来激发人们的同情心,达到驱动受众产生"帮助行为"的目的。经典案例可参见后文的希望工程助学公益广告(见图5-7)。

3. 环保主题报刊公益广告设计

虽然社会经济发展不断加快,但人们生存的自然环境越来越差,水土流失、沙漠化、泥石流等灾难频发,雾霾严重。这些环境问题都给社会大众的生命和财产造成了严重威胁,受到公众的广泛关注。近些年,中国的报刊公益广告从来都没有离开过环保主题,"联想"和"拟人"是这类广告运用的典型手法。联想是由一个事物想到另一事物的心理过程,是审美过程中的一种心理活动,同时也是一种扩展性的创造性思维活动。当某个事物被提出时,人们会随着这个视觉形象的闪现,迅速与另一事物的相似点或相反点自然地联系起来,产生一系列的联想。"拟人"手法主要是让动物或植物以人的口吻"抗议"环境恶化造成的后果,表明了保护环境刻不容缓。

世界自然基金会(World Wide Fund for Nature,WWF),是享誉全球的最大的独立性非政府环境保护组织之一,它在保护世界生物多样性、遏制地球自然环境恶化及推动降低污染等方面发挥着极其重要的作用。其不断更新的公益广告已经成为传播环保理念和提升公民意识不可或缺的内容和途径。图5-2通过一个巨大的水桶倒入河中,就直观地表现出了水资源污染的严重性。图5-3则表达了当全球变暖破坏了动物赖以生存的地方,它们就和街边的流浪汉一样无家可归。公益广告背景以黑色、灰色为基调,北极熊倚躺在凌乱的街道上,背靠着满是污迹的门,身边到处是废墟、垃圾。它正注视着自己黑色的熊掌,目光坚定,像是在质问为什么雪白的熊掌变成黑色,又像在思考该如何生存,这种神态体现了北极熊的心声,触及了人类的心灵,表现出全球变暖给地球上的动物以及所有生灵带来了巨大灾难。此外,广告中的红色和

图5-2 世界自然基金会关于水污染的公益广告

图 5-3　世界自然基金会关于全球变暖的公益广告

绿色英文标语"YOU CAN HELP. STOP GLOBAL WARMING",与背景的黑色、灰色形成强烈反差,使受众印象深刻。

4. 和平主题报刊公益广告设计

德国设计师拉姆斯认为,设计的首要任务就是清除社会的混乱,和平主题报刊公益广告对推进人类和平有着巨大的积极意义。在和平主题的报刊公益广告设计中,设计师常常会用自己的语言对互相战斗的双方进行劝说和感化,希望他们能够化干戈为玉帛,一起创建一个和平的生存发展空间。在艺术表现方面,和平主题的报刊公益广告多采用幽默、隐喻的表现手法。

炮弹和和平鸽都是和平主题报刊公益广告常用的元素。图 5-4 这则公益广告构图简约,

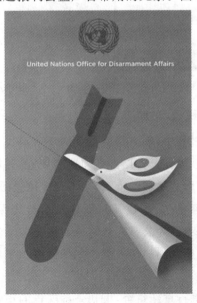

图 5-4　2016 年联合国和平主题海报竞赛获奖作品

以蓝色为主,只有炮弹和和平鸽两个主要元素,蓝色是联合国的代表色,和平鸽化为一把剪刀代表和平,将纸上的炮弹剪为两半。广告减掉与画面无关的杂乱要素,将视觉信息精简到极致,用高度概括且内涵丰富的视觉元素予以传达,使所要传达的主题思想"和平必将赢过战争"更加突出。广告的视觉中心是公益广告主题的浓缩,也是公益广告所要传达思想的精髓。

5.反腐主题报刊公益广告设计

反腐倡廉是近年来受到广泛关注的一个主题,在众多报刊公益广告中,这个主题均有所体现。反腐倡廉主题的报刊公益广告大多运用老百姓熟悉的形象,警示贪污腐败分子。例如图5-5将"廉"字的部首"广"化成一顶官帽,借助想象,采用异质同构的造型手法,用图形变换、文字提示将这些元素组合在一起,从而赋予"警示"的意义。图5-6则借助直白鲜亮的画面体现一种紧张的氛围,使受众产生震撼。

图5-5　报刊公益广告《廉洁从政,为官之道》　　图5-6　报刊公益广告《防微杜渐,反腐倡廉》

(二)重视视觉形象和视觉语言

在报刊公益广告的设计过程中,创意是最重要的环节,可以说"创意是公益广告的灵魂"。首先在设计风格上要重视原创性。公益广告必须要有新意,否则时间长了,老调重弹,受众习以为常,这样的公益广告不能引起足够的重视,达不到传播意图和传播效果。报刊公益广告的创意体现在创作者对创意元素的选择,以及对创意元素与其要表现的事物之间联系的阐释。创意对报刊公益广告十分重要,因为公益广告的目的是要求公众积极接受社会观念、解决社会问题,同时找到一个能产生情感共鸣的切入点。如果创意水平低,缺乏震撼力,则无法抓住受众心理,使其产生情感共鸣。

创意是对已存在的元素进行重新组合,报刊公益广告的视觉冲击力就是利用这些元素的组合产生的,对生活常见的事物进行排列组合,通过找到事物的内在关联组成一个受众认同的事实。这既要求创作者有深厚的专业知识,也需要有敏锐的社会洞察力和强烈的社会责任感,发现社会问题并意图去解决它。只有找到的问题是人们心里所想的,才能对受众产生强烈的震撼。

公益广告要以公众的利益为出发点,与公众站在同一立场,在"情"字上做文章。目前中国正在努力全面建成小康社会,人们不再单纯对物质进行追求,而是更多地追求心理满足和精神生活。在制作报刊公益广告过程中,应采用与受众易产生情感共鸣的交流方式,将思想融入视觉形象中,在传播过程中使受众的感官先受到刺激,其次触碰内心,从报刊公益广告的形象中深刻理解广告主题。

除了视觉形象外,在报刊公益广告的设计中,将专业的语言转化为通俗易懂、大众容易接受的语言,也需要巧妙的构思。通过选材以小见大,通过广告文案引发受众的无限遐想,更能体现视觉语言的美妙之处,对公益广告产生更深刻的感悟。在这一过程中,则需要创作者对生活的观察、感悟和对中国特色语言文化的深刻理解。

(三)文化对报刊公益广告设计的影响

对于设计而言,文化是基础,设计的竞争背后实际上就是文化的较量。报刊公益广告是民族文化的窗口,它所体现出来的价值观念、伦理道德、行为规范、民情习俗以及审美趣味等都有着民族文化的身影。中华民族文化源远流长,哲学、艺术、文学作品、民俗风情等都为现代报刊公益广告的创作提供了丰富的养料。将中国传统文化巧妙地运用到报刊公益广告的创作中,采用人们喜闻乐见的内容和手法,以其巨大的感性冲击力作用于受众感官,这种方式如果发挥得好,就可以起到类似民间的风俗习惯那样的作用,以"约定俗成"的方式,来引导人们的社会行为。

在报刊公益广告设计中既要有传统的、民族的元素,同时也必须融入流行的、时尚的概念,这才能符合时代的要求。中国的公益广告和西方国家的公益广告相比,缺乏的是一种真正受时代召唤的公益广告语言。中国的报刊公益广告很大程度是靠文案来解决,然而报刊公益广告最好能够不用语言,让图形语言来说话。当前已经进入"读图时代",文字的表达越来越趋向简洁,具有视觉冲击力的图形逐渐成为主角。图形可以打破地域的隔阂,突破语言的障碍,在设计上成为一种国际通行的语言。中国的报刊公益广告,应该有意识地挖掘时代特色,结合当代流行的设计方法,让报刊公益广告在不同的时代背景下能够承载与其相适应的理念和思想,这是中国报刊公益广告的努力方向。

【案例评析】

希望工程助学公益广告

说到希望工程,人们总会想起的是那双大眼睛。这是报刊公益广告中一个非常著名、成功的案例。1991年5月,7岁的苏明娟是张湾小学的一年级学生,《中国青年报》摄影记者解海龙到金寨县采访拍摄希望工程,跑了十几个村庄,最后来到张湾小学,拍摄了一张正在上课的苏明娟的照片。画面中,一间破败不堪的瓦房里,一个身体单薄的小姑娘手握铅笔,一双大眼睛看着镜头,图片的一侧写着"我想上学"四个字。这双被摄入镜头的眼睛特别能代表贫困山区孩子对知识的渴望、对学校的憧憬。从社会效果来评估,这幅公益广告堪称经典之作,帮助相关机构非常成功地实现了当初的意图,这也可以说是对"一图胜千言"理念最生动的佐证。从那以后,这双"大眼睛"成为中国希望工程的宣传标志,苏明娟也随之成为希望工程的形象代表。这幅平面公益广告通过摄影手法,成功地传达了平面公益作品的创作意图,在情理上,取得了人们的信赖,增强了广告诉求的可信性;在心理上,缩短了广告与受众之间的距离,具有强烈的说服力。

图5-7 希望工程助学公益广告

【案例评析】

"粉红丝带"系列公益广告

注意力也是竞争力,能否被人看到,能否引人注目是广告设计成功与否的首要条件。若要引人注意,最重要的是第一感觉。只有实现了"广而告之",只有说服了尽可能多的受众,公益广告的社会效益才能够得以彰显。从这个意义上说,公益广告需要像商业广告的创意和设计那样来想方设法吸引受众的注意,通过视觉美学创新提高自己的被关注度。

平面摄影致力于在二维空间内准确传递鲜明、直观的视觉信息,平面摄影作品运用得当可事半功倍地将广告主题予以形象化表现,不仅能够深化公益广告作品的思想性,提高艺术感染力,同时还能够放大其美学张力,提升其美学内涵。2003年10月《时尚健康》作为"粉红丝带运动"的发起者与雅诗兰黛集团一起将"粉红丝带乳腺癌防治运动"引入到了中国。从2005年开始,"粉红丝带"系列公益广告每年都通过邀请最具社会影响力的明星拍摄"粉红丝带"主题摄影,以不同方式表现女性身体之美,唤起大家对防治乳腺癌的关注。该系列广告无论从明星效应、话题性还是视觉效果方面来看,都有上佳表现。

"粉红丝带"系列公益广告充分利用了明星效应,善于用个性化设计语言为摄影图片赋予准确的公益理念。2005年,李冰冰、钟丽缇和邬君梅全裸出境,表现出"女性的美丽与健康同在",分别展现了女人20、30、40岁的最好状态,她们是国内最早全裸为"粉红丝带"代言的女星,引起极大轰动。2006年,吴君如、蒋勤勤和伊能静联袂代言,主题"爱乳房、爱生命",充分展现了女性身体的美丽。2008年正值北京奥运年,《时尚健康》特别推出了双封面,邀请了跳水运动员郭晶晶进行拍摄。郭晶晶成为首位登上封面的运动员。2012年,蒋雯丽、陈数和白百何强调女性面对自己的"勇气",以实际行动传递"粉红丝带"乳腺癌防治信息,同时首次借助鲜花的装点来突出女性的妩媚。2016年惠若琪、宋茜、马伊琍和王凯共同提出"粉爱她,关爱她"口号,关注女性健康。王凯作为单独登上"粉红丝带"封面的男星代表着女性的健康需要女士和男士的共同关注。

设计报刊公益广告,不同于纯艺术创作,其核心意图在于向受众传达某种理念,而不仅是为受众带来视觉审美享受。但是,设计师在设计实践中却不可忽视对视觉美感的极力追求,原因很简单:人们不仅不会过多关注缺乏美感的广告,甚至还会对其逃避,这又如何发挥公益广告的社会效益?因此,优秀的公益广告作品首先必须具备丰富的视觉美学品格,以此为基础才能营造出艺术感染力,高效地实现既定传播意图。《时尚健康》的"粉红丝带"系列公益广告在十多年的发展中,在影响力、话题热度等方面一直居高不下,与广告所选图片强大的艺术感染力和丰富的视觉美学有很大关系。摄影美学与广告美学、传播美学的深度渗透与广泛融合,为现代报刊公益广告开辟了广阔的创意空间和新的设计语言。

第二节 以声音净化心灵的广播公益广告

声音是广播公益广告的基础和精华,广播公益广告通过语言、音乐和音效等声音元素营造出一种广阔的想象空间。语言在公益广告中可以明确表达创作者的创作意图,音乐和音响则作为广告服务的辅助手段表情达意,为广告内容的传播起到烘托气氛和情感的作用。随着传播环境的变化,广播公益广告的传播主体更加多元化,受众目标更加明确,传播平台也更加多样,其创作思路也应该不断优化,充分运用声音的三元素,充分发挥广播特点,努力挖掘声音里的真、善、美,同时做到贴近生活、富有时代气息,弘扬积极向上、有益于社会、有益于大众的价值观,才能真正增进受众认同,使其受到感染和启迪。

一、广播公益广告中的声音元素

广播是声音元素的集合,声音元素明白直接,但又给听众留有一定的想象空间,让听众通过语言产生联想从而形成画面。广播公益广告利用语言、音乐、音响等多种声音表现手段,营造出一种广阔的想象空间。"感人心者,莫先乎情",这也是广播公益广告的魅力所在。充分发挥语言、音乐、音响的优势,将广播公益广告的主题准确传达出来,并做到以声传情,以情动人,是创作广播公益广告的挑战之所在。好的广播公益广告在运用声音元素的过程中,要有能力做到对丰富的声音元素进行挑选,以某种元素为主,甚至敢于通过"留白"达到"此时无声胜有声"的境界。

(一)语言元素

广播公益广告的声音分类方法一般是将作品的声音元素分为语言、音乐和音响三部分。在这三个元素中,语言是最重要的。它不同于音乐、音响,直接体现出广播公益广告的创作意图,将广告的内容明确地传达给听众。通过感情色彩的变化,广播公益广告中的语言元素能够以情表意,使信息与听众相连相通。据统计,中国的广播公益广告中,语言声音以男性为主,且主要是中、老年男性,其形象多是正面的,代表社会中的权威和地位,承担提供信息和答疑解惑的任务,展现公益广告积极正面的主题,增强号召力。广播公益广告中的女性多是温柔的、甘于奉献的传统女性形象,多表现为母亲、女儿、妻子等家庭角色,给人温暖、亲切的感觉。不同于报刊公益广告和电视公益广告大量使用明星作为形象代言,广播公益广告很少使用明星的声音,因为明星的语音并没有超高的辨识度,反而一些行业内的专家和成功人士在公益广告中表明身份更具有权威性和可信度。

(二)音乐元素

音乐可以通过旋律和节奏来表情达意,但不具备独立表达确切意图的功能,所以不能作为单独的元素传递公益广告的内容和信息。通常音乐元素作为辅助性手段,为公益广告的内容传播起到烘托气氛和情感的作用。音乐元素的类型多种多样,有的典雅,有的大气,有的激情……无论哪种音乐元素都应该为公益广告的主题服务。与语言内容、情感、节奏和谐一致的音乐,能够更好地表达广告意图,唤起听众的情感认同。现在的广播公益广告,经常借用流行歌曲尤其是说唱歌曲的形式,在几十秒内把更多的内容通过押韵的语句和强烈的节奏感表达出来,这样的形式更富有冲击力,传唱度高,传播效果更好,也更符合年轻听众的品位和习惯,已成为广播公益广告的一种形式。但这需要极高水平的作词和编曲,一般的公益广告创作费用难以负担。在公益广告声音与音乐的结合上也有一些比较固定的搭配,例如古筝或古琴的音乐通常与老年男性的语音同时出现,以求展现我们中国文化的博大精深、源远流长。为了表现出女性的温柔和亲和力,背景音乐配以典雅温柔的歌曲,这也符合中国传统文化对女性贤妻良母的这一角色的要求。

(三)音响元素

音响在广播公益广告中也是非常重要的元素,它也是为广告主题服务的一个重要辅助手段。音响元素是广播公益广告中涵盖面最广的声音元素,一切能被感知到的声音都可以包含在音响的范围内,如动物声(鸡鸣、犬吠、狼嚎、虎啸等)、机械声(火车在铁轨上的运行声、轮船的汽笛声、车的发动机声等)、大自然中的声音(流水、刮风、下雨等)、日常生活中的声音(脚步声、笑声、电话铃声、读书声等)。音响在广告中能烘托环境,增强逼真性,具有代表性的音响能把听众带入特定的场景。如在保护环境、爱护树木相关的公益广告中,使用森林中鸟鸣、电锯砍伐树木、鸟兽四散等音效,可以使人有身临其境之感并体会到破坏环境的严重后果。鸟鸣、水声和笑声也是公益广告中经常出现的音响元素。鸟鸣与女性的语言声音高度契合,可表达出女性的温婉、抒情、可爱等特点。在儿童语言为主要声音元素的广播公益广告中,一般都会有活泼音响元素进行配合,比如笑声,体现出儿童的活泼、天真、伶俐的特点。生活中处处都有标志性的音响元素,这要求公益广告的创作者在生活中处处要留心,有一双会发现的耳朵。

二、新传播环境下的广播公益广告

在新的传播环境下,媒体种类众多,人们日常接触信息的渠道和方式日渐多元,任何单一的公益广告传播方式都无法达成强大的传播效果。广播公益广告面临着传播者和受众间的界限越来越模糊、传播渠道越来越多样等诸多变化。

(一)传受界限模糊化

在传统广播公益广告传播过程中,社会大众的传播渠道较少,完全依赖于高度组织化和专业化的广播媒体,同时广播媒体也较少,传播模式单一,广播公益广告只需对其受众的媒体选择倾向进行简单的分割,选择相应的广播媒体发布广告就能获得稳定的听众。现如今的新媒体时代,新媒体与自媒体快速发展,信息传播的速度和广度都大大增加,传播主体不再局限于传统的高度组织化和专业化的广播媒体,传播主体更加多元化,任何社会个体都能自由地获取信息并成为传播主体,社会个体信息发布的权利以 UGC(user generated content,用户将自己的原创内容发布在互联网平台进行传播)的形式得到体现。社会个体对广播的收听也不局限于时间和空间,出现了碎片化的广播媒体景观。新媒体环境下,广播公益广告可以借助传统广播媒体进行公益广告传播,也可以通过集聚起来的自组织进行传播,扩大广播公益广告的传播范围。

(二)更有针对性的广告投放

传统公益广告大多以政府为主导传播价值观,具有鲜明的意识形态烙印。在新的传播环境中则应充分考虑传播环境特点、传播目标受众的需求,使内容更加接地气,贴近受众生活。比如,在工作日的早高峰时段,广播受众大多为开车上班的人,这一时间段在交通台播放以安全驾驶或绿色出行等为主题的广播公益广告,传播效果肯定好于宣扬其他内容。此外,通过大数据来分析受众的媒体接触行为,可以帮助公益广告进行更有针对性的播放,提高广播公益广告与受众的契合度。例如,针对校园学生群体,倡导捐赠旧书或者支教等公益活动,除了通过校园广播播放公益广告外,还可以通过社交软件或者校园贴吧来进行传播。针对运动、健身爱好者播放的绿色出行的公益广告,则可以通过运动类 App 在其运动过程中进行传播。

(三)整合多种传播渠道

新的传播环境对广播公益广告的传播带来挑战,同时也为其带来了新的契机。在新媒体环境下,想要增强传播的效果,广播媒介必须改变传统的媒介传播方式,整合传统媒体、数字媒体等渠道,进行媒体整合。首先,任何一种媒体都不可能覆盖广告的全部目标受众,各种媒体在覆盖范围上都有各自的局限性,巧用媒体组合,可延伸广告的覆盖面,有效地提升广告传播的广度。其次,媒体整合可产生重复效应。媒体整合后覆盖对象也会有所重复,这样可让部分受众的广告接触频次增加,加深对广告信息的记忆,形成广告传播的深度。再次,使用媒体整合可产生互补效应。各种媒体在广告信息传达上具有自身独特的特性与功能,以两种或以上的媒体传播同样的广告内容,对于媒体自身而言,可取长补短、相得益彰,对于受众而言,广告效果可相辅相成、互为补充。对广播公益广告的传播路径进行整合可以从以下两点着手:一是要努力提高广播传播媒介的公信力优势,引导正确的社会舆论;二是要合理整合数字广播的社会传播优势,做好广播公益传播。通过多种形式的广播渠道融合,可确保广播公益广告在最大限度上覆盖目标受众的接触度,实现传播效果的最大化。

三、广播公益广告的创作思路

在公益广告相关政策支持已经具备的情况下,既要促进广播公益广告数量的增长,也要促进其质量的提升,既要使其传播广泛,也要使其影响深远。同时,如何保证广播公益广告更加深入人心,在传播社会主流价值观的同时能更好地引领社会风尚,这都是在广播公益广告的创作中需要思考的问题。广播公益广告的创作思路应围绕广播公益广告是什么、广播公益广告说什么以及广播公益广告怎么说,即广播公益广告的实质、创作主题、创作思路优化等方面来进行思考。

(一)广播公益广告的实质

在理解广播公益广告的时候,要用两个标准对其进行衡量,即"广告性"和"公益性"。首先公益广告是一种广告形式,是一种有目的有计划的信息传播手段,因此,公益广告需要在短时间内向广大公众传递某个信息、某种理念和某个思想去说服和引导广大公众。所以,广播公益广告应该在策划创意的阶段就遵循广告的创作规律,简洁精炼、朗朗上口,体现出明确性、精准性、大众性等特点。在近两年的广播电视公益广告扶持项目评选工作中,有些机构报送的一些5~10分钟的系列"道德故事""成语故事""历史故事"等作品,虽有部分内容具有一定的公益性,但广告的特征并不明显,更多属于公益专题节目范畴。广播公益广告作品只有触及受众心灵、增进受众认同,才能真正把公益理念传递到人们心中,使之受到感染和心灵震撼,得到启迪,进而引导人们的行为,其作品才具备强大生命力和持续影响力。

(二)广播公益广告的创作主题

在广播公益广告的创作主题方面,以中央人民广播电台所播放的公益广告为例,主要可分为五大类,分别是公民道德、生态文明、政治政策、社会民生和传统文化。公民道德又是其宣传重点,有超过50%的主题是宣传社会主义核心价值观和公民道德服务。而在国际公益广告的创作主题方面,中国海洋大学的李舒婕曾经在对1432组国际公益广告作品统计分析后发现,保护大自然的主题所占比重最高,达到了30%,排在第二和第三的主题是关爱弱势群体和健康问题(艾滋病、吸烟、酗酒问题),各自占到了22%[1]。中国广播公益广告和国际公益广告主题差异的背后是公益广告主导力量和公益广告创作应用思路的差异。中央人民广播电台的公益广告重视对公民道德、政府政策的宣传。这是因为在中国,中央文明办等各类国家机构经常会发起"讲文明,树新风"之类的公益广告活动,政府事实上成为中国公益广告最大的广告主,

---

[1] 李舒婕.开发人类的共同价值[D].青岛:中国海洋大学,2010:54.

中央人民广播电台以及中国大部分传统媒体均扮演着党和政府喉舌的重要角色,其所播送的公益广告主题体现国家意志,是国家宣传职能的重要实现手段。

(三)优化广播公益广告的创作思路

对中国广播公益广告创作思路进行优化,首先应该尊重中国广播公益广告的发展格局,其次从主题上来说,应该更加注重主题来源的多元化,更加关注具体问题。

第一,传播思路:从受众角度出发。从传播思路来讲,应从受众的角度出发。由于社会公众对公益广告的参与度较低,中国现阶段的公益广告传播普遍成为传播者的表达渠道,而忽略了受众的接受特点,并不都能取得良好的传播效果。因此,未来的广播公益广告制作应当自下而上发掘大众真正关心的问题,做到主题鲜明、导向正确、贴近受众、贴近生活、富有时代气息,只有充分认识受众的态度和期待,才能明白什么样的广播公益广告可以打动受众,什么样的传播方式受众可以接受,并能获得感染和启迪。

第二,创作思路:挖掘声音里的真、善、美。从广播公益广告的内容和形式的创作思路上讲,最重要的是要努力挖掘声音里的真、善、美。广播是听觉的艺术,在声音的选择上不能是泛泛的、说话者的形象定位不清的,而应该是有感染力的,对受众听觉有刺激的,有冲击力的。这样的声音越真实,则越有生命力。在广播广告的创作中,很重要的一点是"通感效应",受众通过声音,各种感觉相互渗透甚至产生挪移,将听觉能够转化为视觉、触觉。由于广播没有画面,听众只能听不能看,但这反而让受众有了想象空间。广播的镜头就是声音的选取,选择什么样的声音,就是在讲述什么样的镜头。例如,在中央人民广播电台广播剧《沙宝》中,表现一个男孩从幼年到少年的时间跨度,用的是孩子在树林里数树的声音的变化,"一棵、两棵、三棵"还是幼年主人公的声音,然后幼年的声音和少年的声音叠起来,"一棵、两棵、三棵、三十棵、三百棵、三千棵……"孩子已经长成了少年。这样的方式一定比旁白更能激发受众的想象,也能使作品排除声音干扰而更加完整。广播公益广告应该更好地从声音角度出发,正如莫言所说:"作家的思想没有直接表现而读者能感受,这是一种最好的境界。"

【案例评析】

广播公益广告《人生搀扶》

《人生搀扶》是一则以关爱生命为主题的公益广告。《人生搀扶》通过妈妈教幼年的女儿学走路和妈妈年老后坐在轮椅上,女儿鼓励并搀扶妈妈重新走路这两个场景的转换,将时间跨度延长至整个人生的两端,展现出"生命两端同样需要关爱"。一个短短60秒的广播公益广告,像一个微型广播剧,做到了"策划新颖、音响动听、对话感人",展现出了生命轮回的美丽旋律。

以下是广播公益广告《人生搀扶》的文案:

(音效:公园场景,鸟鸣、流水声)

青年女:宝宝往前走啊,来,迈腿,哎,一、二,好,往前走……

(音效:宝宝咿呀声、笑声穿插)

青年女:哎哟宝宝真棒!

(音效:钟声)

（音效：公园场景，鸟鸣、流水声）

（音效：轮椅声）

中年女：妈，别总在轮椅上待着了啊，我扶您起来走走吧。别着急，别着急，您先把胳膊搭我肩上，哎，然后再迈腿，好……

（音效：老人应答声穿插）

中年女内心旁白：妈，您扶我走出了人生的第一步，就让我扶您走完您的人生路。

中国已进入老龄化社会，对老人的关爱以及独生子女对父母的赡养问题非常突出，社会和媒体都在呼唤对老年人的爱，这则公益广告就做到了把对老人的关爱用美的声音表现出来。对成人尤其是对初为人父人母的年轻人群来说，孩子的声音是具有感染力和冲击力的。在《人生搀扶》的场景设计中，把视角延伸到了生命的两端：一端是学走路的孩子，一端是走路困难的老人。在场景的连接中，将两位主人公设置为同一对母女，前后相差几十年。在第一个场景中教宝宝走路的妈妈，到了第二个场景中已进入晚年，中风后终日坐在轮椅上，而第一个场景中那个学走路的宝宝经过时空转换，在第二个场景中已经到了中年。同一对母女，同样的搀扶，相同的场景，但不同的是搀扶对象互换了，让人听后有所触动。

在这则广告中，前后两个场景都采用了鸟鸣、流水声等的环境音。声音一出来，就让听众感觉身处一个小公园。几十年过去了，同样的环境音却产生了更强烈的效果：公园还是那个公园，但搀扶对象已经互换了。广告最后一句内心独白，使广告自如地交替使用叙述的角度，从客观描述到人物的内心世界，让中年女以自己的口吻说出了这句："妈，您扶我走出了人生的第一步，就让我扶您走完您的人生路。"这样的内心独白会比旁白更能激发听众的想象力，也排除了广告中其他非相关声音的干扰，使作品更加完整。另一个巧妙的创意则是两个场景转换时的衔接，这几十年一跨而过，创作者并没有用类似"几十年过去了"这样的解说，而是用钟声代替了解说，自然过渡。在这里，钟声代表了时间的流淌，意味深长。

【案例评析】

广播公益广告《海豚的世界》

《海豚的世界》以海洋馆这同一个场景中观看海豚表演这同一件事情，通过人所听到的和海豚所听到的这两个听觉角度再现，并通过同一个声音段落但差异极大的两种听觉感受的对比，使受众意识到海豚听觉的敏锐程度远远高于人类，人类给海豚的世界并不是真正属于它们的世界，呼吁人们从动物的角度出发考虑对其的关爱与保护。

《海豚的世界》这则广播公益广告的成功在于它的创意完全来源于声音，以听觉为第一考虑对象，把声音本身作为冲突点的引发。冲突起源于声音，付诸听觉，最终的呈现又将依托于声音。从广播的本源——声音——出发，核心冲突的源起与最终的情节呈现均依托声音的表达，文本的编写与后期的制作均依从矛盾的产生源头，即声音本身，使整个作品更能够发挥声音优势，从声音本质展开创意与表达并有着符合广播传播特点的呈现形式。《海豚的世界》的根本冲突点在于海豚的听觉比人类敏锐，在海豚表演时，现场观众发出的声音以及嘈杂的音乐都会对海豚的健康乃至生命产生危害。创作者为了找到相关理论支撑，参阅多篇论文，求证多位专家,使得在进行公益广告文案创作的过程中更加客观、严谨。

除了创意,《海豚的世界》在艺术表现和后期制作方面也达到了较高的水平。在声音采集方面,创意团队通过对环境声音的录制和模拟声音的叠加,听众会在听觉上达到逼真的效果。在旁白方面则使用了沉稳、客观的成熟男声,这样的声音也同广告情景中一对母子的声音做到明显区分,不易使听众混淆。

创意中设计的两个世界中,海豚听到的世界完全依赖于后期制作抽象出来,因为没有人听到过海豚的听觉世界。事实上,创作者并不是要真实地还原一个海豚的世界,所谓的海豚的听觉世界实际上是营造一种感受,即给受众一种听觉感受,使其听觉痛苦程度与反感度类似海豚在人类世界中所承受的听觉痛苦程度。这种痛感使受众对自己的所作所为感到厌恶,为人类带给海豚的痛苦感到愧疚。为了表现在海豚的世界里声音的响度很大,令海豚难以承受,在后期制作时,创作者将旁白和人类世界声音的音量降低,从一定程度上对比出海豚世界的响度更大。与此同时,在海豚世界中更多地加入高频声音,使听众觉得刺耳、烦躁。

在音乐的选择上,在表现海豚听觉世界的压迫感时,选用了紧张、低沉甚至略感压抑的音乐;在最后旁白道出主题的时候,伴随广阔的大海和海豚愉悦的叫声,选择了温暖且充满希望的音乐,同样形成了对比,更加烘托出两种不同的听觉世界的氛围。成功的广播公益广告作品在策划和创作中,会从声音出发,发掘声音的魅力,充分利用声音本身的特性,这样创作出的作品才是富有个性和魅力的广播公益广告。

以下是广播公益广告《海豚的世界》的文案:

旁白:每一个海豚馆里,都存在着两个世界。
一个是我们听到的:
(音效:海豚馆表演现场的嘈杂背景)
妈妈:孩子,看,海豚开始表演啦!
(音效:小海豚的吱吱叫声)
(音效:第一次跳跃)
(音效:观众反应)
男孩:海豚跳得真高啊!
(音效:小海豚第二次跳跃)
(音效:观众雷鸣般的喝彩)
(音效:小海豚的吱吱叫声增强)
男孩:(兴奋喊叫)妈妈,海豚正和我们打招呼呢!
(音效:欢呼声与海豚叫声渐隐)
旁白:另一个是海豚听到的:
(音效:一个与人类听觉反差巨大的声场重放)
妈妈:看,海豚开始表演啦!
(音效:小海豚第一次跳跃)
(音效:观众反应)

男孩:海豚跳得真高啊!
(音效:小海豚第二次跳跃)
(音效:观众雷鸣般的喝彩)
男孩:(兴奋喊叫)妈妈,海豚正和我们打招呼呢!
(音效:男孩的欢呼声与人群的欢呼声,扭曲成一种超高分贝的刺耳噪音,充满空间)
(音乐)
旁白:海豚听觉的敏锐程度远远超过人类。我们的每一次欢呼,对海豚都是一种伤害,使它们抑郁、生病,甚至自杀。
旁白:给海豚一个我们的世界,不如还它自由、静谧的海洋。
(音效:大海波涛声、海鸥叫声)
(音乐)
(音效:海浪声、海豚嬉戏声逐渐远去)
(音乐渐隐)

第三节 最具感染力的电视公益广告

从1986年贵阳电视台录制中国第一部电视公益广告《节约用水》算起,中国电视公益广告已经发展了三十余年。电视公益广告以实、真、精为基础,选题具有社会普遍意义,用新颖的创意吸引并打动受众。电视公益广告创作者的个性、受众的期待及其审美的多样性决定了电视公益广告的脚本创作要追求多样性,应充分考虑利用电视媒介的特性并借鉴其他艺术的优势,结合主题形成多样化的表现形式,这也使电视公益广告形成了不同的风格。

一、电视公益广告的现状

(一)中国电视公益广告的发展历程

1986年,贵阳电视台拍摄录制了中国第一部电视公益广告《节约用水》。电视画面(文字叙述):河水流淌、浪花飞溅,电视屏幕中出现"水"字特写,然后是人们日常生活和企业工业生产中用水的一组电视镜头,接着突然出现河流水落石出、湖泊水位下降的图像。此时,旁白说出全球性水资源危机和水与市民日常生活的休戚关系,最后荧屏上打出公益广告词:"请君注意,节约用水!"这条经过专业化创作的电视公益广告,被众多研究者认为是具有中国现代意义的首条公益广告。

1987年,中央电视台开设了《广而告之》栏目,在黄金时段播放公益广告。栏目宗旨是"通过提醒、批评、规劝,向广大人民群众传播各种有益于社会进步的思想、行为方式和道德准则,以改变人们的价值观和道德观,达到培育良好社会风气,促进社会文明与进步的目的"。《广而告之》栏目的出现引发了电视公益广告的"蝴蝶效应",电视公益广告从此迅速走进人们的生活,开始被人们所熟悉。《广而告之》栏目在中国电视公益广告发展史上具有里程碑式的意义,正式标志着中国电视公益广告的兴起,甚至国外媒体也认为它"标志着中国政府开始重视公益事业的宣传"①。

中国该阶段的电视公益广告,与美国、日本的运作模式不同,更接近于韩国的"媒体主导型模式"。参与公益广告制作和播出的大多为电视媒体。从中央到地方的各级电视台,都拿出广告时段,甚至是黄金时间的广告时段来播出公益广告。关于电视公益广告的播出时间问题,《公益广告促进和管理暂行办法》规定电视台按照新闻出版广电部门规定的条(次),在每套节目每日播出公益广告。其中,电视台在19:00至21:00之间,播出数量不得少于主管部门规定的条(次)。

在电视公益广告发展的很长一段时间里,政府是参与电视公益广告的唯一主体,影响着电视公益广告的制作、发布等流程。至今,电视公益广告仍是政府宣传的重要手段,带有浓厚的政治色彩,在主题上以政府的宣传意志为导向。尤其当国家近期有重大事件发生,或者要重点宣传某一主题时,电视公益广告的地位和影响力无可取代。例如,针对及时贯彻中央八项规定,围绕"厉行勤俭节约、反对铺张浪费"这一主题,中央电视台迅速播出了《餐饮浪费篇》《节约无小事篇》《珍惜粮食,反对浪费篇》等电视公益广告。

在出现热点事件或主题时,为了完成政府的宣传任务,电视公益广告的投放量非常集中,以求快速产生社会效应。在2007年,北京奥运会举行在即,政府部门高度重视,投入大量人力物力,为了让奥林匹克精神更好地在社会和民众之间传播,中宣部、中央文明办、国家广电总局、国家工商总局、新闻出版总署、北京奥组委等六部门组织开展了"迎奥运,讲文明,树新风"这一全国性的主题电视公益广告活动。中央电视台先后制作播出了《关注篇》《相信篇》《鼓掌篇》《曲艺篇》《心愿篇》《福娃篇》《社会名人篇》等紧扣奥运主题的电视公益广告,在各省、自治区、直辖市电视台的黄金时段予以播出,这样的集中投放让奥林匹克精神在民众间迅速普及。在2008年汶川地震后,中国广告界积极投入抗震救灾中,电视台也大幅降低商业广告的投放量,提高电视公益广告的投放量和覆盖面。根据CTR市场研究数据显示,"地震发生后电视媒体商业广告总花费减少了37%,而公益广告投放费用却增长了92%"②。

近年来,企业也在努力参与到电视公益广告中来,一方面是为了回馈社会,承担起企业的社会责任,另一方面,参与投资电视公益广告对企业本身也是一种提升,有助于企业品牌和形象的塑造。2008年奥运会前夕,哈药集团制药六厂投入2000万元与北京东方捷先广告传播有限公司共同制作了公益广告《爱心传递篇》,通过这种方式,哈药集团制药六厂的知名度有了大幅提升。不仅各大企业积极参与电视公益广告的创作投放,有实力的广告公司凭借自身的专业优势也投入电视公益广告的制作大军中,如北京未来广告公司制作的《有时间多陪陪孩子》《灯》《生活就是一部电视剧》《心在一起》等,在教化大众、传递正确的社会价值观的同时,也给受众带来温暖、和谐的心理体验。

---

① 陈奋翔.春色关不住——我国公益广告十二载巡礼[N].广告导报,1999-01-10.
② 崔保国,周逵.2008年中国传媒产业关键词[J].中国记者,2009(1):37.

(二)电视公益广告存在的问题

1. 创新不足,表现形式单一

尽管中国的电视公益广告已经经历了三十余年的发展,但其整体水平与国际一流水平还有较大差距。广告创意不足,缺乏感染力就是其中一方面。公益广告至今仍以政府为主导,这种自上而下的管理方式限制了公益广告的创意,在电视公益广告中,经常采用平铺直叙的方式进行阐述,表现形式单一,难以达到广告的预期效果。常常讲的是大家都耳熟能详的社会共识或热点,重复一件大家都知道的事情或者道理,一个广告语或者表现形式反复出现。例如节约用水这一类型的公益广告,同质化现象严重,都从生活中浪费用水入手进行说教,电视画面不是水龙头就是水杯,与1986年播出的公益广告《节约用水》相比没有太大突破。在没有规定品质时,媒体对于公益广告的制作与播出就显得较为随意,制作也相对简单粗糙。这类电视公益广告播出频率过高,容易成为说教式的宣传,造成观众的反感。

2. 资金保障体系不完善

制作电视公益广告相比制作广播公益广告和报刊公益广告耗时长、投入资金大,需要稳定且充足的资金。但政府对公益广告缺少持续性的财政支持,只有在有重大主题的电视公益广告活动时,政府才会给予财政支持。随着媒体市场化程度的不断提高,媒体制作电视公益广告的成本也越来越高,只有中央电视台和极个别经营状况非常良好的地方媒体能够负担制作电视公益广告的资金。以利益为向导的企业也不可能长期给予电视公益广告资金帮助,而是进行短期性投资。这使得电视公益广告没有稳定的资金,也导致其质量良莠不齐。

二、电视公益广告的特点及优势

尽管中国的电视公益广告存在上述的一些问题,但与报刊公益广告、广播公益广告相比,电视公益广告表现出其自身的许多特点及优势,主要包括视听合一,传播范围广、形象感强,艺术与技术紧密结合,连续播放、强化效果等。

(一)视听合一

电视对观众视觉、听觉器官同时发挥作用,电视公益广告以流动的声音和画面为载体,以声、光、电、色等为表现元素,并运用造型、表演、蒙太奇、节奏、伴音、音乐、音响、特技等手段进行综合表现,把传播的内容直接诉诸观众,展现给观众活生生的有声有色的形象,使其产生强烈的现场感和参与感,也更易于观众理解。在广告用语上,为了打动观众,宣扬正确的价值观念,电视公益广告必须动之以情,晓之以理。电视公益广告使文字与声音旁白或对话相结合,同时配以相应的动画或故事情节等画面,使受众在观看时容易激起情感意识,形成情绪感染力,这是报刊公益广告和广播公益广告都无法达到的。

(二)传播范围广、形象感强

在电视诞生之前,没有任何一种媒体拥有如此众多的受众和普遍的影响。在传统的中国家庭中,特别强调"家"的概念,电视则是"家"中必备的生活要素,是联系一家人的精神纽带。观看电视是全家人都可以参与的休闲娱乐方式,电视媒介的易得性为电视公益广告锁定了庞大的受众人群。因此，电视媒体主动播放公益广告，一方面不会让人心生反感，另一方面也会让人感受到公益的力量，感受到自我存在的价值。由于电视媒介的特性，电视公益广告相比其他媒介普及面广、接触时间长，并且现代高科技的媒介技术手段可以将许多无形的文化概念具象化，也可以让有形的文化元素抽象化。例如"孝"文化、"自强不息"文化、"和"文化等概念，通过电视公益广告变为有形的实体或者充满现代生活气息的场景。

（三）艺术与技术紧密结合

电视公益广告运用多种艺术形式，营造独特的内涵气氛，使受众在思想上产生价值共鸣，体会到公益广告的艺术价值，进而思想内涵也得到了升华。根据制作手段的不同，电视公益广告主要有两种艺术表现形式：一种是以拍摄为主的电视公益广告，另一种是以动画为主的电视公益广告。以动画为主的电视公益广告又可分为两种：一种是以二维动画为主，另一种是以三维动画为主。无论是以拍摄为主的电视公益广告，还是以动画为主的电视公益广告，都要进行具体的制作。首先，针对电视公益广告的主题进行风格的确定，确定风格之后就要进行前期的拍摄工作，在拍摄中要做到拍摄对象在画面中比例合适，注意景别的运用、构图的选择、人物和镜头的调度等因素。其次，要进行后期制作，后期制作是化腐朽为神奇的环节，后期制作将剪辑、音乐、配音、调色、特效等多个环节综合，将电视公益广告的传播效果最大化。

（四）连续播放、强化效果

电视公益广告是大众传播的媒体，对受众有着潜移默化的影响，其内容的渗透是一个长期、缓慢的过程。任何一个电视公益广告都不可能起到立竿见影的作用，多数是让受众在观看之中间接地接受，是一种"润物细无声"的渐入过程。如环境保护、植树造林、保护耕地等主题的电视公益广告会在不同时间、频道或节目前后进行重复、连续播放，使人们在不断观赏中接受深刻思想和高超艺术，在强化广告的记忆效果、价值观认同与宣传效果上有积极的意义。

三、电视公益广告的创作

公益广告和商业广告的本质区别在于前者的公益性和后者的功利性。商业广告的功利性决定其目的是经济效益，而公益广告的公益性决定了其脚本创作是以有益于社会道德建设、规范社会秩序为出发点的，具有极强的思想性。二者不同的目标决定了创作者在脚本创作时立意上的差异。商业广告的构思是以奇、巧、炫为基础，制作时允许用画面、声音上的离奇和夸张来吸引受众的眼球，商业广告在一定范围内是可以脱离现实生活的；公益广告的脚本创作则是以实、真、精为基础的，它的整体创意制作更加遵循源于生活、终于生活的基本原则，与商业广告相比更加实事求是、真实可信、精益求精。在制作手法上，公益广告会运用一些给人想象空间的技术手段，但这些手法的运用是为了更好地烘托主题、渲染气氛，以增强感染力。

（一）电视公益广告创作的基础是选题

电视公益广告的选题是从事创作的基础，也是好作品的源泉，其选题要符合受众和媒体两方面的要求。做好电视公益广告，必须从选题开始。电视公益广告的选题要具有社会普遍意义，突出其社会性。首先，全球环境资源问题一直是中国公益广告主要关注的主题。中国第一个电视公益广告主题就是号召人们节约用水。这类选题旨在破解日益恶化的环境问题，改善人类生存和发展的环境,以为社会创造更美好的生存空间为出发点,号召受众节约资源、保护环境。其次,公共道德也是中国公益广告选题的重心。中国公益广告肩负着社会主义精神文明建设的重任,而公共道德水平、民众道德素质的提高是公共道德建设的主要指标,也是精神文明建设的重要方面。再次,我们的社会在不同时期会出现不同的热点问题,创作人员要配合舆论导向,善于挖掘热点事件,引入人文关怀,提炼闪光点,做到接地气、讲实效,针砭时弊,呼吁公众关注某一社会问题,并积极引导人们,传播社会正能量。

(二)电视公益广告创作的核心是创意

在电视公益广告的脚本确定以后,就应该思考用何种创意来表现主题。围绕选题进行新颖的创意,通过精心构思的脚本创作出别致动人的意境来表现公益广告的主题,使公益广告的观点、思想得到艺术地传播,这是电视公益广告脚本需要做到的。

在进行脚本的创意构思时,首先需要选准角度,标题新颖。选取独特的角度进行创意能达到别具一格的效果,使人出乎意料,而新颖的标题能增加公益广告对观众的吸引力,使人过目不忘。更重要的是,在进行脚本创作时,应注重广告创意的情感,以情为重,以情动人。中央电视台制作的春节主题公益广告《回家篇》里那句"这一生我们都走在回家的路上",以情拨动了受众的心弦,达到了宣传目的。中央电视台的公益广告《爱心传递篇》中,以为妈妈洗脚为故事线索,广告语"其实父母是孩子最好的老师"令人深思,提醒人们应传承尊老爱幼的中华民族传统美德。

(三)电视公益广告应着力满足受众的期待

成功的电视公益广告,在最初的脚本策划阶段,就必须深入目标受众群体进行调研,分析了解受众的目标和期待,结合公益广告脚本的价值诉求进行创作。电视公益广告的构图和价值取向与受众思维习惯相一致时,电视公益广告所倡导的价值理念会迅速融入受众内心,激起受众情感上的共鸣,实现公益广告传达真善美的创作宗旨。但这并不代表受众的期待与脚本越一致,受众的兴趣就越强烈;相反,如果脚本的取向与受众的期待完全一致,受众反而会觉得无趣。接受美学原理认为,只有当作品适度地超越、校正受众期待的时候,接受者的阅读兴趣才有可能被充分地调动起来。因此,文本所固有的视野最好顺向而又适度地超越读者的期待视野。电视公益广告在进行脚本创作时应具有前瞻性,适度超越,在满足受众期待的同时适度超越受众的期待,用新颖的创意吸引并打动受众。

(四)电视公益广告创作要追求多样性

电视公益广告创作者的个性、受众的期待及其审美的多样性决定了电视公益广告的脚本创作要追求多样性。电视公益广告综合了电视和广告的双重特点,这就要求电视公益广告的脚本创作把电视的技术性、语言形象的银幕性、表现手法的多样性和广告的实用性、时效性、说服性融合在一起,借鉴绘画、摄影、文学、音乐、表演等艺术形式,合理运用视听元素去表现脚本创作者的理念和价值观,宣传公益广告中所倡导的价值观。

2013年春节期间推出的《关爱老人——爸爸的谎言篇》《关爱老人——妈妈的等待篇》《关爱失智老人——打包篇》《关爱老人——红包篇》《回家篇》等"回家"系列公益广告,创作者从不同的角度去诠释"春节回家,是中国人几千年的亲情信仰,是中国社会几千年的文化内涵,敬老孝亲,更是中华民族代代相传的优良传统"。《关爱失智老人——打包篇》通过脚本策划出老父亲用手抓饺子放进口袋的动作,以及语言"这是留给儿子的,他最爱吃饺子"表达出患有老年痴呆症的父亲"忘记了一切,但从未忘记爱你"的父爱。

在创作电视公益广告脚本时,就应充分考虑利用电视媒介的特性并借鉴其他艺术的优势,结合主题而形成多样化的表现形式,这也使电视公益广告形成了不同的编辑风格。只有电视公益广告的脚本创作追求多样性时,才能制作编辑出不同风格和类型的作品。

四、电视公益广告的风格

电视公益广告的风格是由电视公益广告制作的基本理念加上丰富的艺术表现力而形成的。同样的题材和内容,不同的创作者有不同的表现方式,从而形成不同的编辑风格。一般来说,电视公益广告的风格可归纳为纪实叙事风格、情感诉求风格和综合交融风格三类。

(一)纪实叙事风格

纪实叙事风格的电视公益广告借助新闻报道的纪实手法,对生活中在某个方面富有代表性的人、事、物进行典型报道,可以夹叙夹议,正面陈述该事物的性质、特点和意义,进而引出社会公益性的主题。它不必像一般的新闻那样强调报道的即时性、时效性,但它要从新闻事件中概括出一个公益性的主题,因此可以反复重播。这样的公益广告因有事实为例,胜于千百遍的说教,代表性与可信性极强。

纪实是一种风格因素,是一种对现实生活进行艺术观照的常见方式。纪实风格强调自然地表现客观现实,但不是毫无目的地照搬和照抄,虽然纪实风格的叙述朴实无华,但却富有哲理。纪实叙事类电视公益广告是借实物和实景等来体现创作者的情思,即从实在、具体的事件、活动中渗透创作者的思维,在叙事过程中讲述为受众所接纳的道理。这类电视公益广告很少用解说,一般只是进行背景介绍和简要叙述,并不强调主观抒情和评论,更多是利用事件来传达现实的信息和情感。

(二)情感诉求风格

情感诉求风格的电视公益广告是以充分调动人的情感、获得受众的情感共鸣为主要的创作策略。公益广告传播的是一种观念,观念存在于人们心中,通过情感打动人心、深入人心从而发挥教育性功能,如果能恰如其分地把握,将理念依附于情感之上,就会更容易引起人们的共鸣,把情感寓意在电视公益广告的声画中,充分调动光影、景物、人物、语言、音乐等多种元素,使原先直白、单一的理性诉求转变为富有情感的感性诉求与理性诉求的有机结合。营造感情氛围有助于某种观念的传播,呼吁公众关注某一社会问题,倡导符合现代社会公益准则的思想、行为和社会风气。这也是电视公益广告最擅长的一种风格类型。

(三)综合交融风格

综合交融风格的电视公益广告是艺术虚构的产物,它是以现实生活为依据对生活素材进行提炼,或是将生活原型进行加工、变形和改造,经创意人员通过想象、编辑、重组后,创作出新故事的一种表现手法。综合交融风格的电视公益广告目的是以情感人、以情动人、以情服人、以情育人,有意识地将创意思维融入可能的情节之中,通过情节设置与意境营造的有机交融达到广告的最佳传播效果。电视公益广告的创作要善于选择合适的表达方式,形成独特的编辑风格,这是当前公益广告传播的重中之重。

时代在进步,社会在发展,编辑观念与剪辑技巧也在不断革新,现代电视公益广告创作已经将传统与现代有机交融了。在中国加入WTO的大背景下,在全社会呼唤"以人为本"的声音中,国际化和平民化正在成为电视公益广告的风格倾向。平民化风格使受众倍感亲切,国际化风格是适应WTO环境的需要,可以提高艺术文化的含量,大量英语字幕的出现,无形中和国际接轨,丰富发展了中国文化,也吸引了世界的目光。在全媒体融合的趋势下,电视公益广告的风格正在追求新的提升,也将更加多样化,更有效地传达教育性理念,朝着兼容并蓄的方向协调发展。

【案例评析】

奥运公益广告

2008北京奥运会到来之前,中国电视媒体紧紧围绕"迎奥运,讲文明,树新风"和"人文奥运、科技奥运、绿色奥运"的主题,创作、播出了系列电视公益广告,为奥运会的举办营造了文明和谐的人文环境和社会氛围。这些公益广告所表现出的创意及其所特有的形象塑造力和传播力也给我们留下了深刻的启示和经验。这些公益广告的成功之处首先在于过硬的主题与创意。公益广告的创作人员针对时代特征,以高度的艺术表现力,将民族文明、社会和谐、城市美化、传统文化等元素融入公益广告,并将这些元素与身边人和事予以巧妙的安排和组合。其次,系列精品广告摒弃了"说教",更注重内心深处的感化,寓情于理,以情动人,将这一理性的主题变得更加形象、生动。

在奥运公益广告中,电视公益广告的投放力度最大。从2007年3月5日起,中央电视台推出了一系列奥运公益广告,主要分为《群众篇》和《大国篇》等。其中包括由明星演绎的《心愿篇》《相信篇》,中央电视台主持人演绎的《关注篇》《掌声篇》,由奥运冠军演绎的《环保篇》,以及《迎奥运树新风篇》《文明篇》《婴儿篇》《传统篇》等,题材涉及新农村建设、尊老爱幼、环境保护、文明礼仪、诚信经商等。其中,《掌声篇》《心愿篇》《关注篇》等公益广告的播出达220余次。

1. 奥运公益广告之《掌声篇》

《掌声篇》这则公益广告以鼓掌、掌声为线索贯穿全篇,通过不同的画面和人物描述了"欢迎的掌声""鼓励的掌声""文明的掌声",并以"让世界记住我们的掌声"为结尾。广告开头,一个穿红色旗袍的东方女孩在鼓掌,凸显出"北京欢迎您"这一意义;之后,掌声覆盖了各个年龄、阶层、地区和职业的人群,表明中华民族的悠久历史和深厚的文化底蕴,表明北京将以文明的姿态迎接奥运。这则广告的受众是能观看到奥运比赛和能接触到外国运动员和游客的中国人,广告激励那些在赛场上看比赛的观众以及在服务行业的工作人员用热情的掌声来迎接外宾、鼓励运动员,并以此来体现中国人民的热情好客。通过掌声,留给世界一个关于中国的印象。这则公益广告明确了"迎奥运,讲文明,树新风"的主题,体现了"人文奥运"的理念。

2. 奥运公益广告之《相信篇》

《相信篇》这则公益广告以濮存昕的讲述为线索，广告中主要有两个场景，一个场景是濮存昕进行讲述，另一个场景是配合濮存昕讲述的画面，两个场景穿插进行。广告片一开始，首先音乐响起，在一空旷剧场中，灯光慢慢亮起来，濮存昕坐在观众席上说："有人这样问过我，播出的一条公益广告，能不能改变我们生活中的那些陋习呢……"濮存昕把不文明现象比作黑暗，把公益广告比作灯，贴切而形象。当濮存昕说到"一条公益广告就好像是一盏灯，灯光亮一些，我们身边的黑暗就会少一些"时，画面出现一个个亮起的灯泡、街边一盏盏亮起的路灯和高楼里一扇扇亮起的窗户。"文明就在我们身边，离我们很近很近，近得触手可及"，告诉观众要用自己的实际行动去诠释文明和体现热情。在讲述中，一个个普通人的文明行为画面出现在观众眼前，通过这些例子，大家相信"每个人迈出一小步，就会使社会迈出一大步"。濮存昕把这些文明行为与奥运联系起来，他把文明的力量比作奥运火炬，传递火炬、传播文明，呼吁每个人都能"释放自己文明的热情"。

这是讲述与画面结合得很紧密的一则广告，这则广告的受众是每一个中国人，虽然广告片的长度为1分58秒，比一般广告片都长，但还是受到观众的广泛认同，向受众有效传递了文明的行为和意识。广告中一个晨跑的男孩将别人丢的垃圾放进垃圾桶，搬运工帮盲人移开挡住盲道的障碍物，小孩取树上的风筝时在坐椅铺上纸后才踩上去，电梯里女士为了不吵醒熟睡中的婴儿降低了打电话的音量……这些普通人的行为配合音乐让受众感受到文明就在自己身边，唤起了人们内心深处的公德意识，起到了很好的宣传效果。

3. 奥运公益广告之《关注篇》

这是一则既有名人出镜，又有叙事内容的公益广告。这则广告中出现了包括王小丫、鞠萍、周涛等深受广大观众喜爱的中央电视台著名主持人，他们共同见证了"关爱传递"的全过程。广告讲述了一个人帮助在困境中的另一个人，那个受到帮助的人又去帮助另一个遇到困难的人，如此传递下去，由此"文明在身边，心心相传，爱心传递你我，文明就在身边"。这则广告表现出文明的行为将手手相传，帮助别人的热心是会感染身边的每一个人的，从而一传十、十传百，形成一个良好的社会风尚，传达了"关爱无声"的主题。广告中主持人起到串场的作用，当每一个帮助别人的文明行为发生时，就会有一位主持人作为见证人目睹，点头微笑，表示对文明行为的赞许。明星阵容与公益广告相结合，用他们的眼睛去发现身边的真善美，立意深远，实现了公益广告品质与格调的统一。这则广告的整个画面充满了鲜活的气息，极具说服力。广告充分利用了名人对于大众的影响力与感染力来表达广告的创作意图。

【案例评析】

中央电视台春节晚会电视公益广告

2013年，中央电视台春节晚会第一次插入了两则公益广告，分别是《美丽中国》和《回家·迟来的新衣》，这在春节晚会31年的历史中尚属首次。春晚电视公益广告之《回家篇》是一个非常成功的系列公益广告案例，以《回家·迟来的新衣》为例，该片讲述了一群在广东肇庆打工的农民工为了节省车费，决定组织骑摩托车在春节前赶回贵州老家过年的真实故事。在120秒的广告中,除了地点变换时显示地点的字幕,全篇广告出现的文字和话语解说很少。这则广告以平视的角度,将视角对准回家心切的夫妻,画面中出现的吃年夜饭、穿新衣、放烟花等过年景象都是中国特有的文化场景和传统的民族文化符号。《回家·迟来的新衣》中的故事是贴近生活、贴近现实、贴近百姓的,这样的故事使广告更接地气。

《回家·迟来的新衣》是《回家篇》公益广告的一部,此外这个系列公益广告还包括《回家·家乡的滋味》《回家·过门的忐忑》《回家·63年后的团圆》,也在春节假期中反复在中央电视台播出,"回家"这一简单又充满温情的故事,通过中央电视台播出吸引了近8亿观众收看。春晚之后,《回家篇》系列广告网络点击超过千万次,观众反馈:"每次看都让我眼泪打转,很感人。""反映出的是千千万万中国人的心声!"《人民日报》评价"中央电视台借助公益广告塑造中华民族核心价值观的意识和自觉,抒发了家国情怀"。系列广告篇末一句简洁有力、震撼人心的文字解说"全中国让心回家"直接表达意旨,直抵万千忙碌在外的儿女心。这样的广告词既传递了传统的家庭观念,又从人文关怀角度将倡导的观念依附在易被感知的情感上,引发受众共鸣。

《回家篇》这四部公益广告讲述的全都是真人真事,从全新的视角,聚焦社会上的几个特殊群体:为了省钱骑行回家给孩子穿上新衣的打工父母、为了生计奔波在异国他乡的务工人员、在外务工的80后小夫妻和与大陆亲人分开63年的台湾老人。在这一系列公益广告中,出现了如饺子、红包、窗花、对联等符号,意在让受众更好地了解中国优秀传统文化,通过传统节日展现中国的传统文化价值和家庭伦理观念,激发出人们对家的情感共鸣和认同,重新诠释了春节对现代中国人的意义。

第四节 多姿多彩的户外公益广告

户外媒体是每个置身社会的人都不可避免需要接触的媒体,当今社会户外广告无孔不入,几乎任何户外的地方都可以发布大小、形式不一的广告,户外公益广告也有其自身独特的优势与特点。本节首先概述中国户外公益广告的现状和主要问题,通过对其表现形式的梳理,总结户外公益广告的设计要点和创新策略,并结合户外公益广告成功案例,探索户外公益广告创新的途径及发展趋势。

一、中国户外公益广告的现状

在一段特殊的时间内,中国户外公益广告主要围绕社会主义建设和国家政治局势展开,忽略了人的个人特性,过分强调集体利益,且大多使用命令性的口吻,这种情况在一定程度上阻碍了中国户外公益广告的正常健康发展。改革开放后,随着经济的发展,先进思想的不断涌入,社会更加重视对人个性与需求的尊重,中国的户外公益广告取得了长足的发展,但与户外公益广告发达的美国、日本等国相比,还存在不小的差距。

(一)户外公益广告空间分布较少

中国正处于社会主义初级阶段,目前的主要任务还是进行经济建设,虽然政府也开始意识到公益广告的效用,并下大力气对其进行投入与制作,但由于起步较晚、资金不到位等一系列因素的制约,在整体上与经济发达、起步较早的美国、日本等国家相比,户外公益广告相对较少。

户外公益广告需要依附一定的户外传播媒介,如广场的显示屏、大楼的外墙壁、公交车车身等,使得户外广告不仅在制作初期大多需要花费大量的资金,同时还要在设置之后进行长时间的维护,于是制作发布单纯性的户外公益广告对于营利性的企业组织来讲显得过于奢侈,对于资金不算雄厚的小企业而言,发布带有公益性质的商业广告也不是首选,他们更愿意选择去强调自己商品的独特之处来推销自己的商品,以获得直接的经济效益,更愿意给消费者直接的商品外观或性能的视觉刺激,而不是通过宣传企业的公益态度、社会责任感来间接推销自己的商品。

(二)户外公益广告应重视与周围环境结合

中国的户外公益广告缺乏"因地制宜"的特性。户外,是一个包含着自然环境与人文环境的复杂的整体。只有户外公益广告与所处的环境相得益彰,才能既达到公益广告的宣传目的,又达到户外广告美化生活环境、扮靓街道城市的目的。在中国,设置在户外的公益广告大多并不考虑周围的环境因素,相同的公益广告出现在高速路旁、公交车身上、地铁内,不做任何改变直接整套运用,对不同地方的受众的停留时间、空间大小、视觉距离等一系列因素考虑不充分,较少利用环境所特有的变化与优点,没有把户外广告当作环境的一部分进行设计,没有脱离平面广告设计的二维空间的思维模式。这样使得某些户外公益广告在其出现的整体环境中显得十分突兀,不仅没有为城市建设增光添彩,反而成了这一空间内"鸡肋"般的难题。

(三)户外公益广告创意水平仍需进一步提高

视觉冲击力强是户外广告的突出特点,即传播的信息要在最短的时间内被人接受,具有瞬间的冲击力,使人过目不忘。这就要求设计人员对广告定位准确,使其主题突出、创意新颖、别出心裁。

出色的创意并不一定是美丽的画面、漂亮的模特、摄影新奇或构图讲究的纯艺术作品,对于户外公益广告而言,好的创意,是带领受众进入广告所想表达的思想的意境之中,使受众对此思想感同身受,产生共鸣。詹姆斯·韦伯·扬曾说过:"学习任何技艺,首先是原则,其次是方法,这也是产生创意的真理。"创意具有多种多样的表现方式,并没有一成不变的固定模式,原则上应遵循 AIDMA 心理模式,即注意(attention)、兴趣(interest)、欲望(desire)、记忆(memory)、行为(action)。

纵观矗立在中国大街小巷的户外公益广告,大多缺乏创意,最多见的就是标语、口号。常用的公益口号如"请节约用水""请爱护花草"等,画面上再配以水滴和花草的形象,就拼凑完成了一个所谓的户外公益广告,这样的广告由于毫无创意、新颖可言,也就不能对受众产生视觉冲击,形成心理共鸣,于是类似这般的户外公益广告只能被熟视无睹。

二、户外公益广告的特点及优势

户外公益广告在传播城市形象、彰显城市品位、建构城市文化的过程中具有重要作用:既给人以教育,又美化环境,构成城市景观的一部分,是建设现代文明城市的重要指标。随着经济的发展,人口流动性加快,人们在户外停留时间延长,户外公益广告的传播价值日益显现出来。在中国,各大城市户外公益广告日益受到重视,成为现代大都市一道亮丽的风景线。2008年北京奥运会、2010年上海世博会、2010年广州亚运会等重大活动期间,三地户外公益广告投放不断增长,对城市形象宣传起到了很大作用。一些城市明确将增设户外公益广告与创建文明城市紧密结合起来,如北京、上海、深圳、苏州等城市先后出台了户外公益广告管理办法。户外公益广告具有以下几点优势[①]:

(一)视觉冲击力强,画面醒目

户外公益广告最大优势就是由于尺寸和灯光的影响,视觉冲击力较强,画面醒目,容易给人留下深刻印象,达到广而告之的目的。相对于报纸、杂志等平面媒体而言,户外公益广告表现空间相对充裕,赋予了创意很大的发挥余地。户外公益广告形式可以分为绘制类、光源类、电子类、交通工具类、空中广告等,设计的自由度也很大,静止的或动态的,平面的或立体的,有传统的造型,也有别出心裁的设计。例如某城市在公共场所做了这样一个广告,用冰雕刻成一只形态逼真的北极熊,旁边放了一个小牌子,上面的文案写道:"如果全球变暖的状况得不到改善,2100年它们就会灭绝,支持可再生能源,减少二氧化碳排放,才能拯救它和我们自己",随着气温的升高,北极冰雪慢慢融化,直观地再现了广告创意。

(二)传播不受时空限制,暴露频次高,到达率高

Asia Poster 公司的 CEO Small Wood 说:"户外广告才是真正的大众传媒。不是所有的人都看电视、读报纸或上网冲浪,但是任何人只要离开家,就会看到户外广告。"户外媒体灵活性强,到达率高,许多户外媒体是持久地、全天候地发布,暴露频次高,有反复诉求和强迫诉求的效果。人们生活方式的变化带动了户外媒体的发展,有人的地方就有户外媒体。其注目率也比较高,在日常生活中,无论我们走在路上、搭乘电梯或者是平时使用物品,我们都无法忽视这些载体所传播的广告。特别是将户外公益广告设置在人流量比较大的街道,公交地铁交通枢纽位置,比较繁华的商业中心、商圈、中心广场等,公益信息能够被更多的市民看到,一些不停运动的广告媒体,比如公交车、出租车等对于广告信息的传播更是流动性的,提高了广告的覆盖率,是其他广告媒体形式的有力补充。

(三)高新技术丰富了户外公益广告的表现手法

现代科学技术日新月异,数字技术和新材料给户外媒体带来最优效果和全新体验,拓展了户外媒体的范围,使户外媒体呈现高新技术化、品种多样化的发展趋势,户外公益广告的表现形式发生了根本的变化,如投影、蓝牙的使用,户外媒体与手机媒体的结合……当前的户外公益广告实现了高新技术与优秀创意的深度融合,从平面到立体,从静止到流动,从单向传播到受众互动,这些都是传统的户外媒体所无法比拟的,户外公益广告的格调和形式正在变得丰富多元,具有鲜明的时代感。例如,2007年上海地铁"新创意,真体验"创意之旅活动中的户外公益广告,运用多媒体感应技术,借助户外行动时能量与条件感应生成人景互动装置,人们在互

[①] 汤劲. 现代公益广告解析[M]. 上海:华东师范大学出版社,2012:158.

动中加深了对公益广告的理解与记忆。在 Salvation Army(救世军)创作的一则募捐主题的公益广告中,在显示屏上面有一个流浪汉躺在地上,当人们通过屏幕下方的小孔投入一枚硬币后,流浪汉就从地上躺在了床上,这样受众的行动立即就收到了明显的效果,具有很强的互动性和体验性,而且实现了多重感官的有机融合。

三、户外公益广告的基本类型

当前,户外广告早已突破了单一的广告牌设计,出现了更多的新型户外媒体类型,如公共汽车车身广告、候车亭广告牌、地铁站广告牌、街上的长椅广告、飞机场的立体广告牌、自动翻转的三面翻广告牌、大型的墙体广告和新出现的滚动广告灯箱等。此外,在户外公益广告中合理应用新媒体技术,增添了富于变化的动态的视觉效果,给人以丰富、新鲜、有趣的视觉感受和体验,同时也丰富了城市景观的内容①。

(一)地铁公益广告

地铁人流量大、乘客多,乘客群比较固定。根据广告投放效果分析,地铁广告注意度相当高,有大约70%的乘客能够注意到地铁广告的更换。由于乘客在站内和列车内需要停留一段时间,地铁相对比较封闭的环境使得公益广告信息突出,对于乘客来讲,观看地铁公益广告,也是在候车和乘车时一种消磨时间的方式,有较多机会和时间仔细浏览地铁公益广告的内容,加之地铁广告通常制作品质高、幅面巨大、广告独享,所以地铁公益广告受注意的程度较高。地铁公益广告又包含多种形式,如招贴、灯箱、视频等。

(二)公交车公益广告

公交车是市民最主要的交通工具,为广大市民的交通出行带来了极大的便利,这就无形中增加了公众对公交车的亲切感。据相关调研,在户外媒体中,公交车广告的认知度是最高的。从中国老百姓目前接触到的户外广告类型来看,接触最多的是车身广告,那么依附于公交车的公交车公益广告也就自然容易引起市民的注意。深圳是全国率先在公交车上发布交通安全公益广告的城市。

(三)户外屏幕

很多城市的繁华地段、商业步行街、车站等人流集中的地段,均设置了大型电子屏幕,不仅用来播放商品广告信息,也经常播放公益广告,这些广告醒目、清晰、富有视觉冲击力。目前还有更先进的传播载体,如户外数字移动传媒车,又称 LED 传媒车,它是将 LED 新技术结合在汽车的设计中,是户外传媒和移动交通的新结合。它比传统媒体更具有活力和动感,性价比高,也更灵活多变。从特点上来说,它更贴近市民户外活动和休闲生活,对市民更具吸引力与感召力。

(四)户外新媒体公益广告

户外新媒体发展至今,媒体类型丰富。户外新媒体有别于传统的户外媒体形式,是在传统

---

① 汤劲.现代公益广告解析[M].上海:华东师范大学出版社,2012:162.

载体上衍生出来的新型户外媒体,如广场、道路,以及公交、航空、地铁等交通工具相应的辅助场所衍生的渠道媒体,其中户外 LED 电子屏广告牌是最常见的广告投放形式,另外还有公交站亭、路标、公共座椅等城市数字家具,也属于户外新媒体的范畴。在户外新媒体公益广告的投放中,可运用先进的数字交互技术,将公益广告的主题宣传变成与受众互动的活动,让路过的受众保持对公益广告信息的关注。

1. 户外数字广告牌公益广告

随着数字化时代的发展,政府、公益机构以及企业在公益广告的媒体投放中都对户外数字广告牌产生了浓厚的兴趣。户外数字广告牌借助于数字技术,在交互性设计的基础上发挥着动态的视觉表现、大屏的广告版面、即时参与互动等优势,适时地解决了一些问题,有效地传递了公益信息,为广告主塑造了良好的社会公益形象。

对于户外移动的人群来说,停留的时间极其短暂,广告主如何在有限的时间内抓住移动人群的注意力极其重要。如图 5-8 所示,这是韩国街头一块引人注目的公益性互动广告牌,其诉求是鼓励人们积极向相关组织报告自己周围正发生的儿童受虐事件。广告牌上是成年男子手举玻璃瓶威胁着小孩的轮廓,两个影子间有片宽阔的空白,顶部配以"虐待儿童,你能阻止"的文案邀请路人互动,当人们步入现场,近处的灯光就会将路人的影子推到广告牌上,象征性地让路人介入其中,路人的影子上还会显现超人的标志、报警号码 112,以及"为了孩子,勇于阻止"的广告语。

图 5-8 韩国创意互动式反虐童广告

为了配合国际妇女节,位于伦敦的机构 WCRS 在户外安放了数字广告牌(见图 5-9),用

图 5-9 WCRS 反对家暴公益广告

来宣传反对家庭暴力的公益主题。设计者在设计中为了更好地交互表达,在广告牌中植入了面部识别设备,广告牌原本显示的是一个受伤的女人形象,随着越来越多的人观看广告,她的瘀伤渐渐愈合,痛楚也慢慢消除。这则交互广告旨在宣传家庭沟通的好处,提醒人们重视家暴现象,多一份关注,而不要对这个问题视而不见。

如图 5-10 所示,瑞典斯德哥尔摩儿童癌症机构在地铁中投放了一个关注癌症儿童的公益广告牌,看似静态,但当地铁驶入的时候,就会产生让风吹起头发充满活力的动态画面。其原理是广告牌嵌入了互动装置,能够监测地铁的超声波,地铁进站则激活装置,静止的广告就在地铁进站的一瞬间动起来。模特的头发原本静止,在地铁进站时会神奇地被风吹起。广告模糊了现实和虚拟世界之间的界限,很多人可能会以为是洗发护发产品的广告,但看到结尾,当小女孩光头形象出现的一瞬,你的心或许会瞬间静止,也许我们脸上的僵硬笑容是对这个公益广告传播效果最有力的肯定。

图 5-10 关注癌症儿童公益广告

2. 城市数字家具公益广告

"城市家具"这一概念是近几年才流行起来的,源于欧美等经济发达的国家,英文全称为 street furniture。城市家具这个概念对于人们来说可能还有一点陌生,它其实就是指城市中各种户外环境设施,大致可分为信息设施、卫生设施、照明设施、交通设施、娱乐设施,以及艺术景观设施等。城市家具中较为常见的有路标路牌、电话亭、垃圾桶、售货亭、车站、休闲桌椅等,这些设施都给人一种如家般的亲切感觉,成为人们户外生活环境中必不可少的家具设备,故人们将其视为城市家具。

自动售货机作为城市家具中的一员,其优点在于不仅方便满足群众需求,还可以美化城市,更能为公益广告交互提供便捷的服务。如图 5-11 所示,在德国的汉堡机场走廊上,德国广告公司 Kolle Rebbe 在机场置放了一台特别的自动贩卖机,是天主教慈善机构 Misereor 提供的数字娱乐捐款机,当人们投入 2 欧元之后,这枚硬币便穿梭在充满童趣的画面中,硬币所经过的每一处都说明了它的用处,环环相扣,最后终于帮助那些贫困孩童实现了大学梦。在自动贩卖机的捐款过程中,机器上隐藏的摄像头将拍下捐款者头像,同时上传到活动官网以呼吁更多的人参与到善举活动中来。

巴西狂欢节期间,大家都会畅饮啤酒。怎么才能让众人在开怀畅饮的同时,还能避免酒后驾车,确保安全呢?Antarctica 啤酒在地铁站设置了一个啤酒罐刷卡机,刷啤酒罐免费乘地

图 5-11　公益广告《2欧元的旅行》

铁,鼓励人们回收利用啤酒罐的行为,用免费乘坐地铁的诱惑改变了人们酒后驾车的可能,相比较说教性的劝阻酒后驾车公益广告,刷啤酒罐的互动参与形式更能潜移默化地激发人们的酒驾安全意识(见图5-12)。

图 5-12　劝阻酒后驾车的啤酒罐刷卡机

四、作为环境媒体的户外公益广告创新策略

在当今广告媒介多样化的时代,户外广告想要找对人、说对话,必须抓住新媒体这个关键阵地,必须有效地整合户外资源,创新性地使用广告媒介,实现传统媒体一对多的大众传播与新媒体一对一的精确化传播之间相互配合,以及立体、多维、多角度地无缝传播。只有在创意上多下功夫,才能完成户外的精准化传播。针对中国户外公益广告发展现状,应对策略如下:

(一)用创意和内涵引起共鸣

在户外公益广告的创作过程中,我们应当加强户外公益广告的设计,丰富创意及表现,提升户外公益广告的感染力,充分将深厚的文化底蕴与设计相结合,使鲜活的文化理念注入广告的优秀创意中,将设计文化的视觉语言和生命力展现得淋漓尽致。在创作手法上做出创新与改革,使户外公益广告的内容多元化,更加突出民众所关注的问题,潜移默化地影响受众并得到更多的共鸣。

(二)充分利用环境打造宣传空间

在一些商业广告拥挤的地方或硬件设施达不到要求的地方,可以充分利用其他空间。例如公园的长椅、商业街的路面、各处的垃圾箱表面等这些平常利用不到的地方,都可以用作公益广告的宣传。真正的户外公益广告,不应该只是随处悬挂横幅那么简单,户外公益广告应该有属于自身真正的宣传空间。

(三) 混合媒体环境下的户外公益广告设计策略

作为现存最早的广告形式之一,路牌以醒目的画面、精炼的文字,就足以吸引眼球。但如果今天户外广告还仅仅停留在彩色的表现上,已远远不够,人们需要的是变幻、动感、新颖的全方位组合形式。在电子感应、4G 等新技术的发展下,户外广告的互动性不断加强[1]。

1. 混合媒体提升创意水平

创意是广告永不枯竭的源头活水。从消费者的角度来看,信息资源越来越丰富,可供选择的信息内容也越来越多,通过一两次的广告接触想要影响和打动对方,就必须在创意上下功夫。据调查,不同媒体的组合比用单一媒体发布广告效果要好很多[2]。

2. 植入环境有效传达

户外媒体与电视、电台等其他媒体形式相比,具有植根于现实具体环境的独特优势。这种环境植入式的媒体不能简单地用新旧媒体来界定,它是对原有环境进行再开发,使其成为广告传播的特定媒体。这种环境植入式公益广告比常规广告更能融入现场环境,使人们欣赏广告的过程变成了对原本熟悉的事物再认识的过程。将人们熟悉的环境从生活中抽离出来使之陌生化的广告处理手段,常常给观者带来新鲜感和认同感。

3. 注重体验性和互动性

体验性、互动性是户外公益广告发展的新趋势。无论是传统媒体还是新媒体,平面还是立体,静态还是动态,都要注意是否能充分调动受众参与广告的积极性,从而在互动体验中接受广告意图传达的信息。注重互动体验的公益广告是能够使受众从被动接受新知识转变成主动感受接纳信息,把受众的参与度与体验感放在首位考虑,使人们在互动体验中倾听广告的声音。

【案例评析】

户外公益广告《绿色步行》

由中华环境基金会发起,上海 DDB 广告公司制作的户外公益广告《绿色步行》(见图 5-13)是优秀户外广告的代表。该作品获得了 2010 年夏纳广告节金狮奖、2010 年英国绿色奖颁发的两枚大奖,以及中国 4A 金海豹创意奖、2011 年广告营销效果奖。该广告位于上海繁华的步行街上,在道路两侧的海绵上倒上可以洗掉的绿色环保快干漆,道路中间有一块大大的画布,上面画有一棵没有树叶的大树。当人们踏过这些海绵之后,就会沾上绿漆,然后把自己的脚印印在画布上,变成一片绿色的"树叶"。随着走过的人越来越多,大树开始长满绿色的树叶,使人们体会到他们通过步行可以创造出一个更加绿色的环境。《绿色步行》一开始在上海的 7 个主要街道展开,后来扩大到中国 15 个城市的 132 条道路。参与此项活动的行人数量超过了 392 万人次,引起了各大在线及传统媒体的极大关注。

---

[1] 谢杰明,顾海,陈雪莹.户外公益广告的现状和发展[J].包装世界,2013(9):12.
[2] 王萍,杨俊贺,周瑶.论混合媒体环境下的户外公益广告设计[J].科技资讯,2009(1):11.

图 5-13 《绿色步行》

【案例评析】

户外公益广告 Target Practice

当你走到某个过道，突然看到瞄准自己胸口的红点，之后恍然发现原来在不经意间自己已置身于濒危动物的射击训练场，变成它们枪下的猎物。图5-14利用了红外感应技术，定位人的心脏，并巧妙地利用角色互换让人身临其境，使人们由自身变为动物伏击对象时的心情联想到动物被人类猎杀时的感受，从而达到深刻的、震撼心灵的警醒作用。同时，这个广告还充分利用了过道这样一个半密封的空间，从心理学角度来说，密封的空间更会给人造成一种紧张恐惧的感觉。

图 5-14　2008年戛纳广告节铜奖作品 Target Practice

【本章小结】

传统媒体公益广告历史悠久，覆盖面广。报刊公益广告以视觉形象吸引受众；广播公益广告以声音净化心灵；电视公益广告声画结合，最具感染力；户外公益广告以不同的形式和环境结合，呈现出多姿多彩的互动创意。在进行公益广告具体创作的时候，要注意结合不同媒介的特征和受众人群特点，进行有针对性的创意。

【思考题】

1. 报刊公益广告一般分为哪几个主题？每个主题的设计要点是什么？
2. 广播公益广告的声音元素包括什么？它们起到什么样的作用？
3. 中国电视公益广告存在什么问题？电视公益广告特点和优势又是什么？
4. 电视公益广告的风格及其作用是什么？
5. 户外广告为什么被称为环境媒体？请根据你所在区域的环境特点设计一则户外广告，主题不限。

第六章 新媒体公益广告

【学习目标】

1. 把握新媒体公益广告的现状。
2. 掌握新媒体公益广告的特点及优势。
3. 理解新媒体公益广告在信息传播方式上的革新。
4. 了解新媒体公益广告互动传播模式之于传统广告的超越。
5. 掌握新媒体公益广告的传播形式。

新媒体时代,传统媒体单向的信息传播模式已经无法满足社会大众需求,公益广告的创意和传播形式也不再停留于传统的媒体平台。新媒体凭借数字科技使得公益广告的设计形式有了广阔的拓展及延伸空间,利用新媒体引导受众互动参与,能够切实唤起受众的共鸣,满足受众对于信息接收及反馈的需求。本章从分析新媒体公益广告现状入手,探讨新媒体公益广告的特点、优势及种类,在此基础上,对传统公益广告与新媒体公益广告进行对比分析,通过国内外新媒体公益广告的成功案例,梳理出新媒体公益广告的革新与超越。

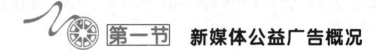

第一节 新媒体公益广告概况

新媒体持续快速发展,改变了人们获取信息的渠道,同时也改变了人与世界的关联方式,成为推动社会变革的重要力量。新媒体在整个社会的广泛应用,为广告业的蓬勃发展提供了更为有效的传播载体。在当下社会,运用新媒体传播信息已经成为一种社会趋势,各类新媒体、新渠道不断扩展和延伸,构建了公益广告新的景观。

一、新媒体及其传播特征

技术进步带动了新媒体的飞速发展。我们现今所说的新媒体,主要是指建立在数字技术处理信息基础之上的数字媒体,包括数字杂志、数字报纸、数字广播、手机短信、移动电视、网络、桌面视窗、数字电视、数字电影、触摸媒体等。美国《连线》杂志对新媒体的定义为"所有人对所有人的传播",而传播公益理念的公益广告、公益新闻、公益活动等发起者和受众都极其广泛,可以说公益更需传播,而新媒体独具优势。

新媒体以前所未有的整合能力涵盖了传统媒体的诸多优点,如传播精准、广告成本低、受众可参与互动、受众抵触心理小、科技含量高等。据报道,早在2007年中央电视台广告收入就突破百亿元,2008年中央电视台黄金时间广告招标收入为80.2861亿元,2009年中央电视台黄金时间广告招标收入为92.5627亿元,如此高昂的广告费对于中小企业来说是无力承担的。而根据门户网站新浪网络广告2008年第四季度到2009年第一季度报价单,一条位于新浪网首页的250×230 Pixels(像素)的矩形广告,价格是两轮播出1万元/条/天,相对于中央电视台广告而言具有极高的性价比。新媒体环境下的公益广告体现出以下特质[1]:

1. 互动性

新媒体传播是双向的,尤其是通过网络,在公益广告传播的过程中可以及时得到受众的反馈并引起主动再传播;信息的接收者同时也是传播者,对信息具有再加工的权利,互动性极强。

2. 非强迫性

不同于传统媒体信息传播单向强制性的特征,新媒体具有互动性特征,受众对信息具有选择权。新媒体公益广告传播中,受众可以自由转换身份,其主动性对传播效果具有显著的影响。互联网环境下,受众并不是完全分散的,多以兴趣、行业等细分化标签为基础聚集起来,彼此之间有一定的信任度,对于信息的传播热情相对较高,同时,参与感能带来一定的愉悦,使传播的主动性更强。

3. 时空广泛性

网络、手机等新媒体覆盖的时空范围是传统媒体无法比拟的,基于公益广告的教育性、观念性、倡导性等特征,新媒体所提供的传播环境更适合进行公益传播,可以将公益广告信息全天候、24小时不间断地传播到世界各地,不受时空的限制。其发布可以在任何时间进行,具有灵活的实时性。只要具备上网条件,在世界各地的任何人都可以浏览到。同时,新媒体公益广告制作简便、周期短,成本远低于传统媒体上的公益广告,发布后修改、更新也比较容易,公益传播的成本被大大降低。

4. 多元性

新媒体环境有利于公益传播形式的创新。例如,视频、动画等多种表现形式可以在公益广告中运用,微博、社区、主页等可以积极运用在公益组织和公益活动中。多样化的表现形式可以进行有机结合,针对不同的群体、不同的事件进行差异化的宣传,使公益传播不仅仅停留在平面图文、电视广告的层面,而更加生动、富有创意、深入人心,达到更佳的传播效果。

二、新媒体公益广告的现状

新媒体公益广告起步相对较晚,尚处于探索阶段,直至2008年,戛纳广告节才设立了digital(数字化)、online(在线)、interactive media(互动媒体)三大广告奖项,这也从侧面印证了数字互动广告的兴起。新媒体公益广告发展现状有以下几个特点:

(一)网络公益广告快速成长

中国网络公益广告起步于2000年,相关网站和部门通过各类活动将公益事业和网络媒体结合起来,产生了一定影响。一是自发性的,多由网站来策划选题。2000年9月,国际Web-

---

[1] 汤劲.现代公益广告解析[M].上海:华东师范大学出版社,2012:132.

master协会(中国)在其官方网站上率先推出网络公益广告专题频道,拉开了中国网络公益广告的序幕。二是由政府职能部门出面组织开展网络公益广告活动。如2001年中国广告协会协同国家工商行政管理总局等部门组织首届网络公益广告活动,这是国内首次把公益事业和网络媒体结合起来,也是首次以公益为主题并以网络为载体的创作大赛。又如,有多家知名网络媒体参加,新浪网、中华广告网、人民网等国内著名网站发起成立了网络公益广告联盟。三是建立公益广告网站。2008年12月由中国广告协会电视委员会主办的中国公益广告网正式运行,这是中国首个以公益广告为主体,融合影视、广播、平面、户外立体、动漫等多元形态的专业性公益广告门户网站。此外,国内一些知名网站、城市设置了公益广告专栏或公益广告网站,如优酷广告专题站、重庆市户外公益广告网站等。2012年6月,"CCTV电视公益广告全球征集活动"在北京启动,腾讯等网络媒体也启动了"网络征集公益广告上线展播仪式",门户及视频网络渠道成为电视公益广告征集和展播的重要途径。

　　网络公益广告紧扣时代特点,反映当下人们关心的热点问题。网络公益广告的形式也日趋多元化,由最初的平面、静态形式,发展到三维、动画和多媒体形式,还通过网络游戏、数字影像合成、红外感应等方式形成互动体验。此外,电视公益广告和广播公益广告也通过网络播出,公益广告资源得到了进一步利用,发挥更大效用。作为热门的互联网应用之一,微博具有用户广泛、关注度高、传播迅速的特点,也成为网络公益广告的重要传播渠道。如上海市公安局发布的用"凡客体"写成的防电信诈骗公益广告,一度成为微博热门被网友转发并广受赞誉。"爱打电话,爱发短信,爱装警察,爱装法官,爱装检察官,也爱说电话欠费、法院传票、银行转账、恶意透支、涉及洗钱、安全账户……我不是神马,也不是浮云,我是电信骗子,警察一直在找我,如果我找你,马上拨打110。"这样一段标准的"凡客体"文字并非出自网友之手,而是上海市公安局清明节期间贴出的防电信诈骗公益海报。2011年4月9日,网友"顾昱Lance"在淮海路拍到了这幅创意海报并发到了微博上,短短3天就成为微博热门话题。一些名人也加入转发行列并留下好评。网民直夸上海警方"与时俱进",纷纷给力地留下了一个竖起大拇指的表情;新浪微博负责人曹增辉则评价:"上海政府部门在这方面都很有才!"

　　由此可见,网络公益广告充分利用网络互动性强、内容丰富、形式多样等特点,线上、线下活动相结合,引起社会关注,吸引了热心公益事业的团体、企业及人士参与,探索了公益广告发展新路径,推动了公益事业发展。

(二)手机成为传播公益广告的新载体

　　手机媒体作为新媒体核心力量,融合了报纸、电视、广播、网络等媒体的内容和形式,被称为第五媒体。手机既区别于传统媒体,又区别于网络,既具有无线媒体的基本特点,又融合了纸质媒体的书写与网络的互动特性,整合了视频、图片、声音和文字等多种信息元素,形成全方位信息承载。它覆盖面广,受众众多;迅速便捷,可即时传播;传播门槛低,具有大众化特征;信息送达率高,发布费用低廉。在以受众为中心的传播时代,手机媒体进一步拓宽了公益广告的传播渠道,丰富了公益广告的传播形式,其传播公益广告的作用逐渐得到人们的认可。

　　2016年12月,云南省弥勒消防大队开展消防公益广告朋友圈投放推广活动。云南省弥勒消防大队选取了当下最便捷有效的微信朋友圈发布公益广告,对冬春季节消防进行宣传提示,提醒广大市民:增强安全防范意识,掌握消防技能,积极预防火灾,保障生命安全。在内容上,弥勒消防采取图文并茂的形式,精心编排"消防安全常识二十条"。"消防安全常识二十条"是从国家消防法律法规、消防技术规范和消防常识中提炼概括的,语言简练、通俗易记、实用性强,对此加以宣传是希望公民能掌握最基本的消防知识,提高自防自救能力。为使公益宣传具有针对性和实用性,消防队积极与腾讯社交广告公司合作策划,依托腾讯海量优质流量资源,通过多维度访客定向技术,投放年龄13~60岁群体,采取每天推送部分持续2周的模式,区域为弥勒市市民,投放数量累计为13万人次,取得了较为精准有效的传播效应[1]。

手机作为一种传播公益广告的新兴媒体,就目前而言,从方法到细节,从理论到实践尚处在探索中[2]。4G时代使手机媒体具有网络媒体的许多特征,成为人们随身携带的互动式大众媒体,成为互联网的延伸,语音、文字、图像、视频等实现新的集成。卡通等新的艺术元素的引入,有助于增强手机媒体公益广告的视觉冲击力和现实感染力。

三、新媒体公益广告的特点及传播优势

在相当长的一段时间内,传统媒体的公益广告占据了绝对的主流位置,并取得了可观的社会效益,但传统媒体的公益广告渐渐显露出局限性。以公益广告在报纸杂志的传播为例,尽管报纸杂志具有海量的发行基础和良好的公众形象,但平面广告设计的局限,使很多创意无法实现,尤其大众从"看到"到"参与"之间的转化率极低。另外,随着报纸杂志市场的细分化与专业化,许多媒体不再具有公益广告所需要的"量"的基础,广告投放效果甚微且成本增加,公益广告也很难与专业媒体的定位和内容相融合。此外,由于报纸杂志有固定的发行周期,时效性相对较差,间断的、相对独立的公益广告、公益活动不能从根本上起到增强全社会公益理念的作用,针对社会事件的公益宣传滞后,缺乏反馈与互动。

与传统广告不同,新媒体公益广告运用网络页面设计、多媒体设计等现代数字化技术向公众传播公益信息,比传统媒体公益广告承载的信息更为丰富,同时通过互动式的传播方式更快捷地满足广大受众求快、求新、求奇的心理需求,调动了受众积极性。最关键的是,新媒体具有自主选择性。传统媒体往往"强制性"地向受众传播信息,受众无法主动选择,只能被动接受。相较而言,新媒体能够把文字、声音、图形、图像甚至动画等要素统一起来,当受众关注到新媒体发布的公益信息时,信息就积极地作用于受众的感觉器官,赋予受众广泛的选择空间。在新媒体公益广告设计过程中,为了使受众与信息传播者更好地互动,广告创意人员会主动地考虑接收者的心理感受,为公益广告所传递的信息寻求共鸣。

1. 新媒体建构新的人际关系网络使公益理念得到可持续传播

一般认为,公益活动往往通过"滚雪球"式的人际传播辅以媒体宣传,能够实现更好的传播效果。在新媒体环境下,这种传播方式被进一步完善。互联网具有开放性和互动性特征,在不断的分享与互动过程中很容易培养起人与人之间的认同感和信任感,加上集体活动本身就是

---

[1] 杨之辉.云南弥勒消防微信朋友圈推广公益广告助力冬春火灾防控宣传[EB/OL].[2016-12-30].http://news.163.com/16/1230/20/C9IGJK58000187VG.html.
[2] 匡文波.第五媒体发展新亮点[J].传媒,2012(01):64.

一个吸引认同感的过程,这使得新媒体在更广泛的时空范围内构建出一种新的人际关系。公益活动的主导角色不再由政府、企业、公益组织所担当,每个网民都可以是公益活动的发起人、倡导者、参与者,公共意识代替传统的官方意识进行着公益引导和动员,"微公益"渐成趋势,公益广告传播由传统的自上而下变成了自下而上。同时,即时的互动交流使公益活动的每一过程透明化,使得更多的潜在参与者能够及时获取信息。微公益的参与方式多种多样,在不断的互动、分享、传播中,公益理念得到了可持续的传播,参与者也获得了精神上的快乐,由此激发出更多的参与倾向。

2015年年底北京奥美广告公司为野生救援策划了一场"啃指甲救犀牛"活动,其海报创意吸引了众多眼球。从国际影星Maggie Q到李冰冰、陈坤等国内明星都以"啃指甲"的诙谐行为亮相,告诉大家"犀牛角的成分与你的指甲毫无二致",呼吁大家不要消费犀牛角。微博上"啃指甲救犀牛"的标签大大提高了话题传播力,活动还邀请参与者通过微信朋友圈秀啃指甲的自拍照,以互动传播的形式刷新公众新的认知[1]。

2. 线上线下融合

目前,完全的在线公益活动往往规模较小,缺乏有力的组织,且在线集体活动容易存在"搭便车"、公信力不足等问题,难以取得显著的成效。利用新媒体优势,对公益活动进行造势宣传,融合线上线下渠道,则能进一步整合公益资源,扩大参与人群,传播公益理念。

在过去十年中,野生救援组织成功将"没有买卖,就没有杀害"的观念植入人心,主要借助的是电视广告和户外广告投放。但在新媒体时代,他们必须找到更能有效抵达公众的传播方式。利用明星影响力进行线上线下传播变得越来越普遍。在2013年"我与鱼翅说再见"项目中,"快乐家族"的几位主持人就参与了线上承诺以及线下互动活动。该项目在线浏览量高达5千万次,超过36万人做出"拒食鱼翅"的承诺[2]。明星们发布的公益广告微博常常有几十万至上百万的浏览量,大大提高了公益项目的传播效果。

2011年的"地球一小时"活动也是新媒体公益广告的另一个优秀案例。该活动并未通过新闻发布会等传统模式进行前期宣传,而是录制了活动主题曲视频放在"地球一小时"官网活动主页上,同时转载到搜狐、腾讯等门户网站,并在人人网、新浪微博等SNS社区得到了广泛分享和传播,许多明星以及其他公众人物也通过网络互动积极地进行了宣传,极大地扩展了活动规模。之后,具有权威性的传统媒体也对此进行了后期报道,进一步强化了传播效果。

政府、公益组织、企业、传统媒体等是公益事业的有力组织者、引导者,也都是具有丰富线下资源的公益传播主体。在新媒体环境下,公益广告依然需要有力的组织与正确的引导,因此,线上宣传、线下运作的融合模式较适合当下的公益活动,而对各方公益广告传播主体来说,卓有成效的传播技术与公益热情同样不可或缺。

---

[1] 杨秋月. 为什么这么多明星都喊过"没有买卖就没有杀害"这句口号[EB/OL]. [2016-09-05]. http://m.jiemian.com/article/834674.html

[2] 杨秋月. 为什么这么多明星都喊过"没有买卖就没有杀害"这句口号[EB/OL]. [2016-09-05]. http://m.jiemian.com/article/834674.html

3. 信息传播方式革新

数字时代，许多现实中的场景都可以通过数字技术再现，人们在电子虚拟世界中越来越重视互动功能的体验。媒体互动特质的展现，使得信息的传播呈现互动交流的态势，为当代公益广告的发展注入了活力。

一句话概括互动，即"你来我往"，这里的"你来"指的是"输入（input）"，"我往"指的是"反馈（feedback）或输出（output）"。互动设计已经成为当代社会的流行词汇，并广泛应用于数字科学、社会学、传播学、设计学等领域。从用户体验角度来说，互动设计是一种让产品更为简便易用，使信息更为有效传递而又让人使用愉悦的技术。在广告设计领域中，互动是指利用新媒体的互动特性设计人与人，或人与物交流互动的广告。"人机交互、人人参与"正是当代公益广告的魅力所在。

与传统媒体公益广告的单向传播方式相比，双向互动交流是新媒体公益广告最为显著的特征，受众在新媒体载体上，拥有了信息的自主选择权。新媒体公益广告信息的传播不再是由信息发布者单向地"推"向目标受众，而是由信息的发布者与接收方主动地交流互动信息，使得受众能够全方位地接收并理解信息所要表达的实质，并及时反馈信息接收结果。

野生救援组织在"我与鱼翅说再见"微博传播中，与O2O美甲品牌河狸家合作发起了"手指护鲨行动"，护鲨大使江一燕还在美拍直播中发起了一场公益直播，在网络上与受众"面对面"交流。江一燕一贯富有亲和力的形象和互动式的直播模式，使动物保护的概念更加深入人心。据统计，这次活动在微博上的阅读量超过了122万。

四、新媒体公益广告的发展趋势

随着社会生产力的发展，"消费者主导""受众中心"的观念日渐凸显，消费者内在的互动意识也随之强烈地表现出来，传播必须创造人们可以及时分享信息传播的空间，才能满足互动化的需求。以网络广告为代表的互动传播已成为最具生长潜力的广告方式，受到广告业界前所未有的关注。互动式广告最早起源于美国。1999年，系统论和传播学理论被引入公益广告理论研究中，Stephen J. Brown 以新颖的研究视角，分别从宏观和微观两个方面探讨了互动传播的传播模型，首次对广告的互动传播进行了有益的探索。随着移动互联网的日趋成熟，2009年，B. Barak 指出互动传播是广告传播的主要特征，网络为互动传播提供硬件支持，大众生活环境的网络化更是为互动传播提供了软性土壤。B. Barak 同时还提出，网络传播的互动性强的特点还能使传播的互动性体验更易为大众所接受。

针对公益广告最广泛的受众群体——全体社会公众——进行传播互动，成为公益广告传播的总趋势。公益广告的互动传播具体指针对某一公益广告主题，通过新颖独特的表现方式与受众深入沟通，引起受众主动参与活动、主动讨论公益广告信息内容，并主动分享其互动感受，本质上是一种传播主体与传播受众之间所进行的有组织的、类人际的传播活动。公益广告互动式的信息传播较之于以往单向传播，一方面使受众由被动的信息接收者成为主动的信息参与者和传播者，提高了受众参与度，另一方面也有利于获取即时反馈，并精确测定公益广告的传播效果。

1. 参与性将推动公益广告由信息感知到行为实践的转变

广告的互动传播,无论是基于传统媒体还是早期 Web1.0 的网络环境,传受双方都是以相互了解、相互影响为目的,侧重通过交往获得情感的支持和关系的升华。然而,Web2.0 环境下的公益广告往往采用用户创造内容(user generated content)的网络信息资源创作与组织模式,关注公众基于理性的真实参与,即公益广告的互动传播在心,更在于行。例如,公益广告《忘不了的家味》(见图 6-1)以家里的美食为切入点,将公益广告和捐款页面相连,这种交互式营销闭环极大地提高了公益广告的转化效率。人们纷纷投入抢救"濒临灭绝的十道美味"的行动中。该广告在朋友圈、QQ 空间、QQ 浏览器和 QQ 购物号上线 9 个小时,就通过购买菜谱晒到朋友圈、QQ 空间的方式募捐到善款 45000 元,用于阿尔茨海默症患者的看护资源支持①。也许就传播个体而言只是在尽微薄之力,但众多个体的力量汇集起来将可能创造巨大的传播价值,不但推动了公益广告信息的快速传播,也促进了公众从信息感知、交流到实际公益行动的实现。

图 6-1 《忘不了的家味》

2. 平等的交流方式益于保障公益广告社会责任的落实

公益广告传播公益理念,倡导公共意识,是点亮社会责任的明灯。公益广告社会责任的落实得益于"对话引导"而非"强硬说教",社会化媒体时代信息平等交流的方式无疑为其准备了条件。较之于传统媒体和 Web1.0 时代的网络媒体,社会化媒体将大众传播与人际传播有效

---

① 创益·忘不了的家味,抢救"濒临灭绝的十道美味"[EB/OL].[2017-10-18]. http://www.vccoo.com/v/84u8jm? source=rss.

地结合起来,不仅提供了双向传播,还将传播者和受众放到了信息传播的同等地位,使得信息的表达方式从"传播"变革为基于平等对话的"交流"。

Responsible Young Drivers 是比利时一家针对年轻驾驶员安全意识教育的公益组织,鉴于每年因驾驶员在开车时发短信而引发上千起交通事故,该机构选择和驾校的教练员合作,拍摄以开车时不要用手机为主题的公益广告。广告以驾校考试为创意内容,年轻人一边开车通过测验,一边根据教练员的指示利用手机发送信息,结果毋庸置疑,很多学员都表示无法做到。最后,广告文案提醒受众:边开车边发短信是相当危险的事情,如果你也同意,请帮我们转发这条广告!该公益广告摒弃了说教般的口吻与司空见惯的恐惧式诉求,借助平等交流和视频网站口口相传,增强了公众对公益广告的黏性,也确保了公益广告社会责任的实现。

3. 强社交性创新公益广告"人人互动"的传播模式

在传统媒体单向传播背景下,公益广告的互动传播只能依靠广告发布前的市场调研和投放后的效果评估而延时实现。随着网络媒体的异军突起,其得天独厚的互动特性使得公益广告传播主体与受众实现了直接对话,变劝服式、被动式的公益广告为实时性的话语沟通,极大提高了公益广告互动传播的效果。现如今,网络传播已进入"以人为本"的社会化媒体时代,社会化媒体具有强交互性,能够将互联网用户的真实人际交往及行为方式聚合于网络服务平台上,用户根据自己的兴趣、社会关系来组织个人门户,并以共同感兴趣的内容为话题,进行充分的交流。公益广告传播以用户的个人化信息为中心,以社会关系为脉络,以裂变式的速度带动公益广告信息的分享与交流,激发更多的公众对公益广告互动参与的热情。例如,一则艾滋病宣传公益广告,便采用了新媒体进行病毒式扩散,先在 Facebook 建立了男女虚拟主角的主页,通过发送好友请求尽最大的努力去"传染"到更多的人。数百个用户因为接受请求而被"传染";而后,他们的名字被标记在了图片上,用户移动鼠标可以查看都有谁;这些同意好友关系的人,会收到一则消息:"我刚才把艾滋病传染给你了,因此当你和别人发生关系的时候,请做好安全措施。"可见,公益广告传播不但可以实现与受众的"延时互动""即时互动",还可以进一步实现"人人互动"。

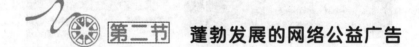

第二节 蓬勃发展的网络公益广告

互联网已成为继报刊、广播、电视之后的第四大媒体,作为新媒体广告的一个重要组成部分,网络公益广告也越来越多地进入人们的视线。本节通过对中国网络公益广告现状和目前网络公益广告传播形式的分析,介绍网络公益广告是如何借助互联网平台,通过建立交互性关系,加强与公益活动的相融性。

一、中国网络公益广告的开展途径

(一)由网站自发策划选题

2000 年 9 月,国际 Webmaster 协会(中国)在其网站 www.webmaster.com.cn 率先推出

网络公益广告专题频道,开启了播放网络公益广告的先河。其目的在于将网络技术融入公益事业,积极推动网络广告与公益事业的发展,通过倡导网络公益广告,唤起网络从业人员以及社会公众对公益事业的支持。该频道主要通过提供一些令人关注的公益新闻与焦点话题,从"关注生命,关注自然,关注社会"三大主题介绍公益事业的发展状况,激发网络专业设计人员的创作灵感,同时征集有关公益广告主题的网络广告作品,在业内引起了广泛的关注。该组织还于2000年5月发起了主题为"让网络充满阳光——网络公益广告"活动,邀请了网络设计专业人员以及网络广告从业人员参与,就公益广告设计和公益广告在互联网上的发展展开了积极的讨论①。在此基础上,国际Webmaster协会(中国)成立了网络公益联盟——阳光网站联盟。其目的是吸引一批网站,展示该频道制作的网络公益广告作品,并对相关公益组织的站点与项目主页进行链接,集合网络力量,形成一个网络公益广告的站点联盟,以网络特有的方式关注、支持公益事业的发展,真正实现"让网络传递公益,让公益贴近生活"的目标。2003年6月,新浪网发起抗击非典网络公益广告大赛,向社会团体、广告公司、文化策划公司及个人征集抗击非典网络公益广告;2004年8月,东北新闻网面向辽宁地区广大网友有奖征集反腐倡廉网络公益广告。这些由网站发起的公益广告活动越来越受到人们的关注。

(二)由政府职能部门出面组织、引导

2001年11月,中国广告协会协同国家工商行政管理总局广告司、信息产业部信息化推进司、中国红十字会、中国青少年发展基金会共同组织首届网络公益广告活动,旨在利用互联网的优势增强全社会对公益事业的关注与参与。这是国内首次大规模把公益事业和网络媒体结合起来的活动,也是国内首次以公益为主题并以网络广告表现形式为载体的创作大赛,面向全国的公司、团体和个人广泛征集公益广告的主题、创意和内容。该活动引起社会的广泛关注,大量知名媒体追踪报道,形成轰动效应。这次活动联合多家知名网络媒体参加。2001年12月,新浪网、中华广告网、人民网等国内著名网站联合成立了网络公益广告联盟,形成最具实力的运作联合体。网络公益广告联盟的成立顺应了这种潮流,旨在推动网络广告与公益事业的结合,为网络广告的发展探索新的方向,同时为公益事业添砖加瓦。

2004年,中国广告协会电视委员会和中国视协广告艺术委员会联合举办"2004中国FLASH公益广告大赛",此次大赛改变以往公益广告主要由专业机构创作的做法,通过FLASH这一新兴的创作方式和网络互动媒体,动员公众参与,使公益广告创作贴近实际、贴近生活、贴近群众,从而提高公益广告传播的社会影响力。大赛的主题是"诚信·爱心——人生之本"。

这些活动联合多家知名网络媒体参加,充分利用网络互动性强、内容包容量大、形式丰富的特点,网上、网下活动相结合,形成社会热点,引起社会的广泛关注,吸引了大量热心公益事业的团体、企业及各界人士参与,对中国公益事业的发展起到了积极的推动作用,为网络公益广告探索了一个新的方向。

在主题方面,网络公益广告与传统媒体公益广告相同,主要涉及环境保护、社会秩序、社会

---

① 张明新.公益广告的奥秘[M].广州:广东经济出版社,2004:305.

公德、倡导健康生活等。网络公益广告在形式方面也不断发展,日趋多元化。由最初的平面、静态形式,发展到现在的三维、动画和多媒体形式。丰富生动、赏心悦目的网络公益广告激发了受众的兴趣和回应,大大增强了网络公益广告的实效性。如网络公益联盟推出的"预防艾滋病'打地鼠游戏'"公益广告,采用了"打地鼠游戏"的形式来诠释"防治艾滋病"主题,创意新颖,表现形式别致。

2013年1月,中宣部、中央文明办、工信部等七部委联合下发《关于深入开展"讲文明树新风"公益广告宣传的意见》(文明办〔2013〕1号),按照意见要求,中国网络电视台成立全国网络公益广告制作中心,牵头设计制作"讲文明树新风"公益广告作品并在全社会范围内刊播。2013年10月25日,由中国网络电视台发起的公益广告创作组织——公益广告艺术委员会——在京成立,目的是汇聚公益广告的创作力量,为民众带来更多的公益广告作品,并能为公益广告的制作提供理论支持和行业指导,确保公益广告作品能够最大程度地体现"中国精神、中国形象、中国文化、中国表达"的创作主旨。截至2013年,全国网络公益广告制作中心以"中国精神、中国形象、中国文化、中国表达"为创作主旨,采用36个地区的8种民间艺术为素材,通过平面、手机、展板、围挡、LED、遵德守礼引导牌6类36种规格共制作了3400多个公益广告作品[①]。

应该看到,与发达国家相比,目前中国的公益广告事业还处在发展的初级阶段,网络公益广告可以说又处在初级阶段中的刚刚起步阶段,其优势还没有得到充分利用,不可避免地存在一些问题。一是制作这类广告的大都是只懂网页技术的网络专业人才,而不是广告专业人才,缺乏既懂广告策划、广告创意,又懂网页制作的网络公益广告制作专门人才。目前网络公益广告大多是由网络技术人员完成,与传播、设计等广告要素契合度不高,无论文案、设计、创意、动态效果等都稍显稚嫩;过分注重技术本身的表现形式和音频视频效果,缺乏广告诉求内容与多媒体效果的有机统一,从而使传播效果大打折扣。二是支持网络公益广告发展的环境尚未成熟,公益意识淡薄,未形成规模。多数企业未能加入此行列,存在为比赛评奖而制作网络公益广告的现象,开展网络公益广告活动时"声势较大,成绩比较突出,但容易流于表面,只有阶段效应,不能经常和持久"[②]。当然,这些问题不是一朝一夕能够解决的。网络公益广告作为时间不长的沟通传播方式,它的成熟与完善还需假以时日。

二、网络公益广告的传播形式

(一)门户网站展示类公益广告

门户(portal)原意是指入口,后引申为派别等,现多用于互联网的门户网站,是用户浏览网络的起点。门户网站基于JavaScript等计算机语言支持,是一种为用户提供相关信息资源服务的开放性应用系统。在互联网门户网站中,一般广告主要通过图片、文字、视频等形式来表现。在互动性广告中,设计者主要依托ScrollMagic等互动插件工具的支持来增强互动设计的表现

---

① 孙建昆.公益广告的全媒体时代[J].互联网周刊,2013(11):31.
② 倪宁.广告新天地:中日公益广告比较[M].北京:中国轻工业出版社,2003:131.

力,生动地表达互动设计内容,形象地向用户进行描绘。门户网站公益广告互动性设计的应用,在为互联网用户带来良好的互动体验的同时,实现了公益信息准确、高效的传播。

1. 网幅类广告

网幅类广告是最早的互联网广告形式,在门户网站中有固定的广告版面,根据客户的需求,广告版面可制作成特定大小,主要以 GIF、JPG 图片格式来表现广告内容。随着互联网科技的发展,网幅类广告的表现形式也经历了静态→动态→互动式的演变。其中网幅类公益广告是在网幅广告设计基础上传递公益信息的一种广告,其互动形式丰富多样,具体表现为在广告互动中,用户通过鼠标、键盘或是表情、声音、肢体语言进行游戏参与、问答接龙等形式的交流互动。这类广告表达更为直接生动,比单纯点击参与的互动内容更为丰富,凭借其众多的优点已成为当前门户网站中主要的网络广告形式。

网幅类公益广告互动是通过引导用户对门户网站中的广告版面进行鼠标点击、滚动、滑动或是键盘的输入而触发的互动行为。如图 6-2 所示的名为 *Planet Earth* 的广告中,当用户鼠标滑过或者点击时,互动性广告即被触发,通过用户鼠标的拖拽等动作来实现图中人物衣服的拼接以及地球图形的置换。此类广告动态效果显著,趣味性强,用户进行游戏的过程就是广告传播的过程,既达到了广告的效果,又为用户带来了娱乐体验,在用户互动参与收获愉悦心情的同时,潜移默化地传递了地球环境保护的公益信息。

图 6-2　*Planet Earth*

2. 漂浮式广告

漂浮式广告又可以理解为浮层类广告,在门户网站中拥有独立的广告位,以漂浮形式存在于网页的分层中,其特点是不被任何网页元素遮挡,为了达到广告效果可支持多个广告同时存在。漂浮式公益广告在互动性设计中一般采用特定的活动路线展示,以其动态的形式吸引用户的注意、融入与互动,另外还有些个例会采用出其不意的出场方式出现在用户面前,以特别的方式吸引受众的参与。

如图6-3所示,是由WWF发布的以保护动物为主题的公益广告,以浮层的形式在门户网站上展现,通过GIF动态图片模拟真实的海底场景。首先受众看到的是一个美丽的海底场景,点住画面向右拖动鼠标,画面就会慢慢旋转,此时你发现之前看到的美丽海底只不过是人造的假象。通过变换广告画面位置,巧妙地造成前后反差,传递出未来是人类创造的,要保护生态环境的主题。

图6-3 保护动物漂浮式广告

3. 特殊视频类广告

特殊视频类公益广告即以视频播放的形式表现的公益广告,采用先进的数码技术将传统视频广告与互动设计相结合,独立播放于门户网站中。此类广告通常尺寸较大,通过视频的播放以及互动元素能为用户展现更多的广告信息。门户网站中视频类公益广告主要的互动设计表现形式有标准的动态视频播放、画中画视图切换等,互动表现为用户对视频的重播、下载以及转发,有些视频广告还会添加小游戏等互动元素,鼓励用户参与互动,有效提高广告的互动率。

如图6-4所示,废旧电池污染广告采用的是"画中画"的互动设计,广告将废旧电池的污染分为水资源污染及人体大脑损坏两个主题,用户可以选择点击播放某一主题,主题视频就会从当前画面中由小到大慢慢延展开来,根据主题的不同,表述不同的广告内容。这类广告通过互动设计应用,更全面、更丰富地宣传了公益主题信息。

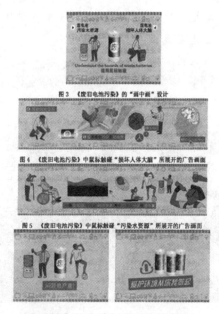

图6-4 废旧电池污染视频画面

(二) SNS社交网络类公益广告

SNS是借助于互联网平台为人们提供社会性关系网络的应用服务,也可视为一种社交信息发布的载体。SNS全称social network site,常解释为"社交网站",是一种基于个人网络基础的社会性网络平台,通过个人之间相互的关系网络拓展朋友圈以扩充自己的人脉,从而实现信息的互通以及资源的共享。随着SNS社交网络的兴起,萌生出许多社交网络新形式,影响力较广的有Facebook、人人网、新浪微博、QQ、播客等,都具有强大的信息创造及发布能力。

【案例评析】

社交公益广告"ALS冰桶挑战赛"

"ALS冰桶挑战赛"(ALS Ice Bucket Challenge)在短短两周内风靡全美国(见图6-5)。从2014年7月下旬到8月中旬,ALS协会和全美的分会已经收到近400万美金的捐款,相比于2013年同期的112万美金增长了将近三倍。"ALS冰桶挑战赛"的规则非常简单,要求参与者在网络上发布自己被冰水浇遍全身的视频内容,然后该参与者便可以要求其他三个朋友来参与这一活动。活动规定,被邀请者要么在24小时内接受挑战,要么就选择为对抗"肌肉萎缩性侧索硬化症"捐出100美元。该活动旨在让更多人知道被称为渐冻人的罕见疾病,同时也达到募款帮助治疗的目的。在这个规则里面,背后隐藏了三个极其特殊的要诀:简单快捷可操作、网络发布、冰水浇身。

毫无疑问,作为一个完全零费用,在极短时间内引爆全球关注的"冰桶挑战"活动,它的规则设定是特别重要的,简洁可操作的规则有效确保了事件能得到快速、有效的传播。

首先是过程简单,冰和水很容易找到,向头上泼洒,全过程简单快捷可操作。其次是网络发布。网络视频的威力不容小觑。冰水浇身彻底满足了草根群体的围观心理:好玩有趣够搞笑。最后,参与者向三个朋友发起挑战,这条规则让参与者自发传播,达到人传人的病毒式传播效果,这种策略最大的价值就是省钱、快速、传播面广①。

图 6-5 冰桶挑战赛

21世纪是一个信息爆炸的时代,也是全民关注公益的时代。SNS社交网络特有的社交网络圈,以人际社交的模式构建了个人网络社交网,公益信息的扩散及互动也人情味十足,更具亲和力和可信度。利用SNS社交网络打造公益平台,全力打造全民公益也正是互联网媒体公益广告互动性设计的主旨。

三、网络公益广告的创作要点

对于新媒体广告设计,国外研究重点在于交互性、人性化设计等方面,研究范围较广。例如,唐纳德和诺曼合著的《情感化设计》一书指出,在产品设计中融入情感,产品有了感性与可用性的完美融合,达到产品更具魅力,同时更实用的目的②。在《交互设计沉思录:顶尖设计专家Jon Kolko的经验与心得》一书中,Jon Kolko对交互设计进行了大胆的探索,其有关交互性设计的很多观点在整个设计领域有极强烈的反响③。另外,在《IDEO,设计改变一切》([英]T. Brown著)和《Web界面设计如何让用户心动》([美]Robert Hoekman 著)两本著作中,重点关注了新媒体传递广告时,如何充分照顾受众的心理感受。这些理念为网络公益广告设计提供了理论依据。网络公益广告创作,尤其要注重交互性突出新媒体互动传播的优势,契合网民思维习惯,注重利用各种网络载体进行传播。

---

① 蔡勇劲. 冰桶挑战:一个吊炸天的病毒式营销案例剖析[EB/OL]. https://www.huxiu.com/article/40508. html.
② 诺曼. 情感化设计[M]. 付秋芳,程进三,译. 北京:电子工业出版社,2005:107.
③ Jon Kolko. 交互设计沉思录:顶尖设计专家Jon Kolko的经验与心得[M]. 方舟,译. 北京:机械工业出版社,2012:1.

(一)注重交互性

交互设计要简洁,以求能够简明直观地传递信息,减少信息传递的时间和过程,将更有利于人们的记忆。内容的创意应紧密结合人们的日常生活,让人们真切感受到公益是每时每刻发生在身边的事,生活中的小习惯就会关系到诸如环境保护这类与人类发展息息相关的大事。广告通过日常生活环境来表现,会让受众产生熟悉感,减少抵触情绪。受众在日常生活中会经常遇到和广告相同的环境,容易联想起广告内容,从而加深印象,增强广告的传播效果。

表现手法可以采取实景加手绘的方式。广告中的环境用实景拍摄的方式,这样能够尽可能真实地还原生活场景,给受众创造一种真实的沉浸感。交互区的设计和广告内容展示部分可采用手绘动画的方式。手绘动画生动活泼,可以减少公益广告严肃教条的说教意味,增添广告的趣味性,使受众能够以一种愉悦的心情观看,有助于广告信息的传播和记忆。

(二)主题内容契合受众心理和思维

一般来讲,网民对网络商业广告的心理认可程度是较低的,但网络公益广告不是以向网民推销产品为目的,它推广的是观念,在吸引受众方面具有优势。从总体上来讲,网络公益广告与其他媒体公益广告一样,广告主题内容的确定必须结合受众(网民)的心理,应该注意以下两点:

第一,主题内容应该贴近生活,反映时代焦点。网络公益广告的主题必须具有明显的针对性,紧扣时代脉搏,关注社会最关心的话题。只有这样,网络公益广告才能唤起网民心灵上的感应、情感上的共鸣。

第二,主题内容的确定应有计划性。有些主题内容是需要长期关注的,比如绿化、环保、艾滋病等。对于这些主题内容应该在不同的阶段从不同的侧面,用不同的形式去表达。这样做既可以使受众有持续感、新鲜感,还能加深受众对相关主题内容的理解和感受,保证了网络公益广告效果的长期性。

(三)创新网络公益广告表现形式

网络公益广告要吸引受众,就要增加它的趣味性、娱乐性。网民是根据自己的喜好和兴趣去主动选择广告的。网络公益广告不能等待网民去搜索,而应该投放富有创意的网络公益广告,用丰富的创意和新颖的形式吸引网民的注意。

1. 以网络视频为载体

近年来,中国网络视频用户数量和市场规模不断扩大,持续高增长。2018年网络视频用户规模达7.25亿,占整体网民的87.5%[1]。相对于传统网络公益广告形式,网络视频公益广告的出现无疑是一种开拓和创新。网络视频公益广告的画面具有很强的吸引力,能够在短时间之内快速地抓住受众的注意力。有电视公益广告做基础,受众会非常容易接受和习惯观看网络视频公益广告。

2016年8月30日世界鲸鲨日这天,野生救援组织宣布周杰伦为公益大使,并发布了周杰

---

[1] 中国网络视听协会.2019年中国网络视听发展研究报告[EB/OL].[2019-05-28]. http://tech.qq.com/a/20190528/000669.htm.

伦呼吁大家保护大象、犀牛、鲨鱼和穿山甲的4部公益广告片[1]。2016的世界地球日,野生救援组织为气候变化项目"GO BLUE 向蓝"推出的公益广告《鼻毛传》(见图6-6)有着无法言说的"魔性"气质。这个创意广告片讲述了当人们麻木地习惯于雾霾时,用来过滤空气的长长鼻毛说不定会变成一种新时尚。黑色幽默和超现实主义的画风很适合互联网传播,得到许多年轻人的转发和点赞[2]。对于《鼻毛传》这种脑洞大开的创意形式,或许并不适合较为严肃的公益项目,所以在未来的传播中,选择哪种创意形式要取决于广告内容。

图6-6 你不改变雾霾,雾霾就会改变你

2. 以网络游戏为载体

以网络游戏为载体传播网络公益广告利用人们对游戏的天生爱好心理,在游戏的过程中潜移默化地影响受众的心灵。网络公益广告游戏自身的特点决定了它的优势:互动性强,比较符合网民的需求和口味;"黏性"高,为了提高游戏技能,网民就会不停地重复玩游戏,可以大大延长网民对广告本身内容越来越缺乏耐心和关注的时间;娱乐性强,可以吸引受众自觉地关注和参与。例如,风靡中国网络的《王者荣耀》设计了古风乐曲、传统文化元素皮肤,以及守卫长城等情节要素,深入传递对优秀传统文化的"守护信念"。

综上所述,网络公益广告的创作要巧妙地运用最新制作与发布的技术,不断丰富广告的表现和发布形式,给网民以新的感受,使网民对网络公益广告形成一定的期待心理。只有这样,网络公益广告的传播才能形成规模。

第三节 4G时代的手机公益广告

随着4G网络的快速推广和广泛普及,手机媒体的作用与影响力不断提升,已经跨入主流

---

[1] 杨秋月. 为什么这么多明星都喊过"没有买卖就没有杀害"这句口号[EB/OL]. [2016-09-05]. http://m.jiemian.com/article/834674.html.

[2] 杨秋月. 为什么这么多明星都喊过"没有买卖就没有杀害"这句口号[EB/OL]. [2016-09-05]. http://m.jiemian.com/article/834674.html.

媒介的行列。在这个新的发展阶段,手机公益广告需要抓住 4G 网络带来的发展机遇,更好地发挥出手机媒体的传播力与影响力。本节主要研究 4G 背景下手机媒体的发展机遇和挑战,通过分析手机媒体现状和手机公益广告案例,提出 4G 背景下手机公益广告的发展策略及创作要点。

一、移动互联网及手机媒体发展概况

如果说过去的十年为互联网时代,那么今后的十年将是移动互联网时代。继报纸、广播、电视、网络四大媒体之后,手机媒体正式进入 4G 时代。手机媒体的各种功能和潜力不断得到挖掘,大大增强了受众对手机媒体的依赖性。手机支付、手机电子商务、手机理财、手机游戏、手机广告、手机视频、手机银行、手机定位、手机营销、手机通信、手机社交、手机打车……手机集众多功能于一身,几乎无所不能,人们出门只需带上手机即可。它体现出与以往任何媒体不同的传播方式,可以预见手机媒体将在人类生活中扮演关键角色并发挥无可替代的作用。

(一)4G 背景下的手机媒体

所谓手机媒体,就是借助手机进行传播的工具,是网络媒体的延伸。随着 4G 通信技术、计算机技术、信息网络技术的发展与普及,手机不再是简单意义上的移动电话,已经演变为一台集多功能于一体的综合性移动媒介。手机媒体既拥有着 CPU、储存卡、内存、操作系统等计算机的本质组件,又利用无线互联网的海量网络信息,成为继报纸、广播、电视、网络之后的新一代大众媒体,因而有学者形象地称它为"第五媒体"[①]。

4G 时代的手机媒体除了基本的通信功能以外,还囊括了新闻传播、音乐影视、娱乐游戏、生活购物、移动支付、移动虚拟社区、信息服务等附加功能。如今的手机媒体就像一张大网,其作用与地位不断提升,并将成为未来媒介发展的主要推动力量。

手机广告业务最初在 3G 时代逐步在国内开展起来,凭借着手机媒体传播范围广、交互性强、针对性强、受众数量可统计、实时、灵活、成本低、强烈的感官性等众多优越性,手机广告的巨大发展潜力越来越受到广告主的重视。但受制于 3G 时代的网络限制与手机硬件不足等因素影响,3G 时代的手机广告形式比较单一,主要以手机短信广告、手机网址推送广告、手机报广告等形式为主,在创意方面也比较缺乏,并且无法保证完成高质量的传播与接收,因而在整个 3G 时代,手机广告一直处于萌芽发展阶段。随着 4G 网络的挂牌并迅速覆盖,4G 手机也逐步走进千家万户,高达 100Mbps 的传输速率可以满足当前任何形式的手机广告业务,包括手机视频广告、手机网页广告、手机游戏广告、手机定位广告、手机社交广告等多种方式,极大地丰富了手机广告的表现形式,更加有利于充分发挥手机广告独特的优越性。未来,在 5G 环境下,VR 和全息投影技术将获得高速发展的土壤,万物互联带来新的广告场景终端,手机媒体及手机广告将迎来更广阔的发展空间。

(二)手机媒体的特征和优势

手机媒体的基本特征是数字化,最突出的优势是携带和使用方便。同时手机媒体作为网

---

① 谭慧敏.手机媒体与第五媒体的关系研究[J].西部广播电视,2014(19):33.

络媒体的延伸,还具备网络媒体交互性强、信息获取速度快、传播速度快等特征,这些特征使得手机媒体能够渗透到社会生活的各个方面,并深刻影响着社会传播活动。手机媒体主要有着以下几方面优势:

1. 高度的移动性与便携性

手机媒体是唯一能够实现随时随地传播和接受信息的媒体,凭借高度的移动性、便携性优势已成为人们日常生活中不可缺少的一部分,有人将手机媒体形象地称为"影子"媒介,更有人直接表示手机媒体已经成为自己身体的一部分。目前手机网民人数已经超过电脑网民,且这种趋势不断被拉大,足以体现其移动性与便携性带来的巨大优势。

2. 信息传播的即时性

手机传播是一种数字化传播,在即时性方面的优势彰显无疑。不用打开电脑或电视机,许多受众可以通过手机媒体看到实时新闻、现场图片或者视频影像。例如,许多受众在手机上领略神舟十号航天飞船的发射升空、与天宫一号的对接和返回地面的全过程。当云南昭通发生地震灾害时,更多的人是通过手机即时看到受灾与救灾信息。当发生突发性事件时,人们获得的第一手图片、语音、视频信息往往都是利用手机完成的。凭借手机即时性优势,当遇到突发性自然灾害或者危机事件时,手机媒体在及时进行信息传播方面,发挥着重要作用。

3. 互动性强

手机传播是一种开放的互动式传播。传统媒介的传播方式在现实中通常是单向的,美国科学家尼葛洛庞帝把它的作业方式归结为"一对多",这直接导致受众对媒体信息的反馈大多都是事后的、延时的,受众无法及时参与到媒体中去,缺乏即时性和直接性[①]。即使传统媒体已经重视和受众的互动并努力改变,但是效果并不理想。而手机传播则非常灵活简单,既可以单向传播,又可以双向甚至多向传播,尼葛洛庞帝把它归结为"多对多"的作业方式,传播者与受众一律平等,受众亦构成整个传播体系中的重要一环,两者之间没有明确的界线。比如手机QQ、微信既可以进行人际传播,也可以进行群体传播,甚至可以进行大众传播。因此,手机媒体在互动性上有着传统媒体无可比拟的优势。

4. 拥有庞大的受众群体

衡量媒介是否具有竞争力和潜力的重要指标就是现实和潜在的受众数量,而对于手机媒体而言最不用担心的就是用户资源。截至 2018 年 12 月,我国手机网民规模达 8.17 亿[②],手机用户普及率达到 112.2 部/百人[③]。用户数量远远超过电脑网民、报纸读者、电视观众的数量,因而手机媒体拥有数量庞大、类型广泛并且相对稳定的受众群。

5. 多媒体的传播形式

4G 时代,手机的信息处理功能越来越强。手机快速上网、拍照、录音、摄像已经成为其最

---

① 李丹丹. 手机新媒体概念[M]. 北京:中国电影出版社,2010:11.
② 匡文波. 手机媒体概论[M]. 2版. 北京:中国人民大学出版社,2012:27-28.
③ 中国互联网信息中心. 第 43 次《中国互联网络发展状况统计报告》[EB/OL]. [2019-02-28]. http://www.cac.gov.cn/2019-02/28/c_1124175686.htm.

基础的配置,而且性能与稳定性在技术进步的推动下日益完善,多媒体手机已经成为主流①。手机依靠 Android、IOS、Windows 等操作系统,从以传统通话为核心功能演变为一台智能掌上电脑,在手机硬件技术升级与 4G 通信技术的双重推动下,手机信息处理和信息传播功能进一步加强,整合了包括文字、图片、语音、视频直播、电子邮件在内的所有表现形式。多媒体的传播形式被手机媒体发挥得淋漓尽致,代表着未来媒体的发展趋势和方向。

二、手机公益广告的传播形式

手机不仅可以传播文字、图像等信息,还可以通过移动数据连接互联网上传或下载视频、声音等媒体文件。在广告行业,尤其是公益广告的推广中,如何有效利用手机媒体的特性进行互动性设计,达到广告宣传和推广的目的已经成为广告主及设计者们重点关注的问题。从手机特性来说,手机媒体公益广告互动模式可以分为五种:

1. 短信、彩信互动公益广告

短信、彩信作为手机的必备功能,用户使用率非常高,广告的投放具有非常大的市场。广告主通过运营商向手机用户"点对点"地发送文字或图片信息,向人们传递公益活动内容,并鼓励受众参与。如上海相继开展了"春节·中华圆梦""3·5学雷锋""节俭节约""文明旅游""4·22世界地球日""6·5世界环境日"等一系列全市性公益广告宣传发布,携手上海电信、上海移动、上海联通三大手机运营商,向全市500万手机用户推送公益广告语,鼓励人们通过手机信息回复功能参与其公益活动。

"口渴时觉得能喝下整个大海,这叫贪念;真渴时只喝下属于自己的一杯清水,这叫自律。能划清贪念与自律的界线,就达到了廉的境界。"2003年6月27日上午9时整,"湖南廉政短信"手机杂志业务首发仪式在长沙举行。湖南全省近3万部副处级以上干部的手机上同时收到了这一条"廉政短信"。该业务由湖南移动提供短信平台、省纪委提供信息内容并组织编发。从此以后每月定期发送3条廉政短信。此举很快在全国各地被效仿②。

2003年"非典"时期,由南京市文明办主办,南京日报、金陵晚报、龙虎网协办,以"众志成城、战胜非典"为主题的公益短信大征集,在广大市民的踊跃参与下,创作出了许多文字优美、简洁、隽永的优秀公益短信,这些优秀公益短信对鼓舞人们士气、团结一致共同战胜"非典"起到了积极的作用③。

事实证明,手机短信已经开始承担作为一个信息传播媒介所肩负的社会责任。在以受众为中心的传播时代,手机短信的出现和发展,打破了以往公益广告传播形式的界限,为公益广告提供了一个全新的传播平台。

---

① 无线电管理局.中国无线电管理年度报告(2018年)[EB/OL].[2019-03-25].http://www.miit.gov.cn/n1146290/n1146402/n1146440/c6692260/centent.html.
② 李小文.湖南移动廉政短信业务开通[N].人民邮电报,2003-07-22.
③ 南京开展手机短信和公益广告用语征集活动[EB/OL].[2003-05-07].http://www.sz.chinanews.com.cn/index.html.

2. 微信公益广告

微信是手机公益广告传播的典型代表形式,能为用户提供即时通信服务。根据2017年腾讯第二季度财报数据显示,微信和WeChat的合并月活跃用户数已达9.63亿,同比增长19.5%,微信已成为目前亚太地区乃至全球范围内增长速度最快的社交平台[①]。微信用户以年轻人为主,大学生、白领占多数,这恰好是公益慈善事业参与度最高、最有公益热忱的群体。

微信的高速发展,带来了公益事业的黄金传播时代。首先,免费的微信软件极大地降低了公益传播的成本,克服了运营商、软件、硬件等诸多技术和经济壁垒。无需建设和维护一个专门的网站,就可以达到同样的公益传播效果,有利于动员更多的社会力量参与。其次,依托手机媒体,微信更符合当下人们获取信息及参与互动的习惯,而且更加富有个性及亲和力,更容易从情感上获得人们对公益事业的认同。最重要的是,微信是基于熟人关系产生的人际网络,它将现实社会中错综复杂的人际关系与虚拟的移动网络连接,产生了公益事业发展最为稀缺的资源——信任。而公益项目一旦与真实的朋友圈对接,基于对公益发起者本人及其友人的信任,其执行时往往会有事半功倍的效果。再次,微信本身也在不断发展完善,微信支付的成功推出,为公益募捐提供了一个瞬间即达的支付通道,使得小额捐款更容易实现,从而调动了公众募捐的积极性。虽然目前只有诸如"免费午餐"等少数极为成功的公益项目才得以应用微信支付手段,但是公益微信从传播到落地,从号召到募集,再到后续公众监督,一条完整、健康的公益传播生态链条,已经在微信模式中初具雏形。

3. 视频互动公益广告

4G网络的发展促进了手机网络的高速化,手机视频拥有了更高的清晰度和流畅度,手机视频广告应运而生。手机视频广告是手机媒体上新开发出来的广告形式,与传统媒体视频广告不同的是,软件的植入使得这类广告具有了互动特性,能支持用户参与视频广告的互动。例如,在手机视频播放软件客户端上植入文字或图片滚动广告,以及视频广告播放之后的参与链接、动态的广告图案及链接都吸引着手机用户的注意力,并适时暗示用户点击参与。

【案例评析】

"全民开蓝牙,守护宝贝计划"公益行动[②]

2016年1月腾讯QQ物联、全国一线企业联合发起的"全民开蓝牙,守护宝贝计划"公益行动,传播覆盖超过4500万人次,并成功获得480多万名志愿者的支持,成为一个成功案例。"儿童走失"在中国长期以来都是一个严重的问题,据不完全统计,每年都有将近20万的儿童走失,然而被找回来的几率却只有0.1%。针对这一问题,2016年1月14日,腾讯公司副总裁殷宇、邱跃鹏联合李宁公司董事长李宁、达芙妮公司董事长陈英杰等国内其他一线企业高管,以及走失儿童家庭,发起一组态度海报,倡导"用我的足迹,带宝贝回家",并宣布2016年1月

---

① 截至2017年微信用户达到多少了 微信活跃用户近10亿人[EB/OL].[2017-09-05]. http://www.qqtn.com/article/article_199399_1.html.

② 全民开蓝牙:千万级的H5情感营销如何做[EB/OL].[2016-03-11]. http://www.ting30.com/zy/2016/58863.html.

18日,腾讯QQ物联将开启"守护宝贝计划"(见图6-7)。这一举动成功引发了社会对走失儿童的关注,同时也激发了大众的兴趣和疑问:为什么用我的足迹,就能带走丢宝贝回家呢?

首先在第一页,制作团队植入走失儿童聪聪母亲的声泪叙述的音频,情感冲击力之强使得点击进来的用户瞬间被吸引住;接下来更是加入三则真实走失儿童的档案,诸如"你那么乖,为什么这次不听话"的煽情文案,将大众的情绪渲染至高潮;随后,步入正题,顺势发起全民爱心行动,号召大家"打开蓝牙,用你的足迹,带宝贝回家"。一时间,朋友圈纷纷刷屏,"用你的足迹,带宝贝回家"成为随手公益的全民口号,"打开蓝牙"也升级为一个极具公益仪式感的举动。随后,腾讯QQ物联更是将此则公益广告投放至手机QQ顶部消息banner栏,人们纷纷自发向身边的朋友分享,并呼吁一起打开蓝牙。

图6-7　公益行动"全民开蓝牙,守护宝贝计划"

4. 无线互联网互动公益广告

无线互联网互动广告即手机用户在运营商移动数据支持下,使用具有上网功能的智能手机WAP上网后,实现对互联网门户网站以及SNS社交网络类公益广告相关信息的浏览,并参与交流互动。这一模式的公益广告互动性设计基于智能手机的技术开发,使得手机媒体成为便携式的移动PC,可即时展现互联网媒体公益广告的互动特性。如图6-8所示,手机登录红十字会网站后,相关的捐款救助公益信息以及图片等引导着受众点击浏览。

5. 手机游戏公益广告

近些年游戏广告成为颇受手机用户青睐的娱乐形式。数据显示,用户平均每天花在移动设备上的时间为5个小时,在App上所花费的时间同比增长了69%,预计到2020年,原生应用类广告将占据移动展示广告的

图6-8　红十字会无线互联网互动公益广告

63.2%①。这些广告不仅为移动游戏开发商和发行商带来了巨大的盈利机会,也为公益广告带来了新契机。例如,澳大利亚墨尔本为宣传铁路安全制作了一个手机公益广告《蠢蠢的死法》,富含多个不同小游戏,大都是现实中所遇到的事故或场景,例如站在铁路边缘,穿过铁路寻找丢失的气球,玩家需要在一定时间内帮助游戏中的人物解决掉这些问题。游戏以小清新风格、卡通逗趣的人物造型、不同的场景对用户进行了全面的安全教育,颇受当地用户的好评。手机游戏公益广告既具有丰富的体验性和互动性,也兼具趣味性,有实力的公益广告主可进行单机 App 的开发,或者与流行的手机游戏进行联合推广,探索手机游戏植入公益广告的新形式。

三、手机公益广告的创作要点

1. 与传统媒体联合推广

媒体间的互补与互动成为传媒时代的趋势。现代科学技术为传统媒体与新兴媒体的结合提供了广阔的舞台。传统媒体可以借助手机媒体简单快捷、即时互动的传播优势,手机媒体也可以借助传统媒体庞大的人群覆盖面,双方在内容和形式上进行多样深入的合作,实现多向互动。例如,联合国教科文组织 2008 年在澳大利亚所做的一次宣传活动 Giving everyone a voice,其主旨是说出你心中的故事,请所有人关注这些弱势群体。结合户外广告牌,在每张海报上都有一个悉尼当地居民的照片,广告语是"使用你的手机对准我的嘴巴拍照,并发送到×××××××(电话号码),你可以听听我的故事"。用户进行操作以后,就会收到一通电话,会听到当前海报人物的一段述说;同时,用户也可以登录网站,倾听其他人的故事,还可以上传自己的故事。另一则《开车不要玩手机》(见图 6-9)的杂志广告则运用了身披二维码 T 恤的小孩和奶牛。当受众看到二维码总会下意识地拿起智能手机扫描一探究竟。当用户用手机对准二维码的时候,手机图像中马路中央的小孩和奶牛都消失了,公路上会出现广告语:"当你开车使用手机的时候,你无法真实看到路上有什么。"

图 6-9 公益广告《开车不要玩手机》

---

① 7 种手游变现广告,总有一款适合你[EB/OL]. [2018-05-28]. http://www.soho.com/a/233133803_477934.

2. 密切关注新技术在手机中的运用

从传播学视角来看,手机既是媒体,也是技术。飞速发展的无线通信技术和性能不断提升的终端,为手机的发展打下坚实基础。新一代手机除了可以发送文本信息,还具有图像处理、播放音乐、视频等多媒体功能,Flash、Java等动画技术、大数据、地理定位、移动支付的应用更是为手机公益广告提供了丰富多彩的形式。比如公益广告《一块过生日》通过QQ广告投放给"当天过生日的人",而视频内容也是在讲"贫困山区孩子过生日"的话题,使用户感同身受。2017年"南京大屠杀"80周年公祭日,南京、北京、上海、广州等全国14个城市地标性建筑附近的社交用户,都会通过LBS技术(地理位置服务)、大数据技术,接收到公益广告《不朽的丰碑》(见图6-10)。为抗战老兵故事所感动的人们,可以拍下向老兵敬礼的照片,分享到微信朋友圈和QQ空间,实现话题的裂变式扩散。正如腾讯公司主办的"我是创益人"公益广告大赛口号"科技向善、创益融合、社交赋能",新技术将为手机公益广告及其创意赋予新的力量。

图6-10　公益广告《不朽的丰碑》

3. 创新文案设计与写作

第一,适当增加一些幽默诙谐的语言。如今社会竞争激烈,人们或多或少都会感到压力的存在,而当今的手机公益广告多是抒情、恳请、警示性的,用语也较为严谨,人们在一定压力之下再看到那些过于严谨的公益短信时内心多少会感到麻木,这在一定程度上也会降低手机公益广告的宣传效果。在公益广告文案中适当地增加或使用幽默诙谐的语言,一方面可以在一定程度上缓解人们的压力,另一方面也可以让人在感到愉悦的同时深深地记住这条有趣的公益短信,进而影响其思想及行为。

第二,巧妙运用多种修辞手法。手机公益广告除了要求用语简洁、通俗易懂外,还需要巧妙地运用多种修辞手法。如"贪污一根针,刺痛百姓心""艾与被爱,连着红丝带""一旦吸上毒品,二话不说缠上你,三天两头骚扰你,四面楚歌要当心,五毒已经难离你。今日我来告诉你,毒品万万碰不得,健康永远在一起"等,都运用了一定的修辞方法,避免了单纯的描述给人以枯燥感觉。

第三,礼貌用语不可或缺。恰当使用礼貌用语是尊重他人的具体表现,在众多的手机公益广告文案中,礼貌用语已成为不可或缺的一部分,特别是在带有恳请或是请求语气的手机公益广告中。例如,下面这则江西省征集献血者的公益短信:"尊敬的朋友,因省血液中心目前O型血液紧缺,急征O型血液捐献者:如果您的血液是O型,请伸出援助之手……"在这则短信中,"您"与"请"都是礼貌用语,因而在看到这条短信时,人们首先感受到了他人的尊重,进而就会根据自己的实际情况做出选择。如果在这条短信中不使用礼貌用语(将"您"改为"你","请"改为"就"),就会让人感觉到不被尊重,给献血附上强制性的色彩,会让人在潜意识中拒绝去做公益活动,那么这种公益广告不仅不会起到相应的作用,甚至可能适得其反。

【本章小结】

本章以数字化时代为背景,通过对互联网媒体、手机媒体等新媒体公益广告的实例分析,探讨公益广告在新媒体环境下的设计表达。新媒体公益广告使受众改变了信息的被动接受,参与到作品中并成为作品的一部分。这些新变化为公益广告的形式、内容提供了更多的可能性,也对创作提出了更高的要求。利用新媒体技术手段增强公益广告的表现力与感染力,达到更好的传播效果,是这个时代对公益广告创作提出的新要求,也是公益广告未来创作的发展方向。

【思考题】

1. 新媒体公益广告在当代社会还有哪些发展空间?
2. 你认为在新媒体公益广告的设计中哪些要素是最为重要的?
3. 请以你身边的新媒体公益广告为例说明其优缺点。
4. 请阐述你对新媒体公益广告未来发展趋势的想法。
5. 请设计一则新媒体公益广告,要求新颖独特有创意。

第七章　公益广告运行模式论

【学习目标】

1. 理解中国公益广告运行模式的形成过程。
2. 掌握目前中国政府主导、多元参与运行模式的主要特征。
3. 理解中国公益广告运行模式存在的主要问题。
4. 掌握目前世界公益广告运行的几种主要模式及其代表国家。

公益广告的运行模式,是指公益广告的主题选定、创意制作、媒体传播、效果评估、作品评优等基本环节的运行程序和行为范式。本章将详细讲解中国公益广告运行模式和其他公益广告较为发达的国家的几种主要运行模式,在对比分析的基础上阐述其各自的特征和形成的主要原因。

第一节　中国公益广告运行的基本模式

受中国社会发展具体情况影响,中国公益广告运行模式与美、韩、日等广告业发达的国家有很大不同。在中国公益广告发展过程中,先后形成了媒体主导型和政府主导、多元参与型两种不同的运行模式,这两种模式都形成了各自鲜明的特点,也在不同时期推动了中国公益广告事业的发展。总体而言,中国公益广告发展取得了一定的成绩,但在实际运行过程中也面临着一些亟待解决的问题。本节主要介绍中国公益公告两种运行模式的形成过程和主要特征,同时,梳理了当前中国公益广告运行时面临的具体困境,探讨今后中国公益广告模式发展的主要路径。

一、中国公益广告运行模式的形成和主要特点

随着社会经济发展和参与公益广告主体的多元化,中国公益广告运行模式经历了由媒体主导型到政府主导、多元参与型的历史变化过程。媒体主导型是指媒体在公益广告各个基本环节全程参与并起到主要作用,而政府主导、多元参与型是指多种主体参与公益广告运行的基本环节,政府相关部门起到主导作用的运行模式。虽然现阶段,中国仍有一些企业、公益组织及广告协会等主体自行开展了一些零散的电视公益广告活动,但开展的深度和广度还不够,影响不大,并不能从根本上改变现阶段中国公益广告政府主导、多元参与的运行模式。

(一) 中国公益广告运行模式的形成

1. 媒体主导型模式的形成

中国早期电视公益广告活动主要是由媒体自行开展。1984年7月5日,由北京日报、经济日报、工人日报、北京晚报、八达岭特区办事处等单位联合主办了"爱我中华,修我长城"的公益广告活动①。1986年,贵阳电视台创作了题为"节约用水"的电视公益广告,这条现在看来较为简单、粗糙的电视公益广告,被认为是中国首部公益广告。虽然当时它得到了贵阳市政府的支持,属于政府宣传行为,但由于该广告的所有程序都由媒体独立制作完成,因此拉开了公益广告媒体主导的大幕。受此蝴蝶效应的影响,中央和各省级电视台也自发陆续开办体现自身特色的电视公益广告节目,如上海电视台的《上海文明》、四川电视台的《公益广告》、北京电视台的《公益广角镜》、河南电视台的《兴利除弊》等。截至1995年11月,全国范围内已经有多家电视台拥有了类似栏目。最为著名的当属《广而告之》。这一栏目是中央电视台1987年10月26日设立的一档电视公益广告栏目,也是中国电视公益广告史上第一个栏目化的公益广告节目。该栏目先后播出了《高高兴兴上班,平平安安回家》《你们痛快了,我和邻居怎么办》《别挤了》等一大批公益广告歌曲、小品,平均每隔三、四天便更新一次,受到亿万观众的好评,产生了巨大的社会影响力。《广而告之》栏目不是"出出怨气发发牢骚就算了",其下的每一部公益广告,每一分每一秒都经过精心策划和制作。一条最长不过两分钟的片子,从定选题、写脚本、组织演员拍摄到后期剪辑"敲定",至少需要三、四天,甚至得干上近十天②。同时,中央电视台给予《广而告之》栏目组大力财政支持,有人估算:一部公益广告的制作费约1500元,按年制作100部的话,耗资就是15万元。对于20世纪80年代的中国而言,15万元可是一笔巨大开支,中央电视台舍弃黄金时间的商业广告费用,来做社会公益广告,这么一算,又损失约上千万元③。总结这一时期以《广而告之》为代表的媒体主导型公益广告的运行模式特点如下:一是媒体自身选定公益广告的主题。除了如节水等小部分主题是媒体基于政府的要求选定外,大部分主题都由媒体自身或者该媒体广告部门结合社会热点问题选定。二是用媒体资金支持公益广告制作。1979年,中央广播事业局召开全国电视节目会议,部署电视行业改革,中央电视台由全额预算转变为差额补助,尝试商业广告的有偿运营模式,以商业广告的费用支持媒体自身运营。公益广告兴起于20世纪80年代,制作费用主要来自媒体自身的创收,尽管当时各个电视台发展公益广告的资金十分有限,但由于没有企业或个人等其他主体的赞助,因而保持了公益广告的纯粹性。三是媒体自身团队制作和播放公益广告。各个媒体在20世纪80年代纷纷成立广告部,主要负责承接商业广告和制作公益广告。中央电视台1979年经中共中央宣传部同意成立了广告科,后发展为广告部,《广而告之》栏目就由广告部制作。由于当时各个电视台无论是制作硬件,还是制作人才都很缺乏,公益广告仅仅以类似节目的形式出现,配以简单的画面或解说文字,但必须肯定的是,中国的公益广告依靠媒体的公益自觉,开始了自己的公

---

① 许振波.中国公益广告的历史、现状与未来[J].淮北职业技术学院学报,2007(2):34.
② 陈越.话说《广而告之》[J].新闻记者,1989(6):31.
③ 刘晔.它,与你同行:赞《广而告之》开播五周年[J].中国电视,1993(1):35.

益历程。

2. 政府主导、多元参与型模式的形成

中国公益广告运行模式由媒体主导型到政府主导、多元参与型的转变受到中国社会主义市场经济体制大变革时期经济、政治以及其他因素的影响。主要有下列三个原因:一是企业愈加重视公益价值和自身品牌的结合宣传。1992 年是中国公益广告发展值得纪念的年份,这一年,邓小平同志发表了著名的南方谈话,提出了"改革开放胆子要大一些,看准了的,就大胆地试、大胆地闯"的明确要求。随后,党的十四大明确提出中国经济体制改革的目标是建立社会主义市场经济体制,由此中国社会主义市场经济发展进入了快车道。第三产业发展迅猛,私营企业急剧增加,但同时企业之间的竞争也日趋激烈,如何能让国民熟知并认可企业的品牌价值,成为当时企业发展的一个重要问题。由于电视商业广告在人们的消费生活中扮演了重要角色,因此受到广告主的重视。1990 年,中国的广告收入只有 25.02 亿元人民币,其中电视的广告收入为 5.61 亿元[①]。而到了 2000 年,中国的广告收入达到了 712.66 亿元,增幅达 28 倍,而其中电视广告收入则达到了 168.91 亿元,增幅达 30 倍[②]。秦池酒更是以创纪录的 3.2 亿元成为 1997 年"标王",可见广告已经成为企业宣传的首选途径。同时有些具有长远战略眼光的企业开始认识到电视公益广告的市场价值,既可以增加企业知名度,又可以树立其良好的品牌形象。所以电视公益广告成了其选择之一。1993 年 9 月,广东太阳神集团在中央电视台投入 120 万元广告费,制作并播出了《太阳神与奥运精神同在》的公益广告,起到了很好的效果。经济发展带来的好处是大量的企业愿意投资公益广告的制作,当然,这一时期也有部分的行业协会投资拍摄了本行业的公益广告,使参与电视公益广告的主体开始多元化。二是公益广告规模日趋增大,制作更加精良,资金需求量大,媒体自身没有能力独自进行公益广告投资制作。中国公益广告发展初期,由于公众对公益广告要求不高,制作过程简单、技术质量不高的公益广告作为一个全新的宣传载体受到了公众的欢迎,电视媒体能够在电视公益广告运行中处于主导性地位。但随着电视技术的发展和公益广告节目之间的竞争,电视公益广告制作和播出的费用也逐年上升。因此,对于电视媒体而言,单独制作播出电视公益广告就变得越来越困难。在这种情况下,电视媒体只能积极寻求企业和广告公司的支持,增加公益广告制作的投入,提高公益广告制作水平。1995 年,北京电视台与北京桑夏广告有限公司共同合作打造《公益广角镜》公益栏目,前者负责主题遴选和节目发布,后者负责内容制作,在北京电视台播放,受到了大家好评。三是突出公益广告的舆论引导作用,政府参与公益广告力度加强。随着改革开放的逐渐深入,一些社会矛盾日益凸显,违背社会主义核心价值观的行为有所增加。如何更好地杜绝这些现象的发生,为改革开放保持一个良好的环境,成为政府面临的一个全新课题。党的十四大及时提出了"坚持两手抓,两手都要硬,把社会主义精神文明建设提高到新水平"的明确要求。党的十四届六中全会通过了《中共中央关于加强社会主义精神文明建设若干重要问题的决议》,把社会主义精神文明建设放到战略发展的高度加以重视。社会价值导向成

---

① 刘家林.新编中外广告通史[M].广州:暨南大学出版社,2000:209.
② 范鲁彬.中国广告 30 年全数据[M].北京:中国市场出版社,2009:40.

为精神文明建设的关键环节,公益广告作为对全民进行价值引导的重要手段,当然受到了政府的重视。因此在1996年后,政府加大了公益广告资金的投入,同时在公益广告主题选定、公益广告效果评估以及广告评奖中逐渐主导了中国电视公益广告的发展。党和政府不再只是在幕后指导电视媒体发展电视公益广告,而是站在台前来主导每年度系列公益广告的制作和发布,并且开始制定有关文件来促进电视公益广告的发展。1997年,国家工商总局等三个部门联合发出《关于做好公益广告宣传的通知》,这是中国第一份由国家部门联合发出的公益广告规范性文件。在文件中首次提出了"严格区分公益广告和商业广告的界限,防止公益广告成为变相的商业广告"的要求。同时明确规定,广播、电视媒体每套节目发布公益广告的时间应不少于全年发布商业广告时间的3%,电视媒体在19:00—21:00时段每套节目发布公益广告的时间应不少于该时段发布商业广告时间的3%,报纸、期刊媒体每年刊出公益广告的版面应不少于发布商业广告版面的3%。3个"3%"的基本原则由此确立,沿用至今[①]。1999年,中宣部等部门又联合印发《关于进一步做好公益广告宣传的通知》,明确要求把公益广告作为促进社会主义精神文明建设的一项重要工作来做。2002年,国家工商总局、广电总局、新闻出版总署等五个部门又联合发出《关于进一步做好公益广告宣传的通知》。在这个文件中,针对互联网商业网站的蓬勃发展,增加了第四个3%,即要求"发布商业广告的互联网站也要按照不少于商业广告3%的比例发布公益广告"。2016年3月1日,在充分论证的基础上,国家新闻出版广电总局令第84号公布了六部委同意通过的《公益广告促进和管理暂行办法》。该文件总计十六条,是至今为止最为详尽的涉及公益广告管理的行政规章,很多规定具有很强的实践性。针对实践中对公益广告的模糊和泛化现象,特别规定了排除条款,界定了"公益广告"的定义;明确了相关部门在促进和管理公益广告工作中的职能;制定了公益广告的发布内容准则,尤其是对企业出资设计、制作、发布或者冠名的公益广告,对标注企业名称和商标标识提出了具体要求;对不同级别的报纸发布公益广告的版面量做了明确规定。《公益广告促进和管理暂行办法》也体现了鼓励、支持开展公益广告活动的总原则,以及引导单位和个人以多种方式参与公益广告活动的基本精神。例如,第十三条规定:"发布公益广告情况纳入文明城市、文明单位、文明网站创建工作测评。"第十四条又规定:"公益广告设计制作者依法享有公益广告著作权,任何单位和个人应依法使用公益广告作品,未经著作权人同意,不得擅自使用或者更改使用。"这些规定的实施,体现了政府对公益广告的重视。

(二)中国公益广告运行模式的主要特点

目前政府主导、多元参与型模式是一种由政府部门发起组织,媒体具体执行,政府、企业及社会组织提供支持和赞助,社会各界共同参与的公益广告运行模式。这一模式的主要特点如下:

一是政府部门选择确定公益广告主题。中国每年重要的公益广告主题,都是政府相关部门围绕年度宣传重点,通过下发行政文件进行确定。1996年"中华好风尚"公益广告活动月,1997年"自强创辉煌"公益广告活动月,2003年"国防教育神州行"公益广告宣传,2006年"倡

---

① 王首程.中国公益广告法规建设现状评析[J].深圳大学学报(人文社会科学版),2008(6):124.

导社会主义荣辱观"全国电视公益广告活动,2007年"迎奥运,讲文明,树新风"主题公益广告活动,2008年"我们心连心、同呼吸、共命运,夺取抗震救灾的伟大胜利"公益广告制作刊播活动及"我们的节日——春节"公益广告制作刊播活动,2015年"中国好网民"公益广告宣传活动等都由中宣部、网信办、国家工商总局、中央文明办等国家机关会同中央电视台等单位组成组委会共同组织和策划,同时在安排活动时直接确定当年的公益广告主题。组织委员会在选定主题后,一方面,直接召集以中央电视台为代表的部分电视媒体、部分广告公司和个人,通过座谈会的形式动员这些广告公司和电视媒体积极创作、播出公益主题广告。另一方面,向各省对口地方政府部门下发开展电视公益广告活动的通知,并由地方各级政府部门负责联络当地的电视台、广告公司和个人创作、播出公益主题广告。由于政府能更为全面地了解思想建设领域的社会现象和突出问题,一定程度上克服了媒体主导模式下主题选择片面性的固有缺点。

二是融资渠道逐渐多元化。相比南方谈话之前公益广告运营资金来源的单一化,这一时期的公益广告资金呈现多元化趋势。一方面,电视媒体自身仍然继续坚持资金投入。电视媒体投入电视公益广告中的资金主要分为两大块:一块是有形的资金投入,包括一些前期的广告制作和宣传费用;另一块是无形的广告投入,由于公益广告的播出占用了商业广告时间,且根据国家广电总局的相关规定,这些公益广告的播出是免费的,媒体承担了商业广告播出减少而带来的经济损失。另一个投资主体来自于政府。虽然电视管理体制改革后,政府对电视媒体的财政拨款越来越少,给予电视媒体更多的是政策支持,但每年仍给相关媒体部分运营费用,尤其是国家政府有关部门组织公益广告专项活动时,基本都有专项经费的投入。最后一个主体是企业、协会或者个人。由于第三产业发展迅速,部分企业经济实力雄厚,有一定的资金基础投入公益广告制作。同时随着国民公益意识的增强,企业逐渐认识到参与公益广告制作所带来的巨大社会价值。另外国家也通过制定有关行政规章鼓励有实力的企业参与公益广告的运作。2016年3月1日起施行的《公益广告促进和管理暂行办法》第七条就明确规定:"企业出资设计、制作、发布或者冠名的公益广告,可以标注企业名称和商标标识。"可见,中国承认公益广告标注企业名称和商标标识,企业可以通过投资公益广告达到企业品牌宣传和社会效益的统一。目前企业主要通过公开竞标等方式,获得公益广告活动的经办权或公益广告署名权、制作权、播出权等权利来参与公益广告制作,当然也有一部分企业或其他主体单独制作有关公益广告作品,联系媒体进行有偿或无偿播放宣传。

三是参与主体的多元化。目前参与公益广告的主体主要有政府、企业、媒体、广告协会、广告公司等。在这些参与主体中,政府相关机构(主要有中央文明办、国家工商行政管理总局、国家网信办、中宣部等)发挥着主导作用。它们不仅确定公益主题、制订活动方案,而且负责全社会公益广告的组织动员工作。行政机关在社会各群体中有很强的号召力,一些企业主、广告主会积极响应号召,投入资金并参与公益广告的制作。国家有关部门也积极参与部分电视公益广告的创作,在政府机关内部成立了"作品征集办公室"等一些临时性组织,承担公益广告的策划、审批、协调和监督落实等职责。电视等媒体的作用已由原来的主导者变为活动的执行者和广告发布者。媒体从众多愿意合作的广告制作公司中选择公益广告合作对象,委托这些公司具体负责电视公益广告的创意和制作。同时,媒体会免费拿出一定的广告时段播出相关主题的公益广告,企业、公益组织以及个人等也会购买媒体的广告时段或版面播出相关主题的公益广告。

四是政府有关机构积极开展评奖活动。评奖是中国公益广告模式中一个非常重要的环节,一般每年的公益主题活动结束后,政府机关都会组织专家评委从众多公益广告作品中评选出优秀的公益广告作品,最后把这些优秀公益广告作品推荐到全国各大媒体进行展播或刊载,同时对涌现出来的优秀公益广告进行奖励。这些优秀公益广告获奖后,其制作单位在社会上就会更有影响力。因此各个制作单位都对评奖非常重视,评奖活动也成为政府对公益广告施加影响的重要手段之一。

由于受到不同的历史发展阶段的影响,中国公益广告经历了不同的运营模式,形成了目前这种具有中国特点的运营模式。我们不能将中国公益广告运营模式与西方其他国家运行模式进行简单比较,每个模式都有其自身的特点,只能结合具体情况分析利弊,探索出一条适合中国公益广告健康发展的路径。

二、中国公益广告运行存在的问题及完善路径

中国公益广告的发展已经走过了三十多年的时光。从初期的萌芽到如今的成长,公益广告已不是当初的新鲜事物,早已经被国民认可和接受。不可否认,当前中国公益广告数量和质量较之以往都有了较大程度的提高,但也存在一些运行的困境,需要结合中国国情不断完善,才能取得更好的发展。

(一)中国公益广告运行存在的问题

1.公益广告资金来源相对短缺

资金是公益广告发展的基础,没有资金的持续投入,就没有公益广告的可持续发展,中国现在公益广告的资金来源主要有五种:政府拨款、企业赞助、媒体经费、慈善捐款、协会经费。政府有关部门对于自己组织的重要公益广告活动,通常会有专项拨款,对于例行性的公益广告宣传,政府一般只给政策,没有资金投入。企业赞助一直以来是资金来源的重要方面,但由于目前中国经济发展进入了一个平稳期,部分行业的某些企业运营不乐观,且企业之间竞争也日趋激烈,能够从商业利润中提取一部分资金用来创作公益广告的企业毕竟是少数,导致企业参与面不够广。不少企业参与公益广告活动只是短期投入行为,企业投资赞助并没有成为一个稳定的公益广告资金来源。传统媒体走过了其辉煌时期,整体行业面临网络媒体的激烈竞争,很多传统媒体的商业广告收入已经少于网络媒体的商业广告收入,传统媒体单独投资制作播出公益广告变得越来越困难。中国的慈善协会虽然也投入公益广告的拍摄,但由于中国国民慈善意识有待加强,加之对慈善协会还缺乏信任感,因此慈善协会筹款往往陷入一种说起来重要,做起来愿意的人有限的尴尬境地。而行业协会的经费来自于会员的会费,大部分的会费基本只能够满足协会的运行。目前来看,中国公益广告没有一个相对长期稳定的资金来源,这导致了公益广告运行所需的资金短缺。

2.公益广告商业化现象较为突出

公益广告的重要特征是公益性,这是它与商业广告最本质的区别。由于其侧重点在于提

高全民的思想道德水平,因此国家常常会通过法律等制度来保证公益广告的播出时段和时长。同时,媒体播放和刊发公益广告往往是免费或收取较低的费用。目前,企业赞助是中国公益广告制作经费主要来源之一。企业投资进行公益广告制作,其目的就是通过广告宣传公益理念,最终更好地宣传企业自身,促进企业的快速发展。这就导致公益广告的商业化倾向日益明显。公益广告的商业化倾向模糊了公益广告和商业广告的界限,给公益广告管理带来了困难,同时也在一定程度上影响了公益广告的公信力。对于这种不利于公益广告发展的情况,国家工商行政管理总局也先后制定了多项制度进行明确规定。如在《关于进一步做好公益广告宣传的通知》中明确规定"企业出资设计、制作、发布的公益广告,可以标注企业名称和商标标识,但不得标注商品服务名称以及其他与企业商品服务有关的内容"。2016 年实施的《公益广告促进和管理暂行办法》也有类似明确规定,虽然对公益广告的商业化倾向有一定的遏制,但仍需要清醒地认识到,中国公益广告的公益性特征还需不断加强。

3. 参与主体积极性需提高,运营机制亟待建立

我国政府主导、多元参与型的公益广告模式有一定的积极作用,尤其是在公益广告的初期发展阶段,政府相关主管部门依靠自身所拥有的行政权力对各实施主体参与公益广告活动提出硬性的要求,能够更好地聚合资源并形成合力,推动公益广告的发展。但公益广告发展至今,中国大部分公益广告的运营仍需要政府的强力推动,整个社会没有建立起一个相对完整的运行机制。具体表现在以下方面:

一是多头管理,管理机制需要理顺。《中华人民共和国广告法》规定工商行政管理部门是广告监督管理机关,公益广告作为广告的一种形式,理应由工商行政管理部门负责管理。但由于传统的公益广告播出平台相对较多,有户外广告、电视媒体、纸媒等,因此导致中国公益广告管理部门较多,实际就有广电、工商、文化、文明办、党委宣传部等多家部门,这就容易导致管理过程中有责任不清、职责不明的问题出现。且随着网络新媒体技术的发展,网络媒体、手机客户端等日益成为公益广告播出的新平台,这些领域的管理职责由哪些部门负责,需要亟待规范。这种分散无序的管理体制也就意味着没有一个真正可以负责管理公益广告的部门,从而还未建立起协调统一的行业运作方式①。

二是公益广告运营中其他主体作用发挥不够。我国于 1983 年 12 月 27 日成立了中国广告协会,目前属于国家工商行政管理总局直属事业单位,是在国家民政部注册的非营利性的行业组织,它由全国范围内具备一定资质的广告主、广告经营者、发布者以及其他与广告有关的企事业单位等自愿组成,其制定的《中国广告协会章程》第六条规定,协会有组织广告业之间进行业务交流、推进广告业发展的职责。协会成立至今,虽然在推进广告业发展方面发挥了巨大作用,但仍难以承担政府部门角色,它的运行经费主要来源于会费和部分的政府拨款,其自身筹措公益广告资金的能力仍然有限。各类广告发布媒体参与公益广告的积极性比以前相对较低,最关键的原因是行业之间本身竞争激烈,同时也面临其他行业的市场挤压,经营存在很大压力。由于公益广告的制作和播出占用了媒体的资金和时间,导致其商业广告的收入减少,因

---

① 陈刚.机制之变:中国公益广告发展的问题、对策分析[J].广告大观(综合版),2007(5):23.

此虽然政府有关部门三令五申要求有关媒体在规定的时间播出公益广告，但实际执行起来，媒体之间仍有很大不同。中国慈善机构官办较多，国民对慈善机构的信任程度因某些突发事件降低，而民间慈善机构还没有成长起来，国家对这方面的立法相对滞后，对捐款去向的审计和公布主要靠民间慈善机构的自觉，因此没能形成有效的影响力。

三是公益广告效果评估和主题选定机制需更完善。主题选定和评估效果在公益广告运行中非常重要，选好主题才能更好地引起社会共鸣，扩大公益广告的影响力。及时对公益广告效果进行评估并总结经验教训，才能为下一次公益广告活动的开展提供借鉴。但是我国公益广告的主题选定和评估效果还比较薄弱。目前的主题选定虽然也能紧贴实际，但缺少受众的参与和推荐，一定程度上影响了公益广告的效果。中国公益广告效果评估机制还需完善，政府机关作为公益广告活动的发起者和组织者，对公益广告的重视度还应加强。

(二)中国公益广告运行完善路径

当前，中国正处于改革发展期，政府机关自身也在努力完善自我，致力于构建一个新型治理模式，在这种行政体制改革的冲击下，公益广告运营如何能够实现自身更快发展呢？根据中国公益广告发展中存在的问题和一般模式的基本建构，主要应从运行主体、运行机制、运行监管三个方面进行不断完善和改进，从而建立一种适应市场经济发展的成熟的公益广告运行模式。

1. 运营主体方面

根据中国行政体制改革实际情况，建立专业化的民间公益广告运作机构势在必行。党的十八大对行政体制改革提出了明确的要求，明确按照要求深入推进政企分开、政资分开、政社分开，建设职能科学、结构优化、廉洁高效、人民满意的服务型政府是中国行政体制改革的目的，其中一个主要的方面就是简政放权、转变政府职能。由管理者转变为服务者，由主导者转为监管者将是政府改革的方向。公益广告运营模式的发展必然面临这种改革的冲击，当务之急是建立一支强有力的民间公益广告运作机构。目前，在企业、媒体、慈善机构等各个主体有一些先天不足的情况下，发挥现有中国广告协会的作用势在必行。中国广告协会已有全国各省、自治区、直辖市等地方广告协会单位会员51家，单位会员600余家(广告公司、媒体、广告主、教学研究机构、市场调查公司等)，个人会员400余名(学术委员和法律委员)，以及15个专业领域的分支机构。这些机构涵盖了公益广告运营的各个环节。在实际操作过程中，该协会实际承担了国家工商行政管理总局的部分管理职能。作为行业协会，中国广告协会也围绕"为行业建设与发展提供服务"的根本宗旨，独立开展了涉及行业自律、优化结构、提升人员素质、维权培训、学术研究等多项活动，同时组织了"中国国际广告节""中国广告论坛"等业界颇有影响力的重要展会，在广告行业具有一定的影响力和号召力。中国广告协会目前下设有综合事务部、会员管理部、对外联络部、学术培训部、信息咨询部、评价考试部六个部门。为了更好统筹公益广告的管理，可以在中国广告协会下设公益广告部，在中国广告协会的体制框架内统一组织公益广告的管理和运行。中国广告协会目前的经费主要来自于入会费和不同层级会员的会费。比如普通会员年度会费为0.5万元(新入会单位在缴纳年度会费同时，需缴纳入会费1万元)，理事年度会费为1万元，这些费用主要解决协会的运营和日常一些基本活动支出，协会最大的问题是欠缺较好的资金吸纳能力。由于公益广告需要大量的资金投入，因此建立稳定有效的公益广告筹资机制就显得异常重要。可采取下列两种方式解决问题：一是政府可向中国广告协会采购公益广告并支付政府采购资金。在政府职能转变和社会加快转型的背景下，政府购买服务已成为业内当之无愧的热词。《国务院办公厅关于政府向社会力量购买服务的指导意见》规定，行政机关、参照行政管理职能的事业单位、纳入行政编制管理经费由财政管理的群团组织可以通过购买服务方式提供公共服务。财政部《政府购买服务管理办法(暂行)》也明确规定，政府可以把直接提供的一部分公共服务事项，按照一定的方式和程序，交由具备条件的社会力量和事业单位承担，并由政府根据合同约定向其支付费用。根据以上规定，政府实行公益事项采购具有政策上的依据，应进一步将公益广告的采购列入政府公共事业管理采购范畴。二是要增强中国广告协会公益广告资金的筹资能力。中国广告协会可以设立公益广告部，并设立公益广告发展专项基金，形成长效的公益广告社会捐赠机制，从而使公益广告筹资行为规范化。协会要按照基金管理条例，加强对公益基金的监督和管理，保证专款专用。除了通过筹资不断扩大公益广告发展专项基金的规模外，还应通过各种途径实现公益广告发展专项基金的有效保值增值。在确保公益广告发展专项基金维持日常公益广告制作的情况下，拿出一部分结余资金，经公益广告相关委员会讨论，投入现有的一些经营项目中，实现公益广告发展专项基金的保值增值。

2. 运行机制方面

运行机制是公益广告运行的关键，它可以有效协调各个参与主体和各个运作环节之间的关系，从而使公益广告处于良性运行的状态。我国现有的公益广告运行环节需要改进，使之能够更好地适应公益广告的发展。在主题选定方面，除了政府购买服务需要政府直接确定主题外，中国广告协会应设立公益广告部，并主动在会员中或委托专业调研机构面向全国进行调查，根据调查结果选定候选调查主题；公益广告部组织会员代表召开主题审议会，选定公益广告活动的年度主题，制订好详细的公益广告活动实施方案并在全国范围内公示，有意参与公益广告制作的广告公司可以提出创意申请，经评审同意后开始创作，制作出的公益广告在中国广告协会的媒体会员平台上播放或推介。为了突出公益广告部的影响力和公益性，必须同时标注"公益广告部"字样，只有标注该字样的公益广告才能在媒体免费播放。目前我国还需要更加成熟的公益广告效果评估机制，因此完善评估机制势在必行。公益广告部应及时制定效果评估的有关规章制度，明确效果评估的方式、程序以及时间等。同时可以与统计调研机构合作，对公益广告传播效果进行监测，以获取相关的统计资料并形成监播报告。对于效果好的公益广告，可以在评奖环节给予特别奖励或在其他媒体上进行免费推广，扩大该公益广告制作单位的知名度。

3. 运营监管方面

所谓监管，是指主体为了使事物正常运行，基于一定的规则对该事物所进行的控制或调节。监督管理是公益广告能够顺利运行的重要保障，目前中国的监管主体主要有两个：一是政府，二是行业协会。首先是政府，政府对公益广告的管理体现在宏观引导上，主要是通过明确执法主体与制定公益广告相关法规对公益广告进行有效监管。上一部分讲到，这些年来国家制定了很多涉及公益广告的法律法规，比较重要的有1997年中宣部、国家工商总局等部门联合发布的《关于做好公益广告宣传的通知》，1999年中宣部等部门联合发布的《关于进一步做好公益广告宣传的通知》，2004年国家广电总局专门发布的《关于加强制作和播放广播电视公益广告工作的通知》，2016年1月国家工商行政管理总局、国家互联网信息办公室、工业和信息化部、住房城乡建设部、交通运输部、国家新闻出版广电总局令第84号发布的《公益广告促进和管理暂行办法》。除了国家各部委制定的行政规章外，还有各省级有关部门制定的众多实施办法，这些构成了中国公益广告管理的法律体系。总体来讲，这些规章制度的实施为公益广告的监管提供了法律保障。公益广告的监管从早期仅有的号召性要求到各广告媒体发布公益广告量、时间、频次的具体规定，监管范围从单一的电视媒体逐渐扩大到网络媒体平台，这些都体现了监管体系的不断完善，监管力度的不断增强。但目前仍存在一些问题：一是公益广告法律法规不够健全。2015年9月1日实施的《中华人民共和国广告法》第四章专门对广告中的监管制度，如领导责任制、广告监测制、医疗、药品等特殊商品广告审查进行了明确规定，但对公益广告这一特殊的广告形式没有涉及。同时在现有的公益广告规章中，对公益广告管理主体各自的监管职责、对网络媒体的监管、各媒介违反公益广告播出规定承担的法律责任等方面规定得比较模糊。下一步需要不断细化，不能仅以"有关法律、法规、规章有规定的，依法予以处罚；有关法律、法规、规章没有规定的，由有关部门予以批评、劝诫，责令改正"等语言进行简单叙述。二是落实公益广告各项规章制度仍需加强。虽然国家各部委多次发文要求执行公益广告有关制度，但执行仍需加强。其次要发挥行业协会监督管理作用。所谓行业协会自律就是行业协会依据行业组织制定的章程、规则等对各会员所从事的广告活动进行约束和管理，使其行为符合国家法律法规、职业道德、社会公德。行业协会自律对于广告业健康有序的发展有着十分重要的作用。一些广告业比较发达的国家，非常重视发挥广告行业自身监管作用，行业自身监管甚至在广告监管体制中处于主导性地位。目前中国广告协会虽然负有行业自律的重要职责，但行业协会自律职责并没有得到充分发挥。根据中国公益广告社会化运行模式的构想，行业协会自律在监管体系中应当起到主要作用。为了更好地发挥行业协会自律在公益广告监管中的作用，中国广告协会应当充分认识其在行业协会自律中的重要作用，健全自律机构，在设立的公益广告部内建立专业性更强的公益广告自律委员会作为公益广告行业的纪律执行机构，并对会员违反公益广告运营制度的行为进行认定和处罚。同时要积极制定公益广告自律规则。目前中国广告协会先后颁布实施了《中国广告协会自律规则》《广告行业公平竞争自律守则》《中国广告行业自律规则》《广告自律劝诫办法》等自律规则和办法，但尚没有专门针对公益广告这一特殊形式广告的自律办法。由于公益广告的特殊情况，已经生效的广告自律办法并未全面适用于公益广告。因此针对公益广告制定专门的自律规章成为当务之急，尤其要注意的是，这些自律办法必须具体明确，具有很强的操作性和适用性。只有这样，中国广告协会才能把行业的监管责任落到实处。

第二节 其他国家公益广告运行的基本模式

本节主要介绍全球具有代表性的几种公益广告运行基本模式。目前美国不仅是世界上广告业最发达的国家,也是世界上公益广告发展最好的国家。日本是亚洲公益广告起步最早的国家,也是世界上公益广告发展最好的国家之一。韩国的电视媒体业近些年来发展迅速,公益广告发展也很有特色。各国的公益广告运行模式虽有一定相似性,但由于具体国情的不同及公益广告发展道路的不同,公益广告运行的基本模式具有各自国家鲜明的特色。具体来讲,美国是社会主导型模式,日本是企业主导型模式,韩国则是媒体主导型模式。接下来主要对这三种模式进行具体介绍,并归纳出各自的显著特征,以期能够为构建适合中国国情的公益广告运行模式提供借鉴。

一、以美国为代表的社会主导型模式

社会主导型模式主要的代表国家是美国。社会主导型模式主要是指公益广告的选定主题、创意制作、媒体播出、评估效果和评选作品等环节是由独立的社会机构来进行引导实施,这些独立的社会机构不隶属于任何企业和政府机构。在美国,公益广告被称作 public service advertising。美国广告理事会是专门从事公益广告服务的组织机构。美国不仅是广告人主导模式的创立地,也是现代意义上公益广告的发源地。美国公益广告发展的标志是美国战时广告理事会的成立。20世纪30年代全球经济大萧条给美国广告业带来了严重的挑战和冲击,广告从业者必须为处于危机中的美国广告业解决生存和发展问题,这是公益广告发展的根本原因。1941年12月7日,日本偷袭美国海军基地珍珠港导致太平洋战争爆发,全民需要同仇敌忾发起一场反对法西斯的战争,这是推动美国公益广告发展的直接原因。面对日本咄咄逼人的进攻形势,当时的美国政府和总统富兰克林·罗斯福希望利用广告业的力量激发全民爱国热情,为美国参加第二次世界大战营造舆论氛围。由于这场战争涉及美国整个国家和民族的生存与发展,因此大量的政府公益广告投入为处在危机中的广告业提供了可靠的经济来源和难得的发展机会。因此,1942年1月15日美国战时广告理事会的成立得到了全美社会各界的大力支持。在当时特定的历史条件下,美国战时广告理事会配合政府战时的需要,组织广告相关从业者开展了一系列主题多样的广告宣传活动,呈现出下面几个特点:

一是公益广告的内容丰富,涵盖了全民支援战争的各个方面。经济方面有鼓励美国人民购买战时债券的广告以及号召大家节约资源、团结协作的贴画等。政治方面有形式多样的征兵动员以及战时保密信息的宣传,鼓励年轻人参军当兵以及全民提高保密意识的广告。与此同时,还有鼓励义务献血、号召妇女进入工厂等题材的广告。如宣传妇女参军的"We Can Do

It"海报以及"I want you for U.S. army"山姆大叔海报都是经典的广告作品①。二是公益广告的形式多样。相对一战时更欧式、更扁平、更虚无的宣传风格,大多数二战时期的公益广告更丰富、更生动、更有三维立体感。手绘插画风格作品较多,也有一些更接近漫画的形式,还有很多以单张照片或以拼接照片的方式制作。二战时期的海报设计也运用了很多广告宣传的策略,比如当时非常流行的丽人广告系列就是为了吸引男性的注意而将模特元素加入其中起到宣传的效果。三是既有公益也暗含商业宣传的公关型公益广告。为了更好地整合社会力量参与公益广告创作,二战时期除了政府资助公益广告制作外,美国战时广告理事会也积极鼓励企业赞助公益广告,并且提出"战时要让企业名称和商标也与和平年代一样出现在公益广告中"的口号。一些著名企业为了表达爱国热情,同时建立自身品牌的持续影响力,加入公益广告的制作中。比如新天堂铁路局赞助创作的《4号上铺的兄弟》,美国 New Era 制帽公司赞助的战时信息保密主题公益广告《把秘密藏在你帽子下》等都是当时较为有名的公益广告。这些公益广告的出现,使企业利益和公共利益有机地结合在了一起,给相关企业带来了巨大的社会效益与经济利益。在战争爆发后的两年内,有三分之一的杂志广告是战时爱国公益广告。在1942—1945年的这段时间内,美国每年投放的公益广告费用折合市值达到1亿美元以上②。目前一致认为这些二战广告宣传活动就是美国公益广告活动的开端。在美国战时广告理事会的组织下,全美掀起了一股爱国公益广告的热潮,有力地鼓舞了全国人民的士气。

  第二次世界大战结束之后,美国政府从战时公益宣传效果中感受到了公益广告强大的力量。杜鲁门总统及当时的美国政府认为美国战时广告理事会是一个非常重要的组织,希望它能继续保留并在战后继续履行其公益职能。于是美国战时广告理事会更名为美国广告理事会并延续至今,逐渐发展成为全美专门的公益广告服务组织机构,专门从事公益广告的组织协调工作。目前由广告公司、广告主和广告媒体三方精英阶层组成专业志愿者,协助美国广告理事会从事专业活动。美国广告理事会组织解决了公益广告发展中四个重要的问题:谁来组织——广告理事会组织;谁来出资——企业及各种捐款;谁来创作——广告公司;谁来发布——媒体。以美国为代表的社会主导型的公益广告发展模式使得美国公益广告得到了持续稳定快速的发展③。

  现在的美国广告理事会体现了以下几个特征:一是机构性质不属于政府部门。美国广告理事会不属于政府部门,独立于政治体制之外。它的活动资金大多来自针对广告业和媒体业的募集以及各种基金会的捐助,虽然近年来也接受了大量的社会组织、政府部分赞助的公益组织项目,但其仍是一个独立的、非营利性的民间组织。二是独立的公益广告制作流程。美国广告理事会公益广告运作包括选定主题、创意制作、媒体播出、评估效果和评选作品等五个基本环节。在筹划公益广告活动时,主题不再是政府确定,而是接受社会申请;由广告委员会的董

---

① 不同时期美军征兵广告有特色[EB/OL].[2016-02-04]. http://roll.sohu.com/20160204/n436871176.shtml.
② 西沃卡.美国广告经典范例:肥皂剧、性和香烟[M].周先民,等译.北京:光明日报出版社,2001:312.
③ 左明霞.中国公益广告运作模式初探:兼谈国外公益广告运作模式[J].黄冈师范学院学报,2008(12):88.

事会先行批准,然后由公共政策委员会投票,获得四分之三的票数方可通过①。一旦确定了广告活动的主题,广告委员会的职业工作人员就会与成百上千的志愿者一起制作广告,一些顶尖的广告公司也会加盟进行广告创意,制作后的广告会选择在联邦通信委员会管理下的电视媒体免费播放,最后还要评估和评选优秀作品。三是公益广告主题非常丰富。广告委员会目前关注的主题已经从单一围绕战争转向美国社会最为迫切需要解决的问题,比如防止火山喷发、交通安全、学校教育、粮食援助、维和部队、劳军联合组织、储蓄债券、防止虐待儿童运动、防止毒品、美国红十字会、防止酒精中毒、消灭艾滋病、汽车安全带运动、水质污染、消灭癌症、地球环境等都成为公益广告的一些重要主题。20世纪90年代以来,除了美国广告理事会制作的公益广告外,美国其他的一些组织机构也开始独立参与到电视公益广告事业中来。一些政府机构和非营利组织出资制作并购买电视媒体的广告时间来发布与其业务相关的电视公益广告。例如,美国国家药品控制政策署在1998年拨款10亿美元购买电视媒体的广告时间进行反毒品宣传②。这个公益广告当时在社会上起到了很好的效果。

美国作为现代意义上公益广告的诞生地,其公益广告经过几十年的发展,已经形成了以美国广告理事会为核心的相对较成熟的运行模式。由于美国广告理事会作为一个独立的社会组织,并不受政府或企业等其他因素所控制,因此,通常把美国公益广告的运行模式称为社会主导型模式。

二、以日本为代表的企业主导型模式

企业主导型模式的主要代表国家是日本。中国台湾地区公益广告的运作也借鉴日本采取企业主导型模式,于2003年1月22日成立"公益广告协会",由广告业及各界企业和个人组成,以会费及社会赞助为资金来源。公益广告主题主要是人际群我关系、生态环境关系、亲子关系等③。企业主导型模式主要是指公益广告选定主题、创意制作、媒体播出、评估效果和评选作品等环节由多个独立的主体参与,但主要的控制和引导由企业进行的公益广告运行形态。这里我们重点介绍一下日本的公益广告运作模式。日本的公益广告具有幽默、新颖、有人情味等特点,其公共广告机构是专门从事公益广告服务的组织机构。日本电视公益广告的发展虽然借鉴了美国电视公益广告的运行模式,但是由于长期以来日本企业界在广告业中的强势地位,故形成了颇具特色的以会员制企业为主导的电视公益广告运行模式,亦称之为企业主导模式。

日本公益广告的发展最早可以追溯到20世纪70年代,伴随着日本经济的快速发展,日本国内出现了一系列亟待解决的社会问题。在这种情况下,日本广告界的一些有识之士开始意识到可以充分运用广告这一有效的劝导手段开展非营利性的广告宣传活动,更好地服务于日本的公共事业。1970年,著名企业家佐治敬三以日本大阪万国博览会为契机,向日本企业界

---

① 张明新.公益广告的奥秘[M].广州:广东经济出版社,2004:244.
② 张海鹰.公共广告再认识[J].新闻记者,2004(10):13-15.
③ 倪嵋.中外公益广告的运行模式比较研究:建立具有中国特色的公益广告运行模式构想[EB/OL]. http://www.aiweibang.com/yuedu/114221312.html.

和市民发出呼吁,"各企业应该深刻认识其社会责任及公益性,并将其明确地向市民社会表现出来。同时,市民也应该有很高的自觉性去遵守社会公德"①。1971年7月7日,关西公共广告机构正式成立。该机构成立之初,即以关西为中心,通过各种媒介开展有关"公共心"的公益广告宣传活动。随着影响的进一步扩大,该机构在1974年正式登记为社团法人,更名为"日本公共广告机构",逐渐成为全日本公益广告的组织机构,时至今日仍然发挥着很大的作用。日本公共广告机构组织下的公益广告呈现出以下特点:一是日本的公益广告呈现出了企业主导的明显特征。基于"通过组织开展公益广告活动提高国民的公共意识,为社会的进步和公共福利做出贡献"为目的成立的日本公共广告机构,虽然是一个独立的非政府、非营利的第三方机构,由于日本公益广告模式的产生主要来源于日本广告主企业在广告业的强势地位,因此日本公共广告机构虽然由企业会员、广告公司会员、媒体会员三方联合协作,但一直以来都是由企业会员主导着日本电视公益广告的整体运行,这充分反映了日本企业强烈的社会责任感。二是日本公共广告机构的运行经费主要来自于会费和赞助。日本公共广告机构具有完善的组织结构,实行会员制,最高决策机构是总会,会员制的会员单位主要由企业、媒体和广告公司构成。日本公共广告机构正常运转所需要的经费全部来自于会员的会费和赞助,而公益广告创意和制作的费用则由公共广告机构、会员广告公司和制作公司共同承担,不接受政府的任何资金援助。三是日本公益广告的运行模式是一种比较成熟完善的模式,包含了比较完整的运作环节。企业负责提供广告资金和信息,广告公司承担广告创意和制作费用,由会员媒体免费提供版面和时段刊播。如日本松下电器公司做公益广告的费用远远大于商业广告,松下电器的名字和形象也随着公益广告画面产生的视觉冲击和影响而名扬天下②。日本的公益广告统一署以"公共广告机构"的字样。具体而言,日本公共广告机构按照以下的流程来运作电视公益广告活动:日本公共广告机构每年首先调查研究该年度民众最关心的问题,并且同时向会员公司及个人会员征集公益广告活动的主题,在专业公司进行相关数据分析后,确立公益广告的主题并委托会员单位对该主题的公益广告进行策划与制作,随后由媒体会员协商安排进行联播。当然最后还要评估广告效果,以便为下一次公益广告的制作提供参考和指导。由于采取了以上严格的步骤,保证了日本的公益广告能紧贴社会现实,真正面向广大受众的需求。但日本公益广告的播出是完全免费的,因此播出的时段和次数得到有效的控制,从而在一定程度上影响了公益广告的效果。企业主导型模式在日本之所以能够行得通,主要是日本企业普遍具有在广告业的强势地位。

当然,日本的企业主导型模式也存在着相当大的弊端。首先,这种模式对企业的依赖性太强,容易出现由于企业会员异常变动导致模式瘫痪的情况。由于这种模式的运转主要依靠会费的支撑,而会费中企业会员的会费占到很大的比例,在日本经济高速发展的阶段,企业的巨大财力可以支撑这种庞大的支出,但如果经济出现下滑或企业生存艰难,不能提供会费的支持,这种模式就会难以为继。加之公益广告本身没有赞助企业的名称和标识,企业难以达到社会价值和企业价值的统一,这就需要企业的社会责任感来驱动,一旦企业社会责任感不够强

---

① 倪宁.广告新天地:中日公益广告比较[M].北京:中国轻工业出版社,2003:24.
② 胡晶,姜列思.国内外公益广告的运行机制分析[J].学术交流,2010(12):129.

烈,这种模式就将陷入瘫痪。其次,当企业的利益和社会公益产生冲突的时候,如何保证公益广告的正确诉求也是相当大的问题。比方说,当烟草企业的力量太大时,戒烟公益广告的制作和播出就难以保证不受到来自各方的限制。

三、以韩国为代表的媒体主导型模式

媒体主导型模式的主要代表国家是韩国。媒体主导型模式主要是指公益广告选定主题、创意制作、媒体播出、评估效果和评选作品等环节由多个独立的主体参与,但主要的控制和引导由电视媒体进行的公益广告运行形态。韩国强大的电视媒体力量直接引导了公益广告的运营。韩国公益广告活动于20世纪80年代初开始,经过近四十年的经验积累,如今已建立了一套完善、高效、快速反应的公益广告运营管理体制。1981年1月22日,负责韩国所有广播电视广告的经营机构——韩国放送广告公社——宣布成立,成为韩国公益广告事业发展的开端。1981年9月9日,韩国公益广告事业的主管机构——韩国公益广告协议会——成立,它隶属于韩国放送广告公社,目前由15名代表组成,成员囊括了学界、业界及政府三方代表。1981年12月5日,KBS TV-1频道播出了韩国放送广告公社成立之后的第一条电视公益广告《储蓄——为了富裕的明天》,标志着韩国电视公益广告的诞生。韩国放送广告公社目前属于社会组织,一直坚持人文主义、泛国民性、非营利性、非政治性的公益广告基本理念,自成立至今制作发布了众多的电视公益广告,成为韩国公益广告的主要制作单位之一。据统计,从1981年至2006年,韩国放送广告公社总共制作发布了290余部电视公益广告,这些电视公益广告都是由韩国电视媒体免费提供时段播出。近年来,随着社会的发展,也出现了一些由政府、红十字会等有关机构及企业制作的公益广告,因为这些机构与企业制作的公益广告在电视媒体上是收费播放,所以韩国把这样的公益广告形式叫"公益性广告"。但是总体而言,韩国放送广告公社仍在公益广告的制作和发行中起了很大的作用。

回顾韩国放送广告公社运营和韩国公益广告的发展,可以总结出以下特征:一是韩国的公益广告呈现出了媒体主导的明显特征,这种运营方式与美国、日本有根本不同。韩国的电视媒体这些年发展很快。韩国的电视媒体系统是在1995年引入的,卫星电视是在2002年引入的,IPTV是在2008年引入的[①]。具体来看,在2000年,有线电视的规模只有300万,但到2009年,这个数字就已经突破了1500万,有线电视用户占到韩国家庭用户的80%以上[②]。电视成为韩国人民获取信息的主要渠道之一。加之韩国一直实行电视广告经营高度垄断这一特殊的电视管理体制,在这种模式下,媒体在整个电视公益广告运行过程中处于相对强势的地位,韩国电视公益广告经过近四十年的发展,逐渐形成了比较稳定的以媒体为主导的运行模式,亦称之为媒体主导型模式。二是韩国的公益广告主要从电视平台上播放。根据韩国政府的规定,只有电视媒体可以对韩国放送广告公社制作的公益广告进行无偿播放,而报纸、杂志、网络等

---

① 安亨奂.韩国媒体环境变革带来挑战与立法对策[EB/OL].[2009-08-16]. http://finance.sina.com.cn/hy/20090816/11086622410.

② 数据来自韩国放送广告公社编著的《韩国数字电视行业年度投资策略报告》。

其他类型媒体发布公益广告,都以价格折扣或低价形式有偿发布①,没有免费的相关规定,这和美国与日本的公益广告无偿发布途径明显不同。为了更好地节约成本,实现公益广告的最大经济性投射,韩国放送广告公社会优先考虑将其制作的大部分公益广告在电视平台上播放,这也在一定程度上加剧了电视媒体主导型运行模式的进一步形成。三是韩国的公益广告资金来源于公益基金和捐助资金。韩国放送广告公社是韩国电视公益广告的组织管理机构,它的资金来源相对多元,政府、企业、社会团体甚至个人都可以成为公益基金和捐助资金的出资方②。当然大部分资金多来源于政府和企业,这些筹集来的公益资金为韩国电视公益广告活动提供经费支持。四是韩国公益广告呈现出其特殊的运作机制。韩国的公益广告分为主题选定、创意制作、媒体播出、评估效果、评选作品五个基本环节,虽然在某些运作环节上与日本模式存在相似之处,但在具体的运作上还是体现出韩国公益广告运行模式的一些特点。韩国公益广告协议会每年下半年针对全国多个城市部分电视观众进行"公益广告主题国民民意调查",近年来随着网络的发展也同时在政府、韩国放送广告公社等有关机构网站公告栏上征求网民意见,筛选确定次年的公益广告选题。韩国放送广告公社的主题一般有大小主题之分,每个大主题又分为若干小主题,近年来,网络等有关问题也开始涉及。此外,公益广告主题主要参考民意调查,因此与政府、政策有关的主题很少。而且随着和平发展和韩朝关系的改善,从20世纪90年代开始,韩国公益广告主题的政治色彩越来越淡,中立性逐渐增强。近年来,韩国公益广告中几乎看不到政治性相关的主题③。主题选定后,每个主题播放前两个月,通常是采用公开征集、招标等方式向广告公司征集公益广告脚本,公益广告协议会的广告界委员与外请广告专家对这些脚本进行评审,然后由被选中的广告公司围绕年度主题创作电视公益广告。公益广告制作完成后必须经过试映环节,然后才能在各个电视媒体平台上免费播放,与电视公益广告联动的平面印刷广告,也会同步在报纸、杂志等纸质媒体上刊载。为了提高广告效果,防止公益广告之间的冲突,一般采取每个主题一段时间内单一播放的形式,一个主题公益广告播完后再开始另一个主题的播放。但是由于电视公益广告的播出是完全免费的,因此,播出的时段一般都会放在非热点时段,而且次数也得不到有效保证,在一定程度上影响了电视公益广告的传播效果。为了评估公益广告的效果,韩国放送广告公社每年都会委托专业调查公司进行电视公益广告事后评价调查项目。针对公益广告的认知度、喜好度、态度变化效果、主题适度性以及有关媒体的评价等方面,对韩国五个主要城市(首尔、大邱、釜山、大田、光州)电视用户进行问卷调查,以便有效地收集电视公益广告播出后的反馈信息,并在此基础上对电视公益广告的效果进行评估,从而不断积累开展电视公益广告活动的成功经验。当然韩国公益广告协议会会不定期组织一些优秀公益广告评选会,并积极推荐这些作品参加国内外各种大奖的评选,扩大韩国公益广告的影响力。以上这些机制保证了公益广告的主题能够紧扣国民的关注,针对社会的焦点问题进行宣传,传递正确的道德规范、行为规范和价值取向。媒体主导型

---

① 吴易霏.韩国公益广告运营管理体制及其借鉴[J].中国行政管理,2011(12):96.
② 吴易霏.韩国公益广告运营管理体制及其借鉴[J].中国行政管理,2011(12):97.
③ 金擢美.韩国公益广告运作机制的现状及其借鉴——以韩国 KOBACO 为例[J].广告大观(理论版),2013(2):71.

的运作模式,也有助于更好地利用各种媒体资源,保证公益广告的覆盖面和受众面,同时由于媒体熟悉传播的规律和观众的取向,可以协助广告公司提升制作公益广告的质量,保证公益广告的传播效果。

韩国对于公益广告的管理依据是《放送法》《放送法实施令》《关于广播节目等时间安排的告示》等一系列法律规章制度。《放送法》是韩国广告管理的重要法律,相当于中国的广告法。该法第73条就是直接涉及公益广告的条款。该条只规定广播业者与屏幕广播业者为了公共利益的增进而制作的非商业公益广告要安排政府定下的比率以上的播放时间,但是并未明确规定具体的播放比率或者次数。后来韩国政府专门制定了《放送法实施令》,细化了公益广告的播出时间、付费标准及惩罚措施等要求,规定每套频道在每月全播出时间的1%以内,按韩国放送通信委员会告示的比率播放。放送通信委员会规定播出公益广告的时间为:地面波电视要播出每套节目每月播放时间的0.2%以上,有线电视、卫星电视等其他电视要播出每套节目每月播放时间的0.05%以上[①]。同时规定公益广告的制作主体为 KOBACO 和其他机构,不同的是,前者制作的公益广告可以无偿播出,而后者制作的公益广告播出需要支付一定的费用。如果韩国电视台不遵守该法规,会直接影响到其电视台的"再许可"问题。根据《放送法》的规定,韩国电视台事业活动需要申请许可,许可有效期不超过5年,规定电视台到了许可有效期,得到放送通信委员会的再许可就可以继续从事广播电视活动。如果电视台不按照《放送法》所规定的公益广告播放总量而播出公益广告,在"再许可"审查过程中,电视台达不到一定的分数,就会被取消广播电视许可。这些法律制度的规定,保证了韩国公益广告的播出时间和播出效果,促进了韩国公益广告的推广。

当然,以媒体为主导的公益广告运行模式也有其自身难以克服的弊端。一是媒体从性质上毕竟不是专业的非营利公益机构,它需要以盈利来维持自身正常运行,这就使媒体在商业运作与公益活动之间处于非常尴尬的地位。实际上,目前韩国存在韩国放送广告公社与政府、红十字会、企业等不同机构制作的公益广告。根据韩国法律规定,韩国放送广告公社制作的公益广告在电视媒体上必须免费播放,而有关机构与企业制作的公益广告在电视媒体上是收费播放。因为韩国保障电视台拥有频道决定权,所以韩国放送广告公社只能要求电视台安排公益广告的播放,却不能硬性要求电视台播出公益广告的时段与次数。由于电视台是一个营利组织,它们更愿意播放能收费的"公益性广告",因此使得受众对媒体所发布的公益广告信息本身产生怀疑,进而影响公益广告的传播效果。二是公益广告运营受政府制约相对较强。韩国政府对公益广告运营管理相比日本和美国较多,这与韩国的自身国情有很大关系。韩国的经济发展长期依赖于政府的政策主导,导致韩国诸多行业自身缺乏自主性,公益广告受传媒业影响自然也不例外。韩国曾发生过时任总统李明博撤换韩国 YTN 通讯社社长和韩国国家广播电台台长的事情。由于媒体自主性有限,致使韩国公益广告只能在有限题材范围内施展影响。这就造成韩国公益广告只关注小事以及社会浅层问题,很少关注深层次社会问题的特有现象。由于长期关注社会小事,导致公益广告的表现手法相对单一,主要善打亲情牌,虽然这也是韩

[①] 金擦美.韩国公益广告运作机制的现状及其借鉴——以韩国 KOBACO 为例[J].广告大观(理论版),2013(2):72.

国广告的独特优势所在,但长期以往,造成了受众对韩国公益广告的审美疲劳。这显然违背了公益广告对主题是否新颖、是否能够产生冲击力、能否激发公众采取行动的精神感召力的基本要求,也是今后韩国公益广告需要改进和提高的地方。

四、以法国为代表的公益组织主导型模式

当今世界的公益广告运营除了以美国为代表的社会主导型模式、以日本为代表的企业主导型模式、以韩国为代表的媒体主导型模式之外,还有法国的公益组织主导型模式颇具本国特色。法国的公益慈善事业相对发达,公益性组织和慈善机构非常多,国民和有关企业有较强的公益意识,慈善捐款的热情较高。作为法国公益慈善事业的重要组成部分,法国电视公益广告发展得很快,这就逐渐形成了以慈善协会、互助会等各种公益型社会组织为主导的公益广告运行模式,称之为公益组织主导型模式。法国社会公益广告主题通常由公益组织提出,经法国最高权力机构确定。公益组织围绕这些主题,出资请专业的广告公司负责创意制作公益广告,同时在电视、杂志、海报上发布。当然,这些慈善组织制作出来的公益广告在媒体播放,需要付给电视台、报纸或网站等相关媒体一定的费用,这是法国运营模式相比其他国家运营模式的主要不同点之一。公益组织之所以愿意支付这些宣传费用,其中很重要的原因就在于法国公益组织较多,它们希望通过公益广告在公众中产生广泛的影响力,提高其在公众当中的知名度和信任度,从而能够在激烈的竞争中争取到更多捐赠者的支持,并筹集到更多的善款。因此制作发行公益广告备受法国众多公益组织的青睐,并逐渐成为法国公益组织投身公益慈善事业的重要领地。法国公益广告活动的经费主要来源于这些公益机构的慈善捐款。因此法国的公益组织积极通过邮寄信件、街头营销、电视募捐等渠道筹集善款,然后再把其中的一部分善款用来投放电视公益广告,动员国民秉承优良美德,更好地帮助他人、关心社会。Thao Marie-Claire对慈善捐款这种方式给予了很高的评价,认为"法国一贯的慈善捐款的方式推动了第三方产业的出现,也促成了公益广告这一行业的职业化趋势"[1]。法国这种运营模式的产生必须依赖于其完善的公益组织体系和国民较强的公益意识,法国公益组织发展成熟且有较强的吸收捐款能力,国民对公益组织也有一定的信赖和期待。

通过本节内容,我们对国外几种主要的公益广告运行模式做了详细的介绍。从以上模式可以看出,各个类型的模式在主题选定、广告创作、媒体播放、效果评估、作品评奖等运行程序上有一些相似,但由于每个国家和地区的公益广告模式的产生、发展与其广告历史、行业力量、社会需求等因素密不可分,因此不同模式在经费主要来源、选定主题程序、媒体费用计算、效果评估程序等方面有很大的不同,这些模式都有其自身固有的优缺点,不能简单以好坏一概而论。目前,中国公益广告的发展相对较晚,公益广告运行尚属于起步期,公益广告模式的建立要借鉴成熟模式的经验,但也不能完全照搬照抄,应根据客观情况,探索出最适合中国国情的公益广告运行模式。

---

① T. Marie Claire. 法国公益广告行业的职业化扶持了第三方产业[J]. 中国广告,2008(2):22.

【本章小结】

本章用两节内容从中国及世界主要公益广告发达国家的公益广告运行模式入手,分析了对公益广告不同的管控和引导方式。由于各国的国情不同,参与公益广告运营过程中的主体发挥的作用与引导的方式也有很大不同。中国先后形成了媒体主导型和政府主导、多元参与型两种不同的公益广告运行模式。而美国、日本、韩国则分别形成了各自具有代表性的公益广告运行模式。不同的运行模式经过多年的发展,也都存在一定的困境。本章通过详细的介绍,重在使读者掌握世界主要国家对公益广告采取的不同管控和引导方式,进而对中国公益广告的运行模式展开更多的思考。

【思考题】

1. 中国早期媒体主导型公益广告运行模式的特点有哪些?
2. 目前中国政府主导、多元参与型的运行模式的主要特征和形成原因有哪些?
3. 社会主导型运行模式的代表是哪个国家?在二战期间其公益广告的运行特点是什么?
4. 日本公益广告运行的主要模式及特点是什么?
5. 中国公益广告运行面临的问题有哪些?

第八章　中国元素与公益广告

【学习目标】

1. 认识中国元素的分类及特征。
2. 理解公益广告中国元素的运用形式。
3. 掌握中国元素公益广告的创新方法。
4. 理解"中国梦"公益广告的创意思路和创意手法。

21世纪以来,中国在全球地位显著提升,"中国"这一主题逐步进入人们的视野,"中国元素"从满足西方人好奇心和标榜上流社会生活品质的时尚元素,成为国际、国内广告创作炙手可热的符码。从公益广告领域来看,随着2006年首次中国元素国际创意大赛点燃"中国元素"在广告创意中的燎原之火,中国公益广告以"中国精神、中国形象、中国文化、中国表达"的理念,实现了中国元素运用从自发到自觉的转变。

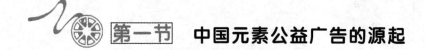

第一节　中国元素公益广告的源起

一、中国元素的定义及分类

(一)何为中国元素

关于中国元素的定义,目前并没有一个权威统一的界定。这一概念最早源于2004年,梅高(中国)公司董事长高峻在一次讲话中提出,中国元素是今天中国人所信守的,符合中国文化认同的一切元素。中国元素,不是一种图案,而是由中国文化派生出来、用于沟通使用的素材,是体现中国文化精神的一种载体。上海智威汤逊广告公司创意总监朱海良认为,所谓中国元素应该是中国独有的,能反映中国、认知中国的东西。2007年文化部"人文中国"系列活动组委会指出,凡是被大多数中国人(包括海外华人)认同的,凝结着中华民族传统文化精神,并体现国家尊严和民族利益的形象、符号或风俗习惯,均可视为"中国元素"①。由此可见,中国元素不是一种独立的元素,而是一个整体性的文化象征与表意②。在理念层面上,中国元素是在中国历史长期发展中积淀形成的,必须符合中国自身的文化个性,具备高度的识别性;在创意层面上,中国元素要求利用符合中国人价值感受的艺术符号创意出符合中国人消费心理的传播内容,激发受众的共鸣;在文化心理层面上,中国元素强调将信息传播置于中国文化的语境

---

① 马衍明."中国元素"的体系构成及相关问题[J].广告大观(理论版),2015(10):12.
② 陈致烽,黄淑平.论"中国元素"与中国广告国际化[J].福建师范大学福清分校学报,2010(5):119-124.

下,符合中国道德伦理规范和价值观。

(二)中国元素的分类

中国元素都包含哪些具体符号?一项大型网络调查活动的调查结果可供参考。2007年近百家媒体共同发起"寻找中国100元素"的策划活动,经过综合统计,长城、春节、龙以无可争议的优势分列前三,成为网友最推崇的中国三甲元素。同时入选的还有:黄河、长江、秦始皇陵兵马俑、珠穆朗玛峰、少林寺、泰山、敦煌莫高窟、布达拉宫、黄帝陵等自然文化景观;《孙子兵法》《易经》《本草纲目》《红楼梦》《论语》《诗经》《史记》《三国演义》八部中国文化经典;此外还包括五星红旗、中医中药、四大发明、京剧、熊猫、凤、宋词、书法、太极八卦、甲骨文、火药、少林武术、十二生肖、中国结、太极拳、道家思想、毛笔、筷子、茶、麒麟、针灸疗法、脸谱、对联、水饺、天文历法、旗袍、人民英雄纪念碑、瓷器、二十四节气、唐装、算盘、丝绸、百家姓、古筝、宣纸、汉服……

虽然网络调查结果不能代表全体国人,更不能穷尽所有中国元素。但从调查结果可以发现,中国元素应该是那些能够代表中国的元素,是中华民族在源远流长的历史中创造出的一切物质财富和精神财富的复杂整体,包含所有物质元素和一切体现中华民族传统文化精神的风俗习惯、核心文化精神的元素。中国元素既是语言也是图腾,既是符号也是无法触摸的价值观念。学者金定海曾细致地将中国元素符号系统演绎为"形、象、意、神"四个层面,"形"与"象"是基础物质层面,侧重符号表现与文化象征,而"意"与"神"更多地体现了一种文化层面的思维方式和经验模式。因此,本教材将中国元素按物质元素和精神元素分为以下两种类型:

1.中国元素之有形的物质元素

最具代表性的有形物质元素主要有:传统艺术元素,例如皮影、泥塑面塑、京剧脸谱、玉器、瓷器、青铜器、丝绸、景泰蓝、剪纸、年画、绣花、书法、水墨画、篆刻印章等;服饰元素,包括中山装、旗袍、唐装、汉服、绣花鞋、肚兜、斗笠等;日常用品类元素,包括文房四宝、中国结、如意、灯笼、大花轿、筷子等;动植物元素,包括牡丹、岁寒三友、葫芦、麒麟、龙、凤、大熊猫、十二生肖、鹤、孔雀、鸳鸯、鲤鱼、喜鹊等;建筑类元素,包括秦砖汉瓦、石狮、牌坊、古钟、古塔、庙宇、亭、民宅等;中国标志性景观元素,包括长城、黄河、长江、秦始皇陵兵马俑、西湖、苏州园林、桂林山水、敦煌莫高窟、少林寺等。

2.中国元素之无形的精神元素

无形的中国元素主要指来自于文化的元素,包括流传千百年的中国人耳熟能详的历史人物和神话人物(如秦琼敬德、牛郎织女、梁山伯与祝英台),人们顶礼膜拜的神祇(如福禄寿三星、财神),中国传统思想精神元素(如仁、义、礼、孝、智、信、忠、悌、节、恕、勇、让),中国时代精神(如中国航天航空精神、发奋向上的国民精神、团结凝聚精神、北京奥运精神),春节、中秋、清明等节日民俗以及唐诗、宋词、《诗经》、《论语》等文化瑰宝。

二、中国元素的特征

(一)中国元素的民族性与时代性

中国元素不等同于传统文化。中国元素来自于中国传统的文化,植根于具有深厚底蕴的民族特色,但中国元素不是对传统文化的简单堆砌,而是在此基础上对民族特色、民族精神的提炼和升华。譬如郭春宁为2008年北京奥运会创作的奥运会徽"舞动的北京",通过篆刻、中国红、汉简字体、中国的原始舞蹈、写意的中国画等外在形式,成功地展示了抽象的、象征性的中国艺术,那跃动的"京"字体现了中华民族生生不息、锐意进取的"天行健,君子以自强不息"的生存哲学。另一方面,中国元素并不局限于以上的物质符号。中国传统文化是中国元素的主要组成部分,但中国元素不完全等同于中国传统文化,还应包括中国现代文化。中国元素应随着时代的变迁与时俱进,传达出一种时代精神,呼应时代的召唤。一些不能适应时代需要的中国元素变成人们脑海深处的历史记忆,而一些新的中国元素又被创造出来,或许它一时并不能被广泛接受,但是当它通过设计人员精心的创作进入大众的视野,可能会引发新的流行和文化潮流。总之,中国元素可以反映中国传统文化,也可以不与中国传统文化契合,甚至产生完全的含义分离。

(二)中国元素的开放性

时代在发展,文化在进步,中国元素是对中国传统文化的继承和创新,需要在具有鲜明中国特色的民族元素基础上保持开放性,得到世界认同。中国五千年文明史表明,中华文明是一种有着开放性和伟大包容性的文明。中华文明信奉"和而不同""和实生物"的哲学,提倡包容他人、学习他人并乐于更新自我,尊重不同的价值、信仰、生活习惯和思维方式。这种"和"的哲学和开放的精神体现在中国元素的形成过程中,就是从"各美其美"走向"美人之美",不断吸纳其他民族的优秀文化,以不同的历史发展阶段中具有代表性的事物、价值观及思想为代表,通过特定艺术形态展示中华文明的独特魅力。在信息全球化的今天,各种文化交融、碰撞成为常态,传统文化与现代文化不断融合,中国元素不仅继承了中国传统文化元素,它更应从世界文化宝库中吸收绚烂多彩的现代文化精华,从而承担中国融入世界、影响世界的时代使命。

三、中国元素公益广告

(一)中国元素公益广告的功能

1. 弘扬中国文化,增强文化凝聚力

文化凝聚力居于文化"软实力"中的核心地位,是在文化认同基础上,文化体系对本民族成员形成的吸引力、感召力。在国与国、民族与民族之间的文化价值冲突频繁发生的全球化时代,文化凝聚力是民族融合、国家稳定的重要保证。中国元素公益广告一方面对外传播公益广告信息,同时也传播了中国的文明、文化、价值观。公益广告宣扬和肯定中国传统文化中的积极一面,在很大程度上强化了国人的民族自豪感和骄傲感,甚至可以影响一个国家的基本性格。尤其是在当前西方文化入侵的背景下,具有中国民族特色的公益广告成为弘扬中国文化的一个有效载体。

2. 丰富公益广告表现

中国公益广告历史较短,相较于其他国家而言,中国公益广告的创作理念和手段并不先进。长期以来,很多公益广告充斥着假大空的语言,装腔作势、牵强附会,影响了公益广告的传播效果。中国元素公益广告用中国人熟悉的故事、熟悉的场景、熟悉的人物、熟悉的道理,增强了通俗性,增加了亲切感,也提升了广告作品的生命力。2016年春节公益广告《行李篇》透过千千万万人春节回家都必不可少的东西——行李——寻找爱的线索。过年回家带什么,这是

一年一度每一个团聚时刻归乡的人们心中都会产生的问题,不论是什么样的行李,装的永远是对家人的牵挂。《行李篇》讲述了小学生带着骄傲回爷爷家过年、农民工带着整年的积蓄回家、豆腐店老板带着他的好手艺回家、建设"一带一路"的工程师带着他的故事回家、在外工作的年轻人带着爱人回家,以及支教老师带着留守儿童看海。通过一个个打包行李的镜头、一张张热切期待团聚的面孔、一段段真实的人物故事,传达出"行李"所蕴含的从客观物到主观情的丰富寓意。

3. 影响受众行为

人们平时生活、工作中各方面渗透着中国文化,这些文化一直以来作为生活情境影响着人们的价值观念、思维方式、道德情感、礼仪风俗等诸多方面。受众在细细品味、领悟这些元素的意义的过程中,不知不觉理解和接受公益广告的诉求,进而做出正确的行为判断。

(二)中国元素公益广告兴起的原因

2000年以前,公益广告较少运用中国元素,即使运用,运用较多的也是中国传统文化和文化价值观等无形的中国元素,对于有形的中国元素的运用少之又少,这些中国元素零星地出现在中央电视台的少数广告中。近几年来,中国元素公益广告有了长足发展,其背后可见经济、政治和文化的合力驱动。

1. 经济驱动

中国元素的兴起,有赖于中国经济实力的快速提升。1978年,中国是世界上最贫穷的国家之一,中国的实际人均GDP仅为美国的四十分之一。从1980—2011年这三十多年来,中国的经济以年平均10%的增速快速发展,在全球范围内创造了增长奇迹。当前中国作为世界经济增长的最重要驱动力,已经是世界第二大经济体,远远超越排在第三位的日本,即使目前经济增速略有放缓,全球经济依然在很大程度上依赖着中国。其他处于发展中状态的经济体,在对全球GDP增长率的贡献上,没有一个可以与中国媲美[1]。

经济实力的增强,使得中国元素的经济价值得到重新审视。从20世纪末开始,"本土化"策略逐步取代"全球标准化"策略,成为品牌传播的主要传播策略。纵观国际广告市场,大量具有文化特质和地区、民族、国家印象的元素,正在被广泛地应用到广告中,发挥着传递民族理念、弘扬民族文化、建构民族认同的作用。为了拉近与中国消费者的距离,外国品牌需要用典型的"中国元素"契合中国消费者心理。1997年春节,可口可乐率先在中国投放中国元素广告《风车篇》,颇具中国民族风情的红风车、红窗花、红围巾、红棉袄频频出现,得到受众的广泛认可。此后各外国品牌纷纷加强了在广告里对中国元素的使用,一时间"中国风"广告成为广告界的一种潮流。

2. 文化驱动

中华民族正在走向复兴,中国崛起不可逆转。作为文化软实力体现的中国元素也被频繁应用于各种文化作品:电影中出现了各类标志性的中国元素符号,流行音乐界也创作出了诸多中国风乐曲……2008年8月8日,中国成功举办了第29届奥运会,在奥运会开幕式上,水墨

---

[1] 美媒:中国对全球经济增长贡献比发达国家总和高50%[EB/OL]. [2016-09-05]. http://mil.news.sina.com.cn/dgby/2016-09-05/doc-ifxvqcts9474543.shtml.

画卷、四大发明、丝绸之路、民族戏曲、太极拳、敦煌飞天、夸父追日等绚烂的中国元素营造了宏大的开幕式景观,将中国元素运用推向高潮。

为顺应国内日趋高涨的中国元素创作潮流,2006年中国广告协会举办了第一届中国元素国际创意大赛,大赛口号为"复兴中华文化,重建民族自信",共征集作品3900件。2007年第二届中国元素国际创意大赛征集作品6050件,来自50多个国家和地区;同年,新浪网、搜狐网等多家网络媒体发起"寻找中国100元素"网络调查活动,获得有效投票50余万票。此后,中国元素国际创意大赛一直是中国国际广告节的主体板块之一。大赛主题分别为"盛世中国红"(第三届)、"中国力量"(第四届)、"创想中国"(第五届)、"创意新秀,数字中国"(第七届)、"中国元素·中国梦"(第八届)……多年来,中国广告界经历了从崇尚西方到回归传统,从无意识运用中国元素到有意识传播中国元素的历程。中国元素被越来越多的广告创意人员所认识,涌现出一大批既具有民族特色,又富有时代感的优秀广告作品。

3. **政治驱动**

法国后结构主义的代表人物米歇尔·福柯曾说"话语即权力"。中国经济的崛起,使得中国迫切需要加强话语权体系建设。2012年习近平总书记阐述了"中国梦"的内涵,中华民族近代以来最伟大的梦想就是实现中华民族的伟大复兴。是任中央政治局常委刘云山同志也撰文指出:"中华优秀传统文化是我们文化发展的母体,应当礼敬自豪地对待。源远流长、博大精深的中华文化,积淀着中华民族最深层的精神追求,包含着中华民族最根本的精神基因,代表着中华民族独特的精神标识,不仅为中华民族生生不息、发展壮大提供了丰厚滋养,也为人类文明进步做出了独特贡献,不仅铸就了历史的辉煌,而且在今天仍然闪耀着时代的光芒。"①

基于此,2013年1月,中央七部委联合下发《关于深入开展"讲文明树新风"公益广告宣传的意见》,倡导全国各类媒体积极制作和播出"讲文明树新风"公益广告,并对传播的具体内容和形式都做了详细的规定,为公益广告的可持续发展提供了政策和制度上的保障。2013年7月全国百家网站参与了"圆我中国梦,传播正能量——讲文明树新风公益广告网上传递活动"。此后天津、宁海、兰州、宁波、福州等多地举办了"中国梦"公益广告大赛。同时,自2013年起,中央电视台启动了"春晚公益广告"计划,专门在春节晚会的黄金时间播出公益广告,播出了《美丽中国》(2013)、《迟来的新衣》(2013)、《中国年篇》(2013)、《筷子篇》(2014)等二十余部作品,内容涉及传统文化、亲情、民俗、祖国河山等主题,引发海内外的强烈共鸣。

【案例评析】

中国元素在中央电视台猴年春晚中的运用②

2016年猴年中央电视台春晚公益广告秉承高品质、精推敲的一贯风格,通过层层选拔,倾情打造出《父亲的旅程》《梦想照进故乡》《门》《行李》四部公益广告。它们不仅用一个个动人的

---

① 云杉.文化自觉 文化自信 文化自强——对繁荣发展中国特色社会主义文化的思考[J].红旗文稿,2010(8):4.

② 姜周.中国传统文化元素在电视公益广告中的运用:以猴年中央电视台春晚公益广告为例[J].新闻研究导刊,2016(10):305.

故事讲述着"中国年""中国梦"的美好主题,还用镜头记录了祖国各地的大好山河,对中国传统文化元素的运用也恰到好处,起到了画龙点睛的作用。

一、中国传统思想元素在猴年春晚公益广告中的具体应用

作为中国电视公益广告的精品之作,猴年中央电视台春晚公益广告中无处不渗透着仁、义、礼、智、信、孝、忠等长期被国人所信奉的传统思想文化。其中,公益广告《父亲的旅程》讲述的是一位独自居住在山中的老父,春节期间走出深山,进城看望儿子的故事。老父一路奔波跋涉却因为电话号码抄写错误而无法与儿子取得联系,最后在车站工作人员、警务人员、饭店工作人员这些陌生人的帮助下与儿子团聚。陌生人的关切,热心人的帮忙,几个镜头的切换,将仁爱、友善的人间温情自然传递。《门》这部广告中,乡下的母亲给年幼的儿子一颗平日吃不到的核桃,儿子用门边把核桃夹碎后首先把核桃仁递给母亲尝鲜。一双包不住核桃仁的小手,一句稚嫩的"妈妈尝",传递满满的"孝心"。猴年春晚公益广告将"仁""孝"元素反复利用,把中国传统思想深深烙印在国人的脑海中,实现了对社会正能量的传递和对传统价值观念的呼吁。

二、中国传统民俗元素在猴年春晚公益广告中的具体应用

猴年公益广告《门》以一扇扇门为载体,用故事化的叙事方式,将春节串门、婚嫁过门、拜师入门等民俗娓娓道来。五扇门分别取景于上海、四川、广东广州、广东佛山、河北五地,每一扇门自身都彰显着不同地区的特色风俗与文化,每一扇门的背后,都充溢着其乐融融的年味和暖人心脾的情感。另外,《门》还不止一次出现蛋饺的图像和文字,利用上海人吃蛋饺的习俗,把一家人团聚起来,中国传统的饮食习俗在此得到了充分展现。《门》的海外镜头,也出现了舞龙舞狮的传统节日习俗,让身在异乡的学子游人们观之思乡情切。

三、中国传统图形元素在猴年春晚公益广告中的具体应用

猴年中央电视台春晚公益广告立足中国传统文化,将中国传统的图形元素贯穿于四部公益广告的始终。广告创意者利用具有中国特色的传统图案,或衬托浓浓的年味,或传递思乡的真情,抑或是表达民族的自豪感和自信心。其中作品《门》在短短的四分钟出现了多种具有中国特色的典型图案,广告的第一个近镜头中出现了代表中国传统习俗的春联,把观众一下子带入过年的喜庆氛围中。另外,小女孩手中紧紧握着的糖画,千家万户门前点亮的红灯笼,具有青灰色调的长长的弄堂等,这些能唤醒回忆并具有典型性的传统图案都原汁原味地还原了春节的"年味"和老百姓的幸福感。而《行李》这部广告中也不乏传统文化图案的踪迹,各式各样的行包上或多或少都绣着金龙、祥云等传统文化图案。看到这些亲切的、具有民族特色的图案图腾,不禁让人回想起家乡的山水和故地的亲人。

四、中国传统色彩元素在猴年春晚公益广告中的具体应用

猴年中央电视台春晚公益广告在中国传统色彩的运用上可谓独具匠心,《梦想照进故乡》最具代表性。该片的导演与摄像分别是曾荣获金马奖最佳新导演奖的张荣吉和多次参加中央电视台春晚公益广告拍摄的中国台湾摄影师刘世上,影片分别在福建、陕西、云南等地进行实地取景,全篇镜头展现出最典型的乡土风貌。其中,福建的"茶园绿"孕育着对下一代的美好希冀,陕北的"高原黄"泛着朴实无华的真情,云南的"碧空蓝"影射着少数民族人民的美好生活,再加上其间不断点染的中国红,四大色调将中国的大江南北无形地串联了起来,形成一幅多姿多彩而又相得益彰的风俗画卷。

第二节 中国元素在公益广告中的应用

中国元素在公益广告中的应用包括有形元素运用和无形元素运用两部分。有形元素运用是指直接运用各类物质化的中国元素,尤其是视觉形象元素,对公益广告进行形象化的表现。简单来讲就是将中国元素的造型、颜色给人的视觉感受与元素本身象征意义相结合来传达广告主题。无形中国元素主要指在那些历经千年发展,在特定的自然环境和经济结构等因素作用下,形成的伦理道德、价值观念、行为规范、思维方式的文化体系和民族心理。有形中国元素的运用是创作此类公益广告的基础,能否准确运用无形的中国元素传达出公益理念,才是衡量此类公益广告作品优劣的标准。

一、公益广告中有形中国元素的运用

公益广告中常见的物质层面的中国元素主要有代表着中国传统工艺的刺绣、唐三彩,具有民间风格和地方特色的剪纸、花灯,神奇秀美、极具美感的中国自然景观,耳熟能详、历经千年积淀的文学故事,朴素简单、别具风格与韵味的水墨画与书法……概括而言,分为中国传统器物元素、建筑与自然景观元素、民俗艺术元素和人物元素四大应用类型。丰富的中国物化元素具有高识别性与高度代表性,使得公益广告作品更容易创作,广告表现更活泼精彩。

(一)中国传统器物元素

公益广告功能的发挥必须建立在通俗性之上,要让受众喜闻乐见,这就需要公益广告的创作素材是最常见的物品,表达方式是最贴近受众生活的方式。以下两个平面作品(见图 8-1、图 8-2)选取古代铜钱、中国围棋作为创意元素,表达反腐倡廉和抗击非典的主题。

图 8-1 《诱惑篇》

图 8-2 《围棋篇》

（二）人物元素的应用

人物元素属于一种文化元素。公益广告中的人物元素不是一个单纯的符号，而是起着文化象征符的作用。公益广告往往运用文学作品、传说故事中的人物或历史人物，传递公益信息。以下两部公益广告均运用中国人耳熟能详的四大名著的经典人物。第一则节约水资源的广告以古代三国时期诸葛亮草船借箭（见图8-3）为素材，以反喻的设计手法表达出珍惜水资源的重要性。另一个防霾平面广告则运用了《西游记》（见图8-4）中孙悟空的形象，让人忍俊不禁。画面中孙悟空站在筋斗云上远望，地面上烟尘滚滚，传来师父的声音"悟空，救我"，夸张手法配合人物元素，将严重的雾霾表现得淋漓尽致。

图8-3 《草船借箭篇》

图8-4 《西游记篇》

此外，公益广告出现的人物元素还有当代名人。名人的使用是广告常用的手法之一。心理学中的"光晕效应"理论表明，名人具有一种先天影响力，受众会因为对某一明星的喜爱而爱屋及乌，将对某一个明星的喜爱迁移到他所代言的产品上。姚明、李娜、成龙、李连杰等知名的体育明星与影视明星都曾为公益广告做过代言。2012年一向以玉女形象示人的明星伊能静还曾破例以全裸形象出镜，拍摄了反皮草广告，唤起人们保护动物的意识。

（三）建筑与自然景观元素的应用

建筑与自然景观是中国元素公益广告表现中极为重要的一种元素。经由漫长的历史积淀，建筑与自然景观元素被赋予了厚重的历史文化内涵，已经超越了一般的物态符号的意义，承载着民族文化与民族精神，蕴含着深厚的民族情结。

公益广告中常见的传统建筑元素有城池、宫殿、民居、牌坊、陵寝、庙宇、寺观，还包括主建筑周围的阙、碑刻、华表、照壁、石狮、坛、塔等大量的衬托性建筑。中国传统建筑浓缩了天人合一、以人为本的造型观和审美理念，彰显着独特的风格与迷人的魅力。在公益广告作品《保护遗留古迹，守护传统文化》中，一开始画外音响起："一个商业会所毁掉一座百年古院，一个高大楼盘毁掉一座百年古庙，一个形象工程毁掉一座千年古城。"接着镜头分别展示纵横交错的代表中国传统建筑结构特征的斗拱、院落式的建筑群、四角翘起的飞檐，让受众领略了中国传统建筑的结构美。之后镜头又转向建筑群大屋檐下形成的半封闭空间，体现了中国传统建筑"天人合一"的思想。通过这些建筑美感镜头的阐释，传播了以人为本的理念，展现了传统工匠的高超技艺，让国人的自豪感油然而生，使人们于不知不觉中便接受了保护传统建筑遗迹的倡议。

（四）典型中国风格的艺术元素

1. 具有代表性的民俗元素

第一类具有代表性的中国艺术元素为民俗元素，例如民间服饰、民间戏曲艺术、民间建筑雕塑、民间舞蹈戏曲杂技、民间刺绣织染、民间绘画与民间工艺品等。民俗元素对于中国文化来说，是不可分割的一部分。中国古老的哲学观念和审美情趣为各种民俗元素带来了独特的表达形式，汇聚成中华民族具有魅力的文化精华。民俗与艺术作品在公益广告中的运用，能够给作品带来具有文化特点的民俗意境。

图 8-5 《精卫填海》

以剪纸艺术为例，剪纸是中国一种古老的民间艺术形式，在日常生活中，它以质朴的趣味性、独具特色的造型美受到人们的喜爱。如今剪纸艺术也成为公益广告中最常见的一种中国元素。如图 8-5 所示的广告运用精卫填海的神话传说，采用民间剪纸的表现形式，阴阳结合、虚实相生，传达中国精神，传达出"人因梦想而伟大"的主题。

民俗元素在电视公益广告中应用更为丰富。"中国梦"系列电视公益广告之《家国梦篇》在短短的 60 秒时间里交替出现 7 次靖州的民俗风情，温馨热闹的苗家家宴，古朴别致的苗族服饰，片片飘香的苗家腊肉，粒粒饱满的金黄稻子，姑娘充满希冀的眼神，大妈宁静富足的笑脸……一组组充满浓郁民族风情的鲜活画面，生动演绎了家国梦、民族梦以及个人梦想，那些普通人因梦想而改变的命运、因梦想而多彩的生活、因梦想而激发的斗志得到了充分诠释。

2. 各种艺术形式

国画和书法在中国艺术元素中极具代表性。现代传媒技术的快速发展，使公益广告的表现手法越来越多样化、多媒体化、形象化，公益广告中的中国元素也绝不仅仅囿于书画，中国特色的音乐、色彩搭配等艺术形式都可作为特有的文化符号来传递信息。例如深圳"设计之都"广告创意大赛二等奖作品《污水篇》（见图 8-6），飘逸的黑色水墨，恰如墨汁入水时幻化出的万千图画,不过这些都被作者别具匠心地绘制成螃蟹、青蛙、鱼等水下生物的模样。作品左上角注解阐明深意——这些看似优美的水墨动物,其实是被污染的水中生物的真实写照。

(五)汉字的运用

在整个世界语言文字发展史中,汉字占有重要的一席之地。作为华夏民族文化的重要载体,汉字集中体现了中国人的智慧和逻辑思维。在形态上,汉字由各种笔画组成,每个字都是形音义的结合体,每一个汉字可以表达一个独立的意义,包含诸多的情感与信息,彰显出极具张力的生命气息。在文化内涵上,汉字反映了中国人的"象思维",通过笔画描绘事物或物与物之间的关系。汉字在公益广告中的应用,主要是利用汉字本身的结构特性与广告中的其他元素结合,通过组合、拆分其具体形象构造新的意义。结构意义与逻辑意义相一致,使得广告符号与所阐释的深层含义达到一种异形同构,便是这一类创意方式的巧妙之处。

图 8-6 《污水篇》

1. 汉字图形化

所谓汉字图形化,是指充分利用汉字的图像性,与公益广告理念相结合,使汉字成为可视性的符号,便于受众理解。例如,图 8-7 是关注食品安全的公益广告,鲜红的画面中只有一个大大的"食"字,仔细一看,该字却为苏丹红鸡蛋、瘦肉精猪肉等近年来出现在市场上的各种化学添加食品构成。简约的画面令人触目惊心。

图 8-7 《民以食为天》

2.单个汉字的变形

第一,在单个汉字的某个笔画上对其进行部分替换、转换或添加,添加的符号、汉字本身的意义以及两者之间的结构关系共同完成广告意义的阐释。如将"刀"的图像置于"贪"字的上部,用结构上的关系表示出"贪字头上一把刀"的反腐概念(见图8-8);用饺子代替"夕"字的一点,表现除夕夜吃饺子的民俗(见图8-9);用沾满血迹的车轮印与"酒"字三点水旁相组合,加上旁边带有血迹的"害"字,让人联想到酒后驾车的危险(见图8-10)。

图8-8 《贪字头上一把刀》

图8-9 《一点都不能少》

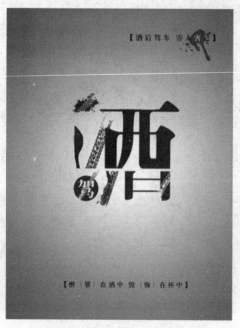

图8-10 《酒驾危险》

【案例评析】

常回家看看

　　作品诠释了中国的传统,突出传统美德"百善孝为先"。普通的"家"字,巧妙地利用一副空碗筷表达了空巢老人的凄凉。同时,将"家"字下半部分右边形同"人"字的笔画虚线处理,代表着游子不归家的状态,也表达出了家缺一人不像家的感觉。设计者最后引用《论语·里仁》中的一句话:"父母在,不远游,游必有方",与主题相呼应(见图 8-11)。

图 8-11 《常回家看看》

　　第二,增减或移动单个汉字笔画。汉字是典型的象形文字,可利用汉字本身的意义与笔画增减后的意义形成鲜明对比,传达公益理念。例如,将"费"字少一点,表现"少一点浪费";"正"字最上面的一横断裂,表现"正气岂能终止";将"霾"上面的雨字头叠加,仿佛雾霾有如压顶之势;将"森"字所有的撇和捺做虚化处理,视觉上只剩三个"十",寓意没有了树木,森林将变成坟墓。

3.拆字或合字

　　每个汉字都存在一定的间架结构,如上下结构、左右结构、包围或半包围结构等。在这些结构当中,往往可以拆分出不同的部首或另外一个独立的汉字。因此,公益广告可以在这种整体与部分之间意义的关系中展示广告所要传达的理念。

【案例评析】

《共济汶川》公益广告

　　2008年5月汶川大地震后,中国红十字会发布的公益广告引起社会大众共鸣。泛黄且断裂的纸上,上红下黑的"汶川"二字撞击着人们的神经(见图8-12)。汶川告急!两个字组合在一起形成大大的"济"字。受众可将"济"的含义理解为大灾大难面前,全国人民需要与汶川一起同舟共济;一方有难,需要社会各界前来救济。广告画面简洁而准确,通过拆字,汶川与"济"字发生了联系,不需要过多文字的堆砌,使得受众能够最迅速且感性地抓住广告的主题:我们在一起。

图8-12 《共济汶川》

4.利用书法字体

书法是中国一门古老的艺术形式,通过毛笔的书写,篆、隶、楷、行、草等字体各具审美意味和形式构造。如篆书古朴高雅,隶书稳健端庄,草书奔放飘逸、意气酣畅,楷书字体工整、张弛有度,行书流水行云,灵动自如。书法汉字的构成感和符号感可使公益广告表现具有特定的视觉冲击力,画面富有变化。图8-13便用浮雕的篆体"和"字为主题进行创作。早在春秋战国时期儒家就已提出"礼之用,和为贵"的思想,"和"是维系家的纽带。该作品以百家姓作为整个底色,代表千家万户,篆体"和"字与采用毛笔书写的标题"中国·家"颇具中国韵味。

图8-13 《和》

【案例评析】

中国元素创意大赛文字类银奖作品《塑书悲帖》

用塑料袋进行公益广告创意的作品不少,但让人眼前一亮的作品却不多。《塑书悲帖》(见图 8-14)把公益主题通过全新的视觉语言尽情演绎,以平常之物黑色塑料袋为素材,成功融入书法艺术,笔锋沧桑,线条凄凉,用不同角度将塑料袋线条的形态表现出来,充满另类美感。除了公益主题,作品对艺术语言的探讨也不可忽略。

图 8-14 《塑书悲帖》

二、公益广告中无形中国元素的运用

这一类公益广告不以显而易见的物态化的中国元素取胜,不直接借助于某一具体的物态符号来承载意义,而是通过公益广告表达出中国人特有的思维方式、家国理念等较为抽象的精神层面。这些元素化于无形,又无处不在。作为公益广告宏观的背景语境,它不仅关系到公益广告传播能否实现,也必然会影响和制约公益广告作品本身的具体语境。

(一)民俗

中国一直以来就有"入国问禁,入乡随俗"的民间传统。民俗作为一种悠久的传统文化,它与老百姓的日常生活密切相关,并在祖祖辈辈的不断传承中得以延续。有学者曾打过一个形象的比喻:"人们生活在民俗里,好像鱼儿生活在水里。没有民俗,也就没有了人们的生活方式。"① 换言之,传统民俗在建构民众的心理图式或生活观念方面发挥着举足轻重的作用。公益广告通过民俗契合受众基于民俗文化的心理图式或生活观念,营造受众的"我们感",以有效达成受众对广告主旨的文化心理认同。

【案例评析】

中央电视台春节公益广告《我们的节日,我们的故事》

当 90 后、00 后小朋友欢天喜地哼唱着"Merry Christmas",期盼袜子里礼物的时候,当年

---

① 钟敬文.文学研究中的艺术欣赏和民俗学方法:在《文学评论》创刊 40 周年纪念会上的讲话[J].文学评论,1998(1):27.

轻人带着千奇百怪的万圣节面具,举着南瓜灯排队任性地讨要糖果的时候,当微信圈被Thanks Giving和诱人火鸡图攻陷的时候,我们是否还能感受"爆竹声中一岁除,春风送暖入屠苏"的欢乐?我们是否还能忆起"况是清明好天气,不妨游衍莫忘归"的闲适?该广告从一个孩子的视角出发,小孩子吟诗般地分别说出春节、元宵节、清明节、端午节、七夕节、中秋节、重阳节的传统习俗,以此呼吁国人关注传统节日。

(二)文化价值观

价值观是人类用以衡量事物和行为的标准。中国的传统文化以儒家的价值原则为主导,儒、道、墨、法、释等诸派的价值观念既相斥又交融,通过对天人、群体、义利、理欲等关系的规定逐渐形成了自己的价值观念。

1."天人合一"的哲学观

中华传统文化的主体思想就是"天人合一"。作为一种传统文化精神,"天人合一"凝聚了中国古代哲人的智慧,最能体现中国文化本质。中国古代各派思想家都以"天人合一"为基准来揭示人与自然的关系。儒家认为天人相通,强调以人为本,强调推仁爱之心于自然万物之中,重视人与自然、人与人之间的和谐统一。董仲舒提出:"天人之际,合而为一。"道家则主张人与自然统一,道法自然,要求人顺应自然规律,在自然、恬淡、无为之中返璞归真。老子曾说:"人法地,地法天,天法道,道法自然。"无论是儒家重社会(人道),还是道家重自然(天道),都表达的是人与自然和谐相处的朴素观念。

【案例评析】

澳门回归形象广告《莲》

著名广告设计师靳埭强先生为澳门回归创作的形象广告作品《莲》(见图8-15),是"天人合一"哲学观在现代公益广告中运用的经典之作。该作品高度提炼、概括、省略,以水墨笔画为涟漪,用一片工笔技法绘制的莲花瓣突出广告主题,画面运用了周易与道家哲学思想,涟漪组成两个阿拉伯数字9,表达了"九九归一、澳门回归"的含义。整个作品中文字和图形又组成了一个"中"字,既有中国传统流水落花图式的诗情画意之美,大面幅的留白又象征了自然清新广阔的空间,表现大自然万物融合的意境。

图8-15 《莲》

【案例评析】

"设计之都"公益广告大赛一等奖作品《和·谐》

《和·谐》系列(见图8-16)作品将"和谐"这一高度抽象的概念具体化:日月互补为"谦让",两圆互有交集是"互利",莲花盛开在每个人心房为"融合"。作品运用简洁的图形,巧妙融入了中国传统插画艺术,借用铜鼓鼓面上的自然纹理和羽人活动纹样以及剪纸民间艺术,阐述"天地与我并生,万物与我为一"的人与世间万物和谐的关系。

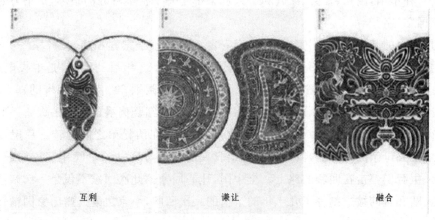

互利　　　　　　　　　谦让　　　　　　　　　融合

图 8-16 《和·谐》系列

2. 优秀道德观

中国文化是以血缘关系为纽带、以儒学为核心的多元一体的伦理文化,这些文化因子构建了中国传统伦理道德价值观的基本框架。在几千年的生活实践中,中国人形成了诚、信、忠、孝、宽、和、仁、义、礼、智等基本规范,当前许多公益广告在创意、主题上多与此类元素相联系。例如,图 8-17 以全国各地语言拼成传统器物鼎的外形,象征一言九鼎,提倡诚信做人。中央电视台电视公益广告《勤俭让你的生活升值》则以剪纸来倡导勤俭节约的美德。剪纸艺人先剪出一个花样,接着又把剩下的碎纸收集起来剪出各种小花样,拼出两个耕作的人形图案。最后点明主题:"勤剪(俭)让生活升纸(值)"的内涵,教育人们要勤俭节约,聚少成多。

图 8-17 《一言九鼎》

3. 家国情怀

《大学》有云："古之欲明明德于天下者，先治其国；欲治其国者，先齐其家；欲齐其家者，先修其身……"在中国，国家、社会、家庭和个人从来都是一个密不可分的整体，史书万卷，字里行间都是"家国"二字。

家庭是社会的基本细胞，国家太平、社会安定无不依赖于家庭和睦。"齐家"一方面是"修身"的目的，另一方面又被认为是"治国平天下"的基础。《63年后的团圆》是中央电视台春节系列公益广告《让爱回家》的一个力作，讲述了一对亲兄弟阔别63年再度相聚的真人真事。画面从两兄弟青涩年少的一张泛黄的合影开始，从亲手准备红烧肉满面春光的大哥，到归心似箭候机的弟弟，再到滚滚人流中两人的相拥而泣，镜头不断在两兄弟之间跳转。片尾，两位花甲老人郑重地走到母亲的遗像前，潸然泪下地给日夜思念的母亲拜一个晚年。正如最后广告语所说："这一生我们都走在回家的路上。全中国，让心回家。"此次回家不仅是一次亲情的团聚，也代表着大陆和台湾被迫割舍了几十年的亲情的一次回归，小家之爱透露出家国情怀。

【资料链接】

色彩是设计中最具视觉影响力的因素，潜移默化地影响着受众的情感表现。中国传统五色体系来自于"阴阳五行"，水、火、木、金、土分别对应黑、赤、青、白、黄。黑色在古代是众色之王，也是历史上单色崇拜最长的色系，代表着神秘、凝重。红色是中国人喜欢的色彩之一，象征吉祥喜庆，传统的中国结、窗花、对联均为红色。黄色是帝王之色，中国皇宫、社稷、坛庙等主要建筑多用黄色，黄色又被视为超凡脱俗之色，被列为居中正统颜色，居于诸色之上，其含义体现为尊贵、权力。其余的青色（含绿）象征庄重、希望，白色与金相对，表示纯洁、光明。

三、中国元素在公益广告运用中的问题

纷繁多样的中国元素是公益广告创意取之不竭的素材宝库，在促进公益广告与社会大众沟通、实现公益广告信息说服方面效果显著。但由于中国元素公益广告出现时间较短，创意人员对此类作品掌握还不到位，在中国元素的运用方面存在种种问题。

（一）模式限定

纵观当前以中国元素为创意构思的公益广告作品，由于长期的惯性思维，谈到中国元素，创作人员第一反应往往是红色、灯笼、龙、长城、旗袍、京剧等元素，对中国元素认知较为片面，导致中国元素雷同现象严重，缺乏创意深度。大多数作品常常是通篇的传统元素符号，使用汉字、书画、建筑、戏曲、饮食、服饰、民俗等"有形"中国元素符号，以期用此类符号彰显"原汁原味"的中国特色，却忽略了传统的哲学精神、文艺精神、儒释道等无形的中国元素与公益广告的结合。还有一些作品仅用中国元素做直观的表现，例如用红色表现吉祥，用舞龙表现欢庆，缺少了创意的内涵。实际上，中国元素并不只是一个中国结、一套文房四宝或者一个石狮子的视觉形象那么简单，汉字的简约与象形、京剧脸谱的夸张与变形，每一个中国元素都融合了现代理念，艺术性地对中国传统文化继承和创新，才能具有鲜明特色并让世界认同。公益广告里中国元素的应用不能停留在表面层面上，若仅把它视为一种符号，就会失去中国元素的价值。

(二)不能准确把握中国元素的意义

早在古代就有"入乡随俗"一词,这说明古人就已经对当地风俗习惯和禁忌加以重视。2004年某油漆品牌的广告作品,就因表现没有使用立邦漆而使柱子上的蟠龙下滑,在当时激起轩然大波。广告初衷是好的,希望能运用中国元素贴近本地消费者,但创作人员忽视了龙在中华民族文化心理上所具有的象征意义,以戏谑的手法进行创意表现,引起受众的反感、抗议也是必然的。虽然此类极端的事件尚没有在公益广告传播中出现,但公益广告在中国元素的运用上面临着和商业广告类似的境遇,若在创作中不能准确把握各种中国元素的意义,特别是对一些不太常见的元素把握不到位,会导致广告效果大打折扣。

【案例评析】

无人识别的公益广告[①]

深圳市民李先生前几天经过龙华新区龙观路时,偶然抬头,瞥见道路一侧房屋上打出了一个巨幅公益广告牌(见图8-18),上写14个大字,大学毕业的李先生好歹也算个知识分子,但令他纳闷的是,公益广告牌上的14个大字,他却认不全,大致为"×个城市×个家,××分××大家","如果不是广告牌下方绘画的4个垃圾桶图形,我根本不知道这是一个垃圾分类的公益广告"。回到家后,李先生上网查询,但仍有一个字不能确认,于是四处向朋友请教,得知广告中的文字是"篆书"。李先生说:"一个公益广告用篆书,我也是醉了。"

图8-18 无人识别的公益广告

23日中午,记者找到了李先生所说的公益广告牌,记者在街头进行了随机采访。一位刚到深圳工作不久的大学生仔细看了许久,也认不出到底是什么字,只是模糊知道其中有"城市""大家"。罗先生自称是20世纪80年代的高中生,但他也无法知道广告中的文字内容。记者

[①] 最"有才"公益广告,这是要普及古汉字吗?[EB/OL].[2015-04-27]. http://www.cnad.com/html/Article/2015/0427/20150427140047565.shtml

随后在该路口及其路两边店面采访了约30位市民,无人知道广告牌中的文字为何意。记者将该广告牌中的文字向一家打着国学馆招牌的乐器店老板求教,乐器店老板看过后,认为应该是"×个城市×个家,垃圾分类靠大家",但第一个字却认不出来。另一名龙华新区高中语文老师同样表示,不认识第一个字。

最后,记者终于找到了行家。东莞理工学院研究古汉语的陈跃老师告诉记者,广告牌中的文字是篆书"弌个城市弌个家,垃圾分类靠大家","弌"是"壹"的意思,但"弌"作为"壹"的异体字已被废止不用了,古书中也只是记账才用,所以实际上广告中这个字可以说是写错了。

【案例评析】

安徽六安"埋儿奉母"公益广告①

用公益广告弘扬中华传统美德中的孝心,是一个好的创意,而安徽某市市民慕女士发现解放中路的路边,安装了不少公益广告的广告牌。牌子上讲的是"二十四孝"的故事,包含"百里负米""卖身葬父""卧冰求鲤"等大家熟悉的典故。但是其中有这么一个广告牌,使用了"埋儿奉母"的故事。埋儿奉母,讲的是汉代有个叫郭巨的大孝子,因为家境贫困,妻子又生了一个男孩,郭巨担心如果他们用钱来供养自己的孩子,就会影响供奉自己的母亲,于是就打算亲手埋掉儿子。夫妻双方在挖坑时,在坑下挖到了一坛黄金,上面写着:"天赐孝子郭巨,官不得取,民不得夺。"夫妻双方得到黄金,回家既孝敬了母亲,同时也养活了孩子。当前,用"二十四孝"有其积极意义,但是其中很多做法,已和现今的价值观不相符。选择"二十四孝"故事制作公益广告,就要精心挑选,不能随便乱用,一方面要和当代的道德和法律相符合,另一方面也要让公众看着舒服。

四、中国元素公益广告的创新

对于公益广告而言,无论内容具有多高的价值,如果缺乏基本的形式美感,则不具有感召力和吸引力;相反,只有新鲜独特的形式,内容浅薄,同样难以发挥公益广告的社会功能。这就需要避免生搬硬套,以艺术的激情和灵性,正确处理形式与内容的关系。

(一)在形式上寻求更多突破

当前传播技术飞速发展,广告呈现技术手段越加多元,越来越多的广告引入一些高科技手段强化广告传播的互动性。例如行为装置"骑低海平面"(见图8-19)引导受众通过身体力行地参与感受到绿色出行对抑制全球变暖的意义。当受众脚踏自行车时,缸中的水面开始下降,踩踏次数越多,水平面越低。当受众不骑时,玻璃缸中的水又漫涨起来,淹没一切……公益广告也应借鉴此类手法,在表现形式上寻求"中国元素"的更多突破。同样的元素在存差异、求不同的基础上才可能显出其独特个性,否则所谓的中国元素只能变成潮流的附庸,而不具有生存的适应性。

---

① 公益广告选用历史典故时要传承更需创新[EB/OL].[2019-05-06]. http://www.360doc.com/content/14/1029/16/16881353_420912502.shtml.

图 8-19　行为装置"骑低海平面"

（二）对中国元素进行"陌生化"处理

美国广告创意大师詹姆斯·韦伯·扬的创意方法——"旧元素，新组合"是中国元素公益广告的创新路径之一，即以新颖、独特的方式对受众耳熟能详的中国元素符号进行"陌生化"处理，以现代的视角和思维方式呈现。詹姆斯·韦伯·扬认为，广告创意需要对"旧元素"进行"新组合"，即在广告创意中将受众熟识的各类知识（认识、经验及技巧）和常见符号新的呈现方式挖掘出新内涵，才能使已经被使用过的各种旧元素焕发出新的生命力。解构、重构、拼贴等是"旧元素，新组合"中最常见的手法。

以下的几个作品可以说是对中国元素进行"陌生化"处理的典范。杨白劳是文学作品中的人物，图 8-20 以"白劳"比喻劳而不获，表现尊重知识产权之意。图 8-21 对 20 世纪五六十年代最为经典的图像进行了重新解构，热情澎湃的革命青年手拿上书"回家"二字的红宝书，"革命无罪，回家有理"，回家成了一项绝对应该完成也必须完成的任务。

图 8-20　《杨白劳》

图 8-21 《回家有理》

同时,公益广告作品不仅要注意使用传统的可视的中国元素符号,更要挖掘当下的中国元素符号。用当代视觉符号表现当代精神生活更使消费者感觉亲切、实用。广告设计人员在进行公益广告创作时,应该运用充满活力的新观念和多样的设计手段给中国元素赋予更加开阔的视野、包容的气度以及瑰丽的外貌,使中国元素在表现民族精神与传统文化的基础上具有更多的时代气息。图 8-22 是一则保护环境广告,采用的仍然是剪纸的民族艺术和"后羿射日"

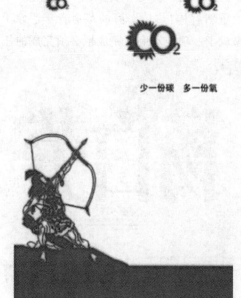

图 8-22 《后羿射日》

的神话传说,将太阳用二氧化碳的化学符号置换,当后羿射日后,正好剩下旁边的氧元素,传统与现代融合,让人耳目一新。

第三节 "中国梦"系列公益广告解读

中央文明办推出的"讲文明树新风"——"中国梦"系列公益广告以"中国精神、中国形象、中国文化、中国表达"为主题,用生动的语言和精彩的画面,诠释了中国梦的内涵,诠释了每个中国人的梦想,被全国各大主流媒体刊选,成为当前传播最广、最具有影响力的中国元素公益广告。本节以"中国梦"广告为例,对其进行深度解析,以探寻其蕴含的价值观念和设计理念。

一、"中国梦"系列公益广告的特色

13亿人的"中国梦"怎么阐述?这无疑给出了一个新命题。纵观"中国梦"系列公益广告,无一例不带有浓郁的中国色彩,不仅仅是设计内容和方法的中国化,在设计主题和文化理念表达上都表现出了一种强烈的文化自信。

(一)中国元素的广泛使用

1. 表现形式

"中国梦"系列公益广告采用了典型的中国元素。广告制作团队广泛选取了河北蔚县、承德,山西运城、广灵、临汾的剪纸,天津泥人张泥塑、杨柳青版画,陕西户县、安塞、宜君的农民画与剪纸等数十个地区的民间艺术。例如,天津泥人张泥塑本身就是种传统工艺,后经过历代传承,泥人张泥塑成为中国北方泥塑艺术的代表。河南舞阳的农民画至今也有五十多年历史了,经历过几次大的变革和改进,在创作形式上,多用漫画式的夸张表现手法,带有鲜明的浪漫主义色彩。总之,这些民间艺术形式是百姓在长期的劳作和生活中,为满足生活和审美需求而创造的艺术,色彩明快,表现了源远流长的追求吉祥、期盼幸福的民族心理,将这些民俗元素用于"中国梦"系列广告作品中,迎合了社会大众的审美需求,也契合"中国精神、中国形象、中国文化、中国表达"的命题要求。

2. 使用方法

"中国梦"系列公益广告除使用上述民俗元素外,还大量使用了谐音的表现手段。中国文化讲究"图必有意、意必吉祥",谐音寓意是传统中国创作中最常见、使用最多的一种表现手法。诸如:绘一只猴子骑马,手摘蜂巢表达"马上封侯";绘一只喜鹊站在梅花枝头表示"喜上眉梢";三叉戟插在瓶子里表示"连升三级"。在艺术形象创作中,运用谐音寓意可以将福寿平安、喜庆吉祥这些美好的祈愿更具体形象、鲜明直观地表达出来,但这类谐音寓意往往"尽在不言中",也只有中国人才能心领神会。"中国梦"系列公益广告的多幅作品使用了谐音的表现方法。例如:"和谐社会"主题的公益广告作品用"荷花"谐音表达"和谐",用"河流"来取"和"的谐音;作品天津杨柳青年画《人人节约连年有余》(见图8-23),取"莲花"和"鱼"的谐音表达"连年有

余";作品山西广灵剪纸《中国大吉》,使用一只昂首向着红日啼叫的"大公鸡"谐音"大吉";作品天津泥人张彩塑《诸事顺意》(图8-24),塑造了一位老农乐呵呵地陪着肥壮多产的猪妈妈和一群活泼争食的小猪娃,寓意"诸事如意"……谐音手法的运用,使广告形象与内容和谐统一,既切题又生动。

图8-23 《人人节约连年有余》

图8-24 《诸事顺意》

3. 为传统元素赋予新意义

广告活动从本质上讲,是一种符号的创造和操作的过程,也是一个人为强制性地生产和传播意义的过程。公益广告体现的是社会主流的意识形态和价值观,因此也需要适应特定的传播情境对广告中的传统元素进行重新解读,并赋予其现代意义。公益广告作品《中国何以强,缘有共产党》(见图8-25)采用了丰子恺的一则漫画,画面中绿柳成荫,芳草青青,一位女子手拿书本立于树下,两个孩子抬头与女子讲话。丰子恺原画中的一行题字:"见章乐知书,问草何故绿",被一首小诗所取代:"春来野草芳,春叶挂新杨。春衫写春意,春问有文章。中国春常在,缘有共产党。"仍然是春色芳菲,仍然是孩童好学不倦的求知景象,但小诗为广告中的人物符号重新赋予意义:手拿书本为孩子答疑解惑的女子象征带领中国走向春天的共产党,春天景色象征着中国共产党领导下的国家欣欣向荣。

图8-25 《中国何以强,缘有共产党》

（二）中国精神的形象化表达

"中国梦"系列公益广告对民族复兴的解读不是从波澜壮阔的史诗般的"国家视角""历史视角"，它以平民的、平视的视角贴近生活，把一个抽象的政治口号变成了形象的具体的可欣赏的画面，将政治宣传的抽象思维变为形象思维，表达的都是老百姓自己的心声，内容简单并且易于理解。

泥人张工作室创作的《我的梦，中国梦》（见图8-26）一经问世就产生了很好的社会反响。作者塑造了一个扎着红头绳，穿着红棉衣的朴实的农村小姑娘形象，圆润稚拙的样子很像福娃，清亮纯净的眼神如不经污染的晴空，可爱可亲可喜，艺术感染力很强。其他的作品如：《中国，前进》是两位老人举着一面自制的国旗；《俭养德，乐呵呵》描绘着一个孩子端着一个餐盘，让人联想到"锄禾日当午"的诗句，文化元素叠加，民族文化底蕴十足；《忠厚传家久，诗书继世长》是一个挎着书包的孩子迈步上学；《中国好棋》是两个萌态可掬的童子在对弈；《善曲高奏》是两童子抚琴吹笛，琴瑟和鸣……作品选材独特，视角独到，以小见大，轻松活泼，令人愉快接受。

图8-26 《我的梦，中国梦》

（三）明白晓畅的广告语言

"中国梦"公益广告文案明白晓畅，少则一个熟语，多则十来个文字，如"善曲高奏""和满中华""奔梦路上""有德君子""祝福祖国"，又如"有德人，心光明""人有德，路好走""中国梦，梦正香""劳动，最美的旋律"等，再长一点的如"勤劳人家，春色满园""中华圆梦，满园吉祥""中国圆梦日，该我飞天时""勤劳善良千年戏，你演我奏万家安""致中和，天地位，万物育"等。

另外，"中国梦"系列公益广告很多广告画面都配有一首小诗作为文案。这些小诗篇幅不长，通俗易懂，既有传统诗歌的韵律，又有现代诗歌的直白。《我的梦，中国梦》配诗："始信泥土有芬芳，转眼捏成这般模样。你是女娲托生的精灵，你是夸父归日的梦想。让我轻轻走过你的跟前，沐浴着你童真的目光，让我牵手与你同行，小脚丫奔跑在希望的田野上。"诗中有神话典故，有歌词化用，篇幅不长，内容丰富。另一个《中华文明，生生不息》配诗："走过了很多地方，见过了地老天荒。而今策马回望，泪水新诗两行。中华民族根千丈，历经苦难又辉煌。"广告文案把中国人对国家、民族的热爱浓缩在这六行小诗中，读起来意境悠远回味无穷。

二、"中国梦"系列公益广告主题分析

"中国梦"系列公益广告属于政治类公益广告。从国家层面，宣扬爱国主义，鼓舞人民团结

友爱、守望相助,共同实现民族复兴的伟大使命。从个人层面上,宣扬不断完善自身的道德品格。"中国梦"系列公益广告共创作四百余幅,其主题不能一一归纳,但可从以下四点略观一二。

(一)农本思想与粮本思想

农业生产是中华先民赖以生息、繁衍和发展的经济基础。农本思想构成了中国传统农耕文明和农业社会的基本底色,起到了"固本强干,富民教化"的功效。即使是迈入现代化历程的当代中国,农民问题与粮食问题一直是重中之重。"中国梦"系列公益广告用农民画的形式强调了粮食的重要性,描绘了农作物丰收、五谷丰登的场景。此类作品如《一顿饭,一年忙》(见图8-27)、《珍惜粮食,辛苦得来》(见图8-28)、《手中有粮心里不慌》、《汗水粮食》、《粮食命根子》。

图8-27 《一顿饭,一年忙》

图8-28 《珍惜粮食,辛苦得来》

(二)优秀道德

儒家思想的核心是仁、义、礼、智、信、恕、忠、孝、悌等,这些在"中国梦"系列公益广告中都有不同程度的体现。例如《当好人,有好报》,其标题来自于善良的中国人自己的一种价值观,是勤劳的中国人自勉自励的一种人生信条,文案平朴、诚实,是对当前社会惶恐当好人,老人跌倒怕被讹,不知该不该扶的一种回应。另一个作品《勤劳有饭吃,善良保平安》于平朴中道出哲理,于诚实中读出大义。勤劳人的品德,在中国社会价值观里,是得到极大尊重与推崇的。而"善良"是中国人奉行的做人基本准则,中国人的所谓"种善得福""积善之家有余庆"就说的是"善良保平安"的道理。这样的作品,体现了创意人员对中国文化的深层理解。其他表现"仁"的作品有《中国少年仁心大》《仁慈心中国人》《中国梦之仁爱》《仁爱之心泽被万物》,表现"孝"的作品有

《当代中国二十四孝》《代代孝辈辈福》《孝聚祥瑞》《慈母恩深》《孝感天地万物春》等。

【案例评析】

孝聚祥瑞

　　这个来自河南舞阳的农民画作里(见图8-29),所显现的那一份化不开的浓浓亲情,让我们眼热心动,这就是中国人的知恩报恩孝老奉亲的美德传承。在中国传统文化中,孝道维系着家庭伦理秩序,也构筑了国家道德基础。当前我国已进入老龄化社会,在家庭养老仍占主导的情况下,子女孝顺更是事关老年人的晚年福祉。这种榜样示范、谆谆诱导的教育方式,无疑更有助于唤醒民间孝道风尚。

图8-29 《孝聚祥瑞》

【案例评析】

大善中国人

　　河南舞阳农民画《大善中国人》(见图8-30)引用了传统民间习俗六月六吃焦馍、给蚂蚁过生日的故事,由受蚂蚁恩惠,对蚂蚁的感恩衍生变迁出对万物生灵的关怀关爱,从而体现出"大善"的品格。值得注意的是,"中国梦"系列公益广告结合当代道德模范的故事作为内容载体,为社会主义道德文化赋予了新的内涵。比如"德耀中华"主题系列,就选择了当代中国人的真实事迹,创作了"二十四孝""二十四诚""二十四信"等公益广告,这个创意及其设计既是对传统文化的大力弘扬,也是在公益广告创作上的大胆创新。

图8-30 《大善中国人》

(三) 美好生活

　　在"中国梦"系列公益广告里,中国梦的表达直奔人心,最为简洁:"挑着梦想出发,担着希望回家;唱着山歌入梦,日子如诗如画"——这就是中国老百姓心里的"中国梦"。"天上祥云水中霞,歌声缭绕是我家。日出东山催春早,月落田畴静如画。奔梦路上从容人,心中满开幸福花"——这就是中国老百姓心中的美丽生活。其他的公益广告也以不同的生活场景诠释了人们心中的美好生活。例如,公益广告《圆梦中国,洒满阳光》(见图8-31)为我们展示了农舍中金色的南瓜硕果累累,女主人养鸡、晒鱼、喂蚕,小孩子嬉戏打闹的生活场景。公益广告《圆梦路上春意深》的广告画面是鲜花开遍山村,勤劳的百姓赶集、舞狮,热闹非凡。这些普通的日常生活、劳动的图景,颇如陶渊明在《桃花源记》中所记:"土地平旷,屋舍俨然,有良田美池桑竹之属。阡陌交通,鸡犬相闻……黄发垂髫,并怡然自乐。"人民群众对美好生活的讴歌和向往是朴素而简单的,在"中国梦"这样一个主题下,一幅幅公益广告作品如同有了灵魂,引发受众深深的共鸣。

图8-31 《圆梦中国,洒满阳光》

(四)国与家

《有国才有家》以及《大德曰生》是阐述国与家关系的典范。在作品《有国才有家》(见图8-32)中,国与家的关系,是这般亲切地得以表现,两个小鸟所依凭的"家",是高大的树,还有将要为它们送来食物的母亲。作品《大德曰生》(见图8-33)中,更深层的寓意透过一窝的鸟蛋,让人有一种"一生二、二生三、三生万物"的彻悟,老子的智慧在这个公益广告中讲述着"中国梦"的深远与传承。

图8-32 《有国才有家》

图8-33 《大德曰生》

"中国梦"系列公益广告对国家的热爱包含在山清水秀的风景里,包含在人与自然的亲和里,包含在天人合一的和谐里。《绿化祖国 我来了》这幅作品(见图8-34)的颜色,染绿我们的心情,点亮我们的眼睛,满目青山的蓬勃生命与充满希望的春色田畴,使人们觉得青春永驻、阳光普照。

正是这样一种精神状态下的"奔梦"人,正是这样一种"中国向上"的中国国运与国势,正所

图 8-34 《绿化祖国 我来了》

谓"春回大地,凤翔九天;天下归心,华夏梦圆",这是一个民族整体昂扬向上的气场,将拼搏奋进的风帆鼓得满满。于是,我们看到了《中国圆梦日,该我飞天时》《中国牛,牛精神》等豪迈、英武、自信之至的作品。

三、"中国梦"系列公益广告的提升路径

当今中国处于国际化、多元化、个性化的转型社会背景下,立足创新,做好广告,树立形象,是一个亟待创新的课题。未来"中国梦"系列公益广告可从以下三个方面进一步提升。

(一) 注重广告表现的艺术性

习近平总书记提出的"中国梦",凝聚全党全社会的价值共识,内涵很丰富,可概括为"人民幸福之梦、国家富强之梦、中华民族伟大复兴之梦"。习总书记说,我们要实现的中国梦,不仅造福中国人民,而且造福世界各国人民。因而,"中国梦"也是"世界和平梦""世界幸福梦",是先进思想和先进文化的代表。纵观"中国梦"系列公益广告文案,虽然广告文案凝练,但仍有部分作品的广告文案采用传统说教式的传播方法,文案单调,简单生硬,缺乏赋予人性、打动人心、催人奋进的语言。另一方面,"中国梦"系列公益广告部分作品仍像宣传画的翻版,不注重利用艺术化的表现手法,需要进一步提高艺术性。

(二) 加强创意元素的现代性

"中国梦"系列公益广告的传播,应着眼于活力、能力、创造力、创新力,并运用更加丰富多彩的表现方式,更加富有创意和时代气息。比如:当前的"中国梦"系列公益广告创意素材主要是以剪纸、版画、泥塑为主,未来有没有可能吸纳更多的中国传统艺术形式来进行创意表现?当前的作品多来自农民和手工业者的创作群体,未来能否吸纳更多元的艺术创作群体?能否将"中国梦"更具象化,以更多元化的视野增强公益广告的感染力?

(三) 因地制宜传播

中国受众碎片化趋势明显,各阶层出现了显著的分化,农村受众和城市受众的知识水平、审美水平不一致,"中国梦"系列广告的受众除了农民,还有都市白领、知识分子、企业家、学生、工人,当前的"中国梦"公益广告以完全相同的传播内容和传播手段出现在城市和农村,忽视了不同受众群体的接受心理。

"中国梦"公益广告的初衷是让国人自信,增强凝聚力,激发上进心。在当前互联网、多媒

体、自媒体、娱乐化的新传播时代，中国应当实现传播理念创新，选择先进的传播手段，灵活运用各类传播技巧，增强"中国梦"的国内凝聚力和国际影响力。唯有如此，才能完成"一个心灵影响另一个心灵"的传播使命，让"中国梦"成为"每个中国人的梦"。

【案例评析】

"中国梦"系列商品走进千家万户

2013年11月起，义乌市"摇响拨浪鼓·同圆中国梦"工程正式启动。中央文明办派3名设计师进驻义乌，帮助商城企业设计"中国梦"系列产品，并收集一大批取得著作权的"中国梦"公益作品，以专有许可方式供商城集团进行商业开发。油瓶醋罐上标着"节俭""德者有余庆"，塑料米缸上配着"烈日锄禾图"……"中国梦"产品从行李箱、儿童玩具，到厨房用品、茶几，种类繁多，各具特色。用小商品弘扬中国精神，用小商品传播中国文化，让社会主义核心价值观融入一件件"中国梦"系列商品中。

【本章小结】

中国元素是一种整体性的文化象征与表意，包括物质元素与精神元素两方面。中国元素具有时代性、民族性、开放性，公益广告中运用中国元素有着深刻的经济、政治、文化动因，有助于弘扬中国文化，增强公益广告的创意表现。公益广告的中国元素运用分为有形的物质元素运用和无形的精神元素运用，"中国梦"系列公益广告是在公益广告作品中大规模运用中国元素的典范。但是，公益广告运用中国元素还存在种种问题，正如著名设计师靳埭强所说："把中国传统文化的精髓融入现代设计的理念中，这种相融，并不是简单的相加，而是在对中国文化深刻理解基础上的融合。"因此，公益广告对中国元素精神层面的应用，还需要广告创作者具备深厚的文化底蕴，并深刻理解中国的风俗习惯、价值观念、思维方式。

【思考题】

1. 请谈谈你对中国元素的理解。
2. 中国元素在公益广告中具有怎样的作用？
3. 请用中国元素创作一则"中国梦"公益广告平面作品。
4. 以下的公益广告是由北京人民广播电台创作的《祖国统一》文案。请举出这则广告运用了哪种中国元素。

《祖国统一》

男：看啊，月亮又圆了。

女：真想回家看看家乡的圆月。

男：四十年了，月圆月缺，数不清多少回。

女：记得那首诗吗？

男：小时候，乡愁是一枚小小的邮票，我在这头，母亲在那头。

女：到现在，乡愁是一湾浅浅的海峡，我在这头，大陆在那头。

男：是啊，该回家了。

第九章 经典公益广告案例解析

【学习目标】

1. 解析亚洲经典公益广告案例及其特点。
2. 解析欧美经典公益广告案例及其特点。
3. 了解中西方的公益广告在文化价值体现方面的异同。

公益广告在其数十年的发展过程中,涌现出一批批经典作品。经典公益广告不仅成为公益广告创作的标杆,也为受众带来美的体验。但对于不同的国家来讲,不同的社会制度、发展水平、社会需求使得公益广告的形式表达和内容存在着不小的差异。本章将选取不同国家的经典公益广告案例,从表现形式、表现手法、价值观方面分析中西方公益广告的异同。

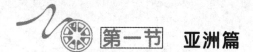

第一节 亚洲篇

亚洲公益广告事业虽起步较晚,但发展势头强劲。以中国为代表,亚洲国家的公益广告内容愈发丰富,表现手法也更加多样。随着新媒体平台的兴盛,一系列公益短片也应运而生,传播力更加深入人心,特别是泰国的公益广告短片,在社交平台上拥有很高的关注度和点击率。

案例一:平面公益广告《1945 年的胜利》

公益广告要想快速传达广告意图,就需要将图形符号设计得简洁易懂。如图 9-1 所示,这是福田繁雄设计的反战海报《1945 年的胜利》。正如福田自己所说:"我的作品,无论是平面的,还是立体的作品的创作核心都是围绕着以视觉感官的问题为前提来进行思考。"《1945 年的胜利》将合理的与不合理的元素共同营造出一个奇异的视觉世界,画面编排设计采用对角线构图,将炮弹的飞行方向有意与常规的视觉流程做反方向处理,将图形精简成抽象化了的炮筒和一个倒飞的炮弹,同时运用诙谐幽默的表现形式来讽刺发动战争者最终将自食其果,充分体现了福田对图底关系、矛盾空间等错视原理的精熟运用和独到理解,在看似荒谬的视觉形象中透出一种理性的秩序感和连续感。虽然色彩方面仅有黑、白、黄三种,但图形符号简洁诙谐,表达的主题

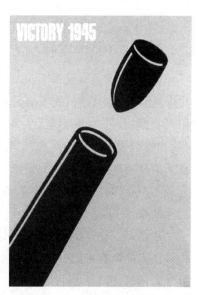

图 9-1 《1945 年的胜利》

内涵通俗易懂,富有哲理。

案例二:影视公益广告《母亲的勇气》

《母亲的勇气》(见图9-2)是一部很感人的广告,时长三分钟,是大众银行公益广告《不平凡的平凡大众》中的其中一支,广告取材自中国台湾一个真实的故事。2006年12月14日深夜,民视记者萧惠芳在洛杉矶遇到一位纯朴的台湾阿姨。她千里迢迢飞到委内瑞拉,想要看看自己的女儿生活如何,顺便看看自己的外孙子,再帮刚生第二胎的女儿照顾孩子。但是由于不会英文,就连普通话也讲不好的阿姨,只能靠着一张破旧的中英文对照小抄,一路从台北转洛杉矶再到委内瑞拉。相信很多人在看过它之后,都会被广告中的阿姨对于爱的坚持和无所畏惧所感动,为那"母亲的勇气"感到震撼。作为大众银行的广告,它既是公益广告,同样也是商业广告,这种形象广告给目标群体留下一个好的印象,传达某种关怀、价值、信念层次的正面效应,获得了公众的一致好评。我们可以看到,越来越多的商业广告开始青睐于使用这种手法,通过公益性质的内容达到目标群体对于商业主体的认同,从而实现与商业广告宣传同等的经济效益。

图9-2 《母亲的勇气》

案例三:影视公益广告《吸烟的孩子》

《吸烟的孩子》(见图9-3)是泰国健康促进基金会在2013年播出的一则烟草公益广告。片中,不同人群在不同街头吞云吐雾,这时吸烟的小孩出现,并佯装向吸烟的大人们借火,大人们在吃惊并再三确认后,无一例外地提醒小孩吸烟的危害是多么严重,诸如"烟草对身体有害","吸烟的人很容易变老","如果你吸烟,你就会死得很快,你不想活下来继续玩吗"。此时孩子们反问这些人:"那你为什么抽烟呢?"并递给他们一张纸条,上面写着:"你担心我,可是为什么不担心你自己呢?"收到纸条的人们,各自怀着五味杂陈的心情将纸条收进了自己的兜里,短片结束。

不同于以往这类公益广告采用的恐惧诉求,这则广告以两个小朋友为主角,通过对吸烟者告诫他人抽烟有害,自己却拼命抽烟的反差,表现出一种强烈的情感冲击。另外,该广告在对吸烟者的情感洞察上也尤为直击人心:大多数成人吸烟都发生在独自一人时,那个时候能够提醒他的,也只有他自己,但当这个"提醒"是由孩子提出时,成人内心最柔软的地方便被击中。

图9-3 《吸烟的孩子》

全片以偷拍视角呈现,所有的文字性解说都采用单独的黑底白字画面呈现,受众在观看时能够静下心来仔细阅读,真实感强烈。

案例四:影视公益广告《给予就是最好的沟通》

这则由泰国 Truemove 电信公司制作的公益广告(见图9-4)根据真实故事改编,讲述了一个发生在面店老板和小男孩之间施恩与报恩的故事。30年前,一位家庭贫困的小男孩因母亲生病而偷药被药店老板发现,面店老板看到后,替小男孩付了钱,并赠予他一包蔬菜汤。老板与小男孩间的交集似乎到此为止。30年后面店老板病倒,高昂的医药费令老板的女儿不得不卖掉他们赖以生活的店面。然而,当守在父亲病床旁的女儿从梦中醒来时,却发现身边有一封信,里面是一张医药费为0泰铢的账单,账单上写着一段话:"所有费用已经在30年前付过了——三包止痛药和一包蔬菜汤。"原来,面店老板的主治医生正是30年前的那个小男孩,当年的小男孩成为一名医生,他也传承了面店老板的品质。这则广告表达的是"给予"的主题。现代社会的高压力、快节奏使得人们普遍冷漠,缺乏对人性的关怀。然而这则广告唤醒了人与人之间的信任与关爱,表达了奉献、给予的重要性。另外,广告内容是公司核心理念的展现,广告制作商 Truemove 公司作为泰国三大移动运营商之一,没有直接宣传公司的产品和服务,而是将公司运营理念巧妙地融入故事当中,使得广告不仅与当下主流社会价值观形成共振,更传递了 Truemove 公司注重"给予"顾客、"给予"社会的良好企业品牌形象。

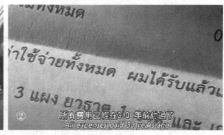

图9-4 《给予就是最好的沟通》

案例五：影视公益广告《姐姐》

泰国国家癌症机构推出的这则公益广告以两姐妹的故事倡导大家为癌症患者捐赠头发（见图9-5）。故事一开头,姐姐的一句"你有想从生命中删除的人吗",表达了对妹妹的厌恶之情。妹妹的出现让她不再是父母唯一的公主,一切都得让着妹妹。父母的离世,令这对姐妹不得不相依为命,也令姐妹关系更加恶化。妹妹进入青春期后,开始画浓妆、抽烟、早恋,甚至偷姐姐的钱去迪厅。姐姐终于爆发,当着妹妹众多好友的面给了她两个耳光,并在心里希望妹妹可以从她的生命中永远消失。

然而,厄运却降临在了姐姐身上,姐姐得了癌症,饱受病痛的煎熬。她一人默默治疗,从未想过要告诉那个不懂事的妹妹。终于有一天,妹妹发现了她的病情。妹妹的反应让姐姐倍感意外,她哭着抱着姐姐,哭着说："我就只有你这一个姐姐啊！"那个曾经被认为是累赘的妹妹,此刻却成了姐姐唯一的依靠。她不再叛逆,包揽了所有家务并无微不至地照顾姐姐。最后,妹妹剪掉了自己的秀发,为姐姐制成了一顶假发,美丽的姐妹俩笑得很甜。广告不仅展示了姐姐日益糟糕的身体状况,又渲染出了姐姐内心的无望和沮丧,令受众真切体会到了癌症患者的心境。妹妹对姐姐细致入微的照顾,尤其是牺牲了自己的一头秀发来为姐姐制成假发,更是以情动人,以爱感人,将剧情升华到了高潮,引发了受众的情感共鸣。

图9-5 《姐姐》

案例六：影视公益广告《污染的画》

中国CCTV海外频道的公益广告《污染的画》（见图9-6）,以孩子与未来的角度警示空气污染问题,讲述了一节看似平常的美术课上发生的故事。上课了,老师让天真的孩子们画"我的家"。孩子们从众多彩色铅笔中挑选了最合适的颜色,在笑声中展开了各自的创作。期间嬉闹之声此起彼伏,但老师在不经意间看了一个孩子的画作之后,面色略带讶异,转瞬后变得释然而无奈。原来,她发现这个孩子画的"家"没有七彩斑斓的色彩,而是只有黑白两色,像是蒙上了一层厚重且挥之不去的阴影。所有孩子的画无一例外,只有灰、黑、白,与窗外的风景毫无二致。最后,广告公布了一个数据,预计2025年空气污染还会加重75%以上。终日活于雾霾之下的生活并非遥远,孩子画出的灰白图画也并非夸张。正如广告最后所说："今天我们的所作所为,就是孩子未来会看到的景象。"

该广告叙述直白,不求技巧,虽然没有直击人心的冲击力,但在广告创意和色彩把控方面相当出色。色彩往往占据着整个公益广告视觉冲击的大部分甚至整个画面,出色的公益广告整体色调具有强烈的视觉冲击力。然而,该广告却另辟蹊径,十分巧妙地运用了黑、白、灰的色彩,营造出一种挥之不去的晦暗,画面看上去像是蒙上了一层淡淡的"霾",而彩色铅笔和孩子们最终呈现的画作之间产生强烈对比,给受众带来了别样的感觉。

图 9-6 《污染的画》

案例七:影视公益广告《我看见你》

这部一分钟的公益广告,由中央电视台 19 位名嘴逐一亮相,敬一丹开场,李瑞英压轴,演绎关爱听力残疾人的温情故事(见图 9-7)。黑白的画面,缓缓淌过心间的钢琴声,整部宣传片没有一句台词,平日里在荧幕上播音的名嘴们用手语演绎:"我看见你,在岁月的光影里成长,缓慢而坚定,在生活的道路上行走,步履蹒跚却充满希望。我看见你,在春天的大地上奔忙,在冬日的暖阳下休憩。我看见你的奋斗,也看见你的幸福与欣慰。我看见你在建设家园,也看见你奔走他乡。斗转星移,风云变幻。看世间,看世界。看我,看未来。"

据世界卫生组织 2013 年报告,全球有 3.6 亿听力残疾人,手语是他们与世界沟通的重要工具[①]。中央电视台主播们用手"说话",为这些听力障碍人士传递生活的爱和勇气。中央电视台这部公益短片,依旧打出惯用的温情牌,以黑白色调的肃穆和无声胜有声的温暖,传递人文关怀。

图 9-7 《我看见你》

案例八:影视公益广告《穷人 Vs 富人》

这是韩国的一则公益广告(见图 9-8):片中的主人公是一位年轻男子和一名小女孩,他们每天都在同一时间睁眼、起床、吃饭、喝水……不同的是一个富裕、一个贫穷。虽然生活在同

---

① 2014 年全国爱耳日主题确定为"爱耳护耳,健康听力"[EB/OL].[2014-02-05]. http://news.xinhuanet.com/health/2014-02/05/c_119214985.htm.

一片天空之下,但他们的吃穿用住却是天壤之别。家境富裕的男子每天喝着从家里饮水机里过滤出来的清澈透亮的纯净水,而贫苦瘦弱的小女孩却只能骑着自行车去到很远的小河里打来浑浊发黄的河水喝。不过暖心的地方在于,片尾处男子跋山涉水地将纯净水带到了小女孩所在的村庄,小女孩也终于喝到了干净的水。在画面剪辑上,广告前半段在表现男女主人公的生活场景部分时,大胆采取了双屏呈现的方式,将年轻男子与小女孩的生活场景切在同一屏画面上同时播放。如此既缩短了片长,带来的视觉呈现效果也更为直观,对比更加鲜明,同时也使得广告的宣传意旨更加一目了然。广告的后半部分,当年轻男子看见小女孩开心地喝到了自己跋山涉水带来的纯净水之后,自己也露出了笑容,此时视频画面也随即合二为一,开始用正常画面来呈现两人相遇之后的场景,在契合故事节奏和呼应广告主题方面做得十分巧妙。全片并无画外音旁白或者文字字幕解说,除去两位主人公各自日常生活场景中的环境背景杂音之外,片中的声音语言部分只有背景音乐。虽然没有解说,但视频中的每个场景符号、声音符号,都无不蕴含着深刻的表现力。

图 9-8 《穷人 Vs 富人》

案例九:影视公益广告《屋顶上的少女》

这则来自日本的公益广告《屋顶上的少女》(见图 9-9)拍摄于 2013 年,反映了日本社会日益严重的少年轻生问题。短片以童话故事为开端,无人不知的灰姑娘正在擦地板,她的后妈和两个姐姐对她百般欺凌,并穿着盛装准备参加舞会,灰姑娘一身破旧的布衣,一边叹气一边表示自己也想去舞会。这时本应降临的仙女却并没有出现,取而代之的是冷冷的独白:"可怜的灰姑娘,一直在家里做家务。"这时画面转到屋顶上读书的另一位少女,拿起了另一本著名童话《青蛙王子》。在故事进行到一半时她念道:"王子被魔女变成了青蛙,从此以后一直就是一只青蛙。"之后她又讲了如《丑小鸭》等许多知名童话,都是在主人公还没出现际遇时就匆匆结束了故事。最终她走向天台边准备轻生,这时故事中的灰姑娘、青蛙王子等突然跳出书本,告诉她一切故事才刚刚开始,阻止了轻生少女,同时点题:人生中最美好的事情,大都发生在最后。

该则广告题材敏感且立意新颖,情节曲折且出人意料。前半部分颠覆大众认知,将耳熟能详的童话反转,如剪影一般快速逐帧播放;后半部分节奏突然放缓,将悲戚的氛围营造至巅峰,少女每迈出的一步都看似顺理成章,她站上天台的那一刻牵动每个受众的心。这名少女得到了书中人物搭救,但站在这同一个位置的人又何止千万,他们需要自救,也同样需要关怀。该广告使人有所感悟的同时更发人深思。

图9-9 《屋顶上的少女》

第二节 欧美篇

公益广告的发展程度与一个国家的发展程度成正比。欧美发达国家有着较强的经济实力,社会发达程度高于一般的发展中国家。所以,欧美国家的公益广告事业比亚洲的发展中国家更为成熟。欧美国家的企业普遍认为,企业不仅要创造经济效益,也要承担社会责任,而公益广告作为传播社会正能量、引导社会健康发展的有效途径,备受欧美企业的青睐。他们制作了大量优秀的公益广告作品,本节将挑选若干经典作品进行解读。

案例一:平面公益广告《毁烟如云》

在汉语中有这样一则成语"出奇制胜",意思是:出奇兵战胜敌人。我们可以模仿该成语形成公益广告创意手法:出奇招征服受众。这样的广告画面往往震撼,因为这种设计手法将不可能发生的事情变成表象的真实,所营造的视觉感受是奇特而震撼的。《毁如烟云》(见图9-10)便是这样一则作品,画面中人的肉体被香烟燃烧,只剩下残余的手臂。但这种创意手法在设计时需要与广告主题紧密结合,切忌一味追求惊奇的感官刺激而失去广告的可信度,需要做到创意奇特,但又看似合乎情理,在此基础上将奇特的创意与合理的情境巧妙融合,才会达到震撼的效果。

案例二:影视公益广告《分离》

以婴幼儿的角度去观察体验周围事物往往使人印象深刻。如果再展示这些纯真的小生命痛苦的表情,就会使公益广告直击心灵。这则吸烟有害健康的公益广告《分离》(见图9-11)

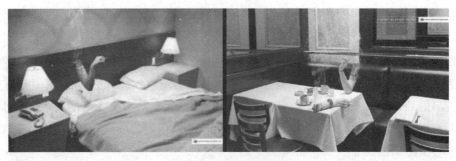

图 9-10 《毁烟如云》

用"纯真+痛苦"的创意手法表现主题,从珍惜生命的角度入手,将小男孩的痛哭与无助的表情表现得充分而感人。广告情节非常简单:一位带着孩子来到公共场合的母亲,突然间消失得无影无踪。当失去妈妈后,小男孩从起初的迷茫疑惑到恐惧不安再到痛哭流涕,真实的情感流露使受众为之动容。结尾处广告文案"想一想,当您死去后,亲人是多么的痛苦"以及反对吸烟的标牌,进一步强化了广告效果。

图 9-11 《分离》

案例三:影视公益广告《一只盒子的力量》

该片是美国公益组织 CARE 发起的公益宣传短片(见图 9-12)。这是一个关于"授之以鱼不如授之以渔"的故事,在讲述 CARE 发展历程的同时,也阐述了它的理念,并呼吁更多人加入公益行动中,为世界的可持续发展出一份力。最初,CARE 成立的初衷是为二战幸存者捐助物资。这对当时满目疮痍的欧洲而言,无疑是雪中送炭,而这也坚定了他们将这样的善行坚持下去的决心。后来 CARE 转变了做公益的方式。他们不再向贫困地区的妇女捐赠奶粉,而是教她们自己养殖奶牛;他们不再捐赠纸笔文具,而是为贫困地区培训教师,并向那些想让孩子辍学的家长宣传教育的重要性,以期改变读书无用的传统观念。积少成多,积水成川,无论公益形式发生了怎样的变化,从未改变的是初心——他们相信,一只小小的盒子,汇聚的是大爱,是让世界变得更好的力量。

案例四:影视公益广告《车祸前一刻》

交通事故一直是全球各国普遍关注的一个重大问题。转弯处加速疾行的两辆汽车,如果在相撞前时间被静止,当事人之间的对话将如何展开呢?这则公益广告(见图 9-13)立意新颖,别出心裁地在车祸前一刻使时间停滞,让当事人自己站出来表达悔恨之心,接着悲剧不可避免地发生,强化了主题,给人以警示。该广告技术手段运用得当,镜头剪辑流畅,细节推动剧

图 9-12 《一只盒子的力量》

情,通过地面飞起的落叶与远景中停止飞行的小鸟等细节,表现空旷公路上时间的静止。

此外,在人物对话中适时的镜头切换与人物面部特写,渲染了整个广告的悲剧氛围。片中两个男人悔恨的表情与动作,小男孩的镜头的适度穿插,将受众的情绪完全调动起来。最后在结尾处,快速闪现两车相撞瞬间,突出车祸发生的迅速及其所具有的毁灭性的危险,让受众更加充分意识到超速驾车的巨大安全隐患。

图 9-13 《车祸前一刻》

案例五:影视公益广告《在母亲眼中,他们永远是孩子》

《在母亲眼中,他们永远是孩子》(见图9-14)是2012年伦敦奥运会前夕宝洁公司推出的一部公益广告。在体育营销策略中,宝洁一贯以亲情路线为切入点,而"为母亲喝彩"系列活动则始于2010年温哥华冬奥会。在这则广告中,将所有运动员都替换成小孩子,将临战前孩子们在媒体镜头前侃侃而谈、初入奥运训练场的新奇张望、开幕式入场时的激动人心、比赛间隙的日常生活、赛前的充足准备以及决战前的紧张时刻等镜头流畅衔接,并在最终的千钧一发之际戛然而止,镜头集中在了运动员母亲混杂着焦急、紧张、担心、期待等多重情绪的眼神上。通篇虽无一句旁白注释,但丰富的画面语言和结尾处的广告文案(To their moms, they always be kid)向我们展示了一切:运动员的坚韧勇敢,母亲的默默守护。那些相互扶持、呵护至深的生动画面,配上温暖中又带着些许激进的背景音乐,原本激烈到有些残酷的竞技体育演变成了一抹温暖的阳光,温暖了运动员,也温暖着万千受众。从表现手法来看,该广告采用了间接隐喻的手法,不直接讲述奥运会运动员的艰辛,也未直接呼吁我们要如何去关爱运动员们,而是从"母亲—孩子"这一关系切入,以孩子需要关爱、需要呵护的角度来唤醒我们对运动员应有的关怀与关注。

图 9-14 《在母亲眼中,他们永远是孩子》

案例六:平面公益广告《残忍的时尚潮流》

这是一则关于"保护野生动物,抵制皮草"的公益广告(见图 9-15)。第一眼看到这张图片时,大多数人可能认为这是一张讲述着自然和谐、生灵和睦的照片,但随着目光焦点的锁定,读者的心灵便会慢慢由平和走向五味杂陈,而起因就是那不起眼的几个字母。"XL""S",这是时尚界人士再熟悉不过的两个尺码标签,"S"代表小号,"XL"代表加大号。但这样的符号与野生动物又有什么关系呢?这样的设定意义又源于什么呢?仔细观察便会发现:豹子的背上分别被打上了象征着衣服尺码的"XL"和"S"两个标签,图片右上角还印着这样一句话"Fashion claims more victims than you think(时尚业夺走的生命比你想象的要多)",意在警醒人们:不要用动物皮毛制作时尚产品,应树立保护野生动物的意识与责任。从符号学的角度来讲,这两个字母标签作为一种符号,其"能指"是时尚界人士耳熟能详的两个尺码标签,其"所指"则是他们(或皮草商)强势购买(掠杀)野生动物(皮毛)来制作时尚制品这一行为。当读者读懂这张图片中的这一符号,并由单纯欣赏行为转入深入反思之时,这则公益广告的情感诉求便也随之体现出来了,所有消费者都应该也都必须反思:"以人为本",究竟让世界失去了什么?

图 9-15 《残忍的时尚潮流》

案例七：平面公益广告《进到海洋的，就会再进到你的肚子》

这是一则有关保护海洋的公益广告(见图9-16)。人们日常食用的寿司本应是美味新鲜的，但是在图片中，裹着寿司的海苔变成了层层塑料，米饭中间本应是让人垂涎的海鲜，也变成了米饭裹着的塑料纸。两块"变异"的寿司占据了广告大部分的空间，在寿司的下方，印刷着文字"WHAT GOES IN THE OCEAN GOES IN YOU"，寓意我们扔进海洋里的塑料又会通过食物制造和加工进入我们的身体。广告的颜色简单却具有极强的冲击力，棕黄色的塑料泛着光，塑料质感让人在看到寿司的一瞬间没有了食欲。这样的设计和塑料裹挟着的白色米饭形成鲜明对比，本应是香气扑鼻的米饭在塑料中也显得毫无美食的诱惑力，反而显示出一种长长的感叹与无奈。英文字母的蓝色是海洋本应有的颜色，澄澈而平静，和"变异"的寿司形成对比，让人们甚至不敢相信这样的寿司出自于我们印象中美好而纯净的海洋。这则广告没有用呼喊式的口号，没有惨遭荼毒的海洋生物，也没有公益人站台代言，而是用简单的色彩、平淡无奇却接近生活的食物、简明直接的话语给人以视觉和心灵的冲击。广告视角独特，"WHAT GOES IN THE OCEAN GOES IN YOU"站在人类自身的角度，警告人们吃进去的都是我们自己扔进海洋里的垃圾，更能够让人们产生抵触感。人性都是利己的，正是这种出于自身利益的抵触感让人们能够反思自己的行为。这则公益广告抓住了人们的痛点，自我约束反省的角度往往比社会道德约束更加有效。这则公益广告还运用隐喻的手法凸显了人们不得不食用这样"变异"食物的无奈，当污染裹挟着美食，工业垃圾裹挟着人类文明，人们实际上是被自己裹挟着，不得不承受自己所犯下的"罪行"。

图9-16 《进到海洋的，就会再进到你的肚子》

案例八：平面公益广告《本不必这么危险，请不要乱闯红灯》

这是一则关于交通安全的公益广告（见图9-17），描绘了一群年幼的学生放学回家的情境。校车停在悬崖边，本应是画着斑马线的马路，却变成了让人心惊胆战的万丈深渊，原本保证人们交通安全的斑马线也变成了摇晃的吊桥。图片中红色的STOP十分显眼，警告人们此时不应急于穿行，但是这些孩子们仍然小心翼翼地踩着吊桥，三三两两拉着手，一步踏错就会掉下深渊。左下角的广告语印刷着"It should not be this dangerous, stop for flashing red lights"。广告的主体选用了年幼的学生，这一选择可谓用心良苦。首先，学生的交通安全意识往往比较薄弱，过马路时往往存在嬉戏打闹的现象，对生命中潜在的危险认识往往还不够深刻，在闯红灯的群体中所占比重较大；其次，学生属于年幼的弱势群体，自我保护能力很弱，往往更能引起人们的同情心和反省意识；再次，学生代表着的年轻生命和万丈深渊形成鲜明对比，本应是象征着希望和活力的年轻生命却可能时刻止于处处隐匿着危险的"马路"。以孩子为主体人物，以危险的吊桥、吊桥下的万丈深渊、伫立在一旁的校车和写有STOP警示的显著标识为情景铺垫，生动形象地展现了"交通安全"这一当下广受关注的话题。在这则平面广告中，没有血腥的事故场景，没有孩子们无助的目光，也没有伤痛和哀嚎，而是用一种侧面的视角，隐晦地揭示了一种潜在的危险。

图9-17 《本不必这么危险，请不要乱闯红灯》

案例九：影视公益广告《中风前兆》

这则广告（见图9-18）旨在向公众普及中风患者发病前兆可以从他们的肢体动作中看出，把握最好的就医时间。广告由两部分构成：第一部分运用蒙太奇的手法，快速剪辑了30多组生活中的片段，表达了肢体语言在传递信息时的重要性；第二部分展示了一个中风患者发病前的一系列肢体语言，告诉人们一定要学会读懂这些十分重要的信息，让中风患者尽快就医，防患于未然。广告内容紧凑扎实，通篇由人们的肢体语言及旁白组成，有传达喜悦的，有传达愤怒的，有传达无奈的，也有传达安慰的……画面切换越来越频繁，令受众认识到人们不自觉的肢体语言可以在具体生活情境中表达比语言更为确切的含义,将内容逐渐推向高潮。之后,广告节奏有意识放慢,重点向人们展现了中风患者的几个典型的肢体语言,告诉人们肢体更可以传递身体信息,释放求救信号,如果遇到这些情况应及时判断并迅速就医或报警,为患者争取时间。

图 9-18 《中风前兆》

此外,"时间"在这部广告中意义非凡。首先,时间被极度压缩,广告全长 1 分多钟,节奏之快令受众在观看时不由得屏住呼吸,深刻感知到时间的紧迫性,以及把握黄金时间对病人来说是多么重要。其次,在广告的最后,由"Face Drooping""Arm Weakness""Speech Difficulty""Time to Call 911"的首字母构成了"FAST"(快速的),告诉人们如果遇到这些状况一定要快速报警求助。鲜红色的单词警示人们一定要抓紧时间,刻不容缓。总体说来,这种带有科普教育性的公益广告不同于传达价值观类的公益广告,它所向公众展现的是专业知识或理念,因而往往采用开门见山的表述方式,虽然不像故事类广告那样从情感切入,以情动人,但其诉诸理性的冷静叙述和以小见大的切入角度能够在短时间内抓住受众的内心。

案例十:平面公益广告 Think of both sides

Think of both sides(见图 9-19)是美国一则关于交通安全的平面公益广告,提醒人们在开车时不要打电话或交谈,否则灾祸会悄无声息地不期而至。这则广告立意虽然不是十分特别,但创意和构图甚至文字上都令人叹为观止,细看之下会感觉给人带来的冲击力是层层递进的,绝不仅限于感官。首先,这张平面广告的整体布局可以用三个"对称"概括:主驾驶和副驾驶的左右对称,车后座孩子和车前即将被撞的孩子的前后对称,以及在后视镜上无辜的双眼和惊惧的面部的上下对称。从整体构图上讲,三组"对称"使得画面干净、饱满、律动且富有美感,使得人们第一眼看上去很有兴趣,较为丰富的构图则更进一步使人萌生深究的意图。从色彩上讲,近景是以暖色为主基调的较为柔和温馨的场景,而远景则是以冷色为主且较为模糊深远的场景,冷暖对比以车里车外为临界点,色调对比虽然不强烈,但足以使人们发觉这张图中存在隐含的矛盾冲突,并欲一探究竟。从内容上讲,驾驶座上的男人在驾驶过程中一边打电话一边与副驾驶讲话;坐在副驾驶位置上的女人也没有承担监管责任,一边看地图一边跟驾驶员讲话,只有后座的孩子在双眼紧盯着前方。车快要撞上行人而车上的大人们浑然不觉,车外的孩子惊恐万分,车内的孩子不知所措。

这则广告的寓意更值得探讨,三组"对称"其实也是"对比":不知所谓的祥和与下一秒即将发生的惨案的强烈对比;两个心不在焉的大人和两个已经惊觉的孩子之间的强烈对比;后座孩子的平静和车外孩子的惊恐之间的强烈对比。这三组对比都使主旨层层深化:开车的时候要顾及方方面面,要眼观六路耳听八方,要考虑到心不在焉的后果,否则酿成的惨剧是不可估量的。虽然撞的是车外的孩子,但两个孩子相连不可分割的面部告知我们,他们自己的孩子眼睁睁地目睹了这一切,整个事件对他的伤害并不亚于车外被撞的孩子,如果开车的时候不能顾及方方面面,会使你想顾及的哪一面都变得无法顾及。

图 9-19 *Think of both sides*

案例十一:影视公益广告《勿施于人》

这是世界动物保护组织(PETA)的一则公益广告(见图 9-20),广告以一个假设"假如地球被野兽统治会怎样"开始,通过人和动物的角色互换,以动物穿戴人皮制品 T 台走秀的创意来呼吁人们"己所不欲,勿施于人",传达保护动物的思想。当欢快而具有节奏的音乐响起时,一场华丽的 T 台秀即将开始。身着华丽衣裳的模特以动物的造型出场,从头到脚的服装设计是以人类的毛发和身体的各个器官组成,而模特竟然是狐狸、海豹等动物,镜头开始向后台移动,越往里面走,灯光愈是阴暗,环境气氛逐渐散发出令人毛骨悚然的感觉,背景音乐也变得悲凄忧伤,墙上挂的是人类的身体部件,铁笼子里关的是惊魂未定的人类,画面定格在一个小女

图 9-20 《勿施于人》

孩脸上,面露惊恐,眼眶里泛着无助泪光,双手紧紧抓着铁栏,害怕地看向镜头,给人难以名状的震撼。

人类很难体会到被虐待动物的痛苦。这则广告突破了以往公益广告直截了当进行说服的方式,将动物和人类的主宰地位互换,旨在用换位思考的方式让大家认识到,动物与我们人类一样,有思想,有感情,有它们自己的生活方式和向往自由的权利。我们不能为了自己的私利随意破坏、伤害它们的躯体,私自决定它们的存亡。"每年,过亿动物因满足人类的美而惨死,请脱掉身上的皮革,穿回美丽的人性",片尾的文案紧扣主题,发人深思,同时呼应了世界动物保护组织的原则——"动物不是供我们食用、穿戴、做实验或娱乐的"。

案例十二:影视公益广告《购买和捐款》

这支公益短片来自德国柏林街头(见图9-21)。街头自动售货机里面的T恤仅售价2欧元,但当你看到这些T恤是怎样制作的,你还会购买吗?售货机用影像的方式呈现了T恤的制作者——小女孩和贫穷的妇女们,她们付出了高强度的劳动力,所获得的报酬却极为低廉。售货机最后的画面定格在"购买 & 捐款"上,路人会怎样选择呢?短片通过前后两段对比,突出了低售价与高劳动强度低报酬的反差,增加路人对T恤制作者的关怀之情,传递出浓厚的温暖之意。该短片选择"镜中镜",通过镜头我们可以看到不同的人在售货机前的反应,又通过不同人的视角镜头定在T恤制作者"小女孩和贫穷的妇女们"身上,这样镜头自然却又能显而易见地表达出导演想传递的思想。

图9-21 《购买和捐款》

第三节 中西公益广告比较

中西方公益广告差异的核心在于文化价值理念,而文化价值理念差异产生的原因又是复杂的。学者陈兴辉曾提出:"由于受不同的社会文化背景和社会发展进程的影响,公益广告在不同的社会和国家中呈现出不同的发展道路,各个国家的公益广告发展水平也存在着差异。因此,对中外公益广告进行比较就显得尤为必要。"[①]本节将从文化传播角度对中西公益广告进行对比分析。

一、中西公益广表达方式比较

从公益广告的表达方式来看,中西公益广告有着明显的差异。大体说来,中国的公益广告偏向于感性诉求,从情感出发,以"情"动人,而西方公益广告则偏重于理性诉求,从实际出发;中国公益广告在表达诉求上往往很间接,通过短小而隐晦的语句或重叠的画面来表达,而西方则在公益广告中更为直接地表现出所要表达的内容。

(一)理性与感性

公益广告作为广告的一个分支,虽然与非商业性广告形成了鲜明对比,但它仍具有所有广告都包含的共性,即价值诉求。这种诉求又分为满足受众的物质需求和情感需求,这就是中西公益广告在表达诉求方面最大的区别,即西方侧重于满足物质需求的理性诉求,而中国则偏重于从情感需求出发的感性诉求。理性诉求是以传递产品的质量、功能、技术等信息为核心,以科学为基础,以诉求对象的物质性满足为依据,以激发诉求对象的理性思考为目标的广告诉求形式。而感性诉求是以传递商品的精神属性及其所拥有的象征意义和表现能力等信息为核心,以消费者的心理情感满足为依据,以引起诉求对象的情感反应为目标的广告形式。从以下所举的例子可以看出,同样是以节约用水为主题的公益广告宣传语,中国公益广告内容大多涉及"生命""珍爱""珍惜"等字词,从热爱生命的角度号召人们保护水资源,是一种情感诉求。相比较之下,西方的内容则有"water""cent"等名词。它们从现实物质出发来唤起人们认识到保护水资源的重要性,这是一种理性诉求的表现。例如:

水是生命之源,请节约每一滴水。
让我们像珍惜生命一样珍惜生命之源。
如果不节约用水,地球上最后一滴水,将是人类的眼泪。
节约用水,珍爱生命。
Stay in school you'll have more career choices.
Save the world.
Be water wise. It makes cents.

---

① 陈正辉.公益广告的社会责任[J].现代传播(中国传媒大学学报),2012(1):17.

(二)直接与间接

中西公益广告表达方式的差异还表现在表达方式的直接与间接。西方公益广告往往从最直观的角度出发提出诉求,揭露社会中的尖锐问题,并提出方法和途径。与西方公益广告不同,中国的公益广告偏向于用抽象代替具象,用隐喻的内容间接表达诉求,宣扬某种理念。另外,中国的公益广告更倾向于通过宣传正面典型来达到传播效果。表达方式的直接与间接的差异可以通过以下例子看出:

风雨同舟,心系灾区,一分钱一份力!

It's amazing the effect a cyclone can have. The people of Orissa are dying in hundreds. The rest of the country has gone blind.

同样是灾难公益广告,一方倡导"风雨同舟",以一种人道主义和"爱人"的观念去感化受众,强调精神力量的重要性。而另一方则重在直接描述现实,与中国力求"和谐"不同,言辞往往更加激烈,甚至有渲染成分。

再如:

民族在奉献中崛起,生命在热血里绵延!

点点滴滴汇心海,偏偏真情暖人间。

Congratulations, you did it. Now please, do it again.

One pint of blood can save up to lives.

以上是四则中西方关于献血献爱心的公益广告,中方的广告语中包含"民族""奉献""生命""真情"等表达,对于献血的倡导,并不是通过直接的表述,而是利用这些词语激发人们的爱心意识。我们再来看西方的表述,"do it""save up to lives"直接提出了诉求。

中西方公益广告为何有如此不同?我们可以来看美国学者霍尔所提出的"高语境"和"低语境"概念。美国学者霍尔在《超越文化》一书中根据信息由语境或编码表达的程度,将文化分为高语境和低语境,并提出了两种交际类型:高语境交际(high-context communication)与低语境交际(low-context communication)。通过对比研究,霍尔得出结论:"有着伟大而复杂文化的中国就处在天平的高语境一方","美国文化……只是偏向天平较低的一方。"即中国文化具有高语境特性而美国文化具有低语境特性[①]。受中国传统文化的影响,中国人喜欢用委婉间接的方式表达情感,所以素来有"知音难觅""心有灵犀"等表述。而西方则崇尚直接鲜明的表达,这一点与其历史和民族多样性有很大关系。

二、中西公益广告文化价值诉求的异同

公益广告是对社会现象的一种反映,更是对社会价值观的表达、引导。从目的上来讲,无论是中方还是西方,公益广告的核心都在于价值诉求。

从价值观诉求的表达方式来讲,中西大致分为两种:一是倡导型。这类广告通过呼吁倡导,或动员大家参与到某项社会活动中来,或是引发大家对某一社会理念的认同。例如中央电

---

① 杨世铭.高语境广告特点及其跨文化传播策略[J].郑州大学学报(哲学社会科学版),2009(5):166-169.

视台"中国梦娃"系列公益广告,通过"梦娃"这一极具亲和力的泥塑艺术形象,"梦娃醒,太阳笑,中国梦,多美妙。国是家,善作魂,勤为本,俭养德,诚立身,孝当先……"社会主义核心价值观通过"梦娃"吟唱的儿歌表现出来,倡导人们积极努力践行。西方也有很多倡导型公益广告。如美国有这样一则广告:Water:Vital resource for life.倡导人们珍惜生命所必需的水资源。Protect yourself this flu season,get the flu vaccine.通过直接的表达动员大家为了身体健康接种流感疫苗。二是目的型。这类广告具有很强的目的性与时效性,往往以当前社会中的突出热点问题为对象。比如针对近年来艾滋病群体扩大,中央电视台播出了主题公益片《手相牵爱无限》,呼吁大家关注艾滋病群体。2009年我国发生甲型流感疫情,针对这一情况,中央电视台随即推出"勤洗手,保健康"的主题广告。西方也是如此,根据特定时期的社会情况,往往会创作出带有一定引导目的的公益广告。

(一)中西公益广告价值观诉求共性

公益广告的核心在于关注社会问题,传达价值理念来影响受众,受众进而将这些价值理念外化为自身的行动。其中,价值理念传达的是积极向上的正能量,这无论对于中方还是西方,都是社会发展、社会秩序稳定所必需的。所以,对于传达怎样的价值理念,中西方是存在共同点的,表现为以下几个方面。

1.责任感

"鞠躬尽瘁,死而后已""业精于勤,荒于嬉;行成于思,毁于随"……古人早已认识到了责任感对于人自身的发展以及对国家和民族进步的重要性。责任感与责任不同,是一种人们做正确的事情的自觉,这种自觉源于内在,是一种社会心理,属于道德的范畴。责任感的形成需要依靠家庭、学校、社会的教育,其中公益广告就是社会教育的一种有效途径。责任感又体现在不同的关系与情境之中。一个人要对家庭有责任感,爱家庭,爱家人,积极承担家庭责任。一个人要对社会有责任感,在工作岗位上努力承担,在社会生活中做有益于社会的事。一个人要对自然有责任感,保护环境,珍惜大自然所赐予的珍贵资源。一个人更要对国家和民族具有强烈的责任感,热爱国家,为国家的发展做出自己的贡献。可以说,没有责任感,所谓道德也无从谈起。以下几则广告都表现了个人行为对于整体的发展变化起着至关重要的作用,强调个人行为及个人责任感。例如:

有爱就有责任。

地球是我家,绿化靠大家!

节约用水是每个公民的责任与义务!

保护环境人人有责。

完美真实地将祖先留下的杰作传给子孙后代,是华夏儿女的责任。

Interestingly, you have in your very hands the power to help avert war. Simply by not leaving the tap running while brushing your teeth. Washing the car a little less often. Replacing washers in dripping taps. Sweeping rather than hosing the pavement and showering smartly by turning off the tap while shampooing.

Every single action we take affects the wellbeing of our planet. You just have to work at it a little.

　　Use compact fluorescent light bulbs instead of ordinary bulbs. They cost more but last longer and use less power. Switch off lights, air conditions and other electrical equipment when not in use and always before going home. Some office paper(writing paper and computer paper)is more valuable than newsprint, so collect it and sell it to a waste paper dealer.

2.以人为本

　　对人本身的关注,即以人为本是中西公益广告价值观诉求中的又一大共性,包括对人们所生存的世界以及人与之如何相处问题的思考,对人们的生存现状的关注,以及人与人之间关系的思考。例如:

　　停止战争,为了孩子!

　　以人为本,以绿为根,以水为脉!

　　Friends don't let friends drive drunk.

　　Thanks to you, my life's wreck.

　　I quit school when I was sixteen.

　　If you won't hire her, don't complain about supporting her.

3.美德

　　美德是一种高尚的社会道德,它是由内而外散发的气质,指一个人内心装满了对生命的热爱和对他人的尊重,是人类道德的结晶。社会的发展与进步,离不开社会成员思想境界的提升和对美德的推崇。对于中西方公益广告来说,向受众传播美德,提升社会成员的道德素质,都是价值观诉求中共通的部分。中国自古以来就对人类的美德非常重视,对一个人的美德教育从年幼时就已经开始。美德主要分为社会道德、职业道德和家庭道德三个部分。无论中西公益广告在形式上有什么区别,但就价值观诉求中的传播美德而言,是殊途同归的。例如:

　　若要子女走正道,家长身教重言教。

　　家庭多一份温馨,社会多一分安宁。

　　善在心间,爱满人间。

　　衰老是自然规律,敬老是永恒美德。

　　I don't know your name, but I will help save your life.

　　We don't work in the same building, but if need be, I'll help you with food and shelter.

　　We've never chatted at the grocery store, but I will help save your life.

(二)中西公益广告价值观诉求差异

　　公益广告反映的是人类的价值诉求,所以无论东方还是西方,在价值观方面存在以上共通的方面。但不可否认的是,由于地域差异和民族差异所产生的思维方式等方面的差异,中西公益广告所传达的价值观也存在很多的差异。

1.集体主义与个人主义

　　集体主义与个人主义的差别是中西方价值理念的一大区别。西方认为个人、个体是一切的中心，任何事物都不能阻碍个体的发展，强调个人对自己的支配，不受外界因素的影响，以自我为中心，主张个性的张扬。如果说西方文化更加注重"我""你""他"的个体化概念，那么中国文化则是"我们"，强调一种组织、集体概念。这一点来源于儒家文化中"和"的概念，"以和为贵""和谐统一"，行动不以个体感受为先，而是以集体为重。反过来，过分追求个人利益被看作一种不光彩的行为，不被传统价值理念所接受。因此，在中西各自的公益广告中，集体主义与个人主义的对比很明显。例如：

节约身边的一点一滴，爱护我们共同的家园。

凝聚产生力量，团结诞生兴旺。

万众一心，众志成城。

The Earth is yours. Save it.

It's time to protect yourself.

Go red in your own fashion.

从以上几则公益广告看，"团结""我们""凝聚"一类词语常常被运用在东方公益广告语中，强调的是一种集体观念。西方公益广告中则多出现"your""yourself"的表述，表现了对自我意识和个体感受的重视。

2. 过去指向与未来指向

过去指向与未来指向都属于一种时间指向。仔细说来，我们的公益广告偏向过去时间指向，譬如以史为鉴，从过去的经验教训看到未来。西方则属于未来指向，在公益广告中充满了对未来的希望，更坚信未来将带来的机遇与挑战。例如：

勿忘历史，珍惜和平。

勿忘国耻，振兴中华！

孩子的成长需要你细心的培养。

以上三则公益广告语均属于过去指向。勿忘历史，勿忘国耻，强调以史为鉴，反思历史，为国家和民族的发展提供参照。中华民族一直都重视过去，重视历史，善于从过去中吸取经验，从而在未来的路上少走弯路。"孩子的成长需要你细心的培养"重点在于培养，培养是一个过程，通过培养的过程，孩子的成长与未来才有希望，重视作为过去的"培养"，这也是过去时间指向的一种。

我们再来看西方公益广告语中的未来时间指向。例如：

A baby changes everything, what you buy, how you do your texts, the way you drive your car. Everything, they will change it well. Usually you can use our help and with more than 200 free local hospital booklets, the free consumer catalog can help.

这则公益广告表达的是对幼儿健康的关注。幼儿的健康成长与父母，甚至与周围的一切事物都息息相关。对幼儿成长的关注则是西方文化中对于"未来"的关注的一大典型。

3. 人类与自然的关系

人与自然如何相处，二者关系如何？这是中西方都不可避免要思考和回答的问题。然而对于这个问题的回答，中西方却有着不同的答案。从儒家学说看，一直有人化自然、天人合一的观点。到了近现代，人与自然和谐相处，珍爱环境，保护人类的家园也被提到了更高的位置之上。也就是说,承认大自然具有人类未知的领域,人类只能在遵守大自然的原则下活动,一切社会活动才会有秩序地进行。对于西方来讲,大自然对人类而言是利用的对象,人类才是至高无上的,征服大自然是人类实现价值的方式之一。例如:

保护树木,就是保护自己。

坚持人水和谐,建设生态文明。

生命和绿色拥抱,人类与生态共存。

When the Supreme Court handed down its historic decision on global warming, it wasn't just a bunch of lawyers who won.

Sometimes there is only one thing that can stand up to change air pollution, and that is the law. Earth justice uses the law to fight for the environment and we are winning.

Get involved now. Pollution hurts all of us.

以上几则公益广告形成了鲜明的对比,与我们的人与自然和谐相处相对应,西方对于自然与人的关系用"law"来加以规定,认为法律的力量要高于自然本身的力量,保护自然的最终目的也在于避免人们因此而受到伤害,充满了个人主义色彩。而我们则更多侧重于尊重自然,敬畏自然,进而保护大自然。

4. 做人与做事

到底先做人还是先做事,中西方对于这个问题也有着不同的回答,我们同样可以从二者在公益广告中所呈现的价值诉求中窥探一二。在中国传统文化中,成人是一个人一生必修课程中的首要课程。也就是说,先要学会做人,具备优秀的品格,然后才能具备更好的做事的能力,只有先学会做人才能够处理好人生中的各种事情。西方则是强调做事的重要性,认为做事的成功才是真正意义上的成功,强调通过做事来实现自己的价值,这一点与我们有着很大的区别。例如:

先做人,后做事。

诚信方能成人。

君当如兰,幽谷长风,宁静致远;

君当如竹,高风亮节,坚忍不拔;

君当如菊,洁身自好,寒芳自赏;

君当如梅,笑迎霜雪,傲骨不折。

What have you done for your marriage today?

Someone put a glass cover on an extinguishing candle, with the exhaustion of oxygen, the candle goes out. One the opposite side, someone block the wind with hands, and the candle blows up again. Staying away from AIDS patients is equal to speed up their dying. Give them a hand, and then your time makes a worthy life.

从以上几则公益广告可以看出,中国往往通过对人性的呼吁从而激发人们成为一个"好人"的欲望和行为,认为做人十分重要,首先具备诚信等美好的品质从而成人。西方则更强调做事。例如在呼吁降低离婚率的公益广告中,"what have you done for your marriage today?"

强调个人在婚姻中的行动,而非中国通常所讲的对婚姻的责任感与忠诚。在第二则关爱艾滋病人的公益广告中,同样强调"give them a hand",重点仍在于如何做,而非情感层面上的呼吁。

5. 想象力

公益广告中想象力的运用也是中西公益广告的差异所在。从民族思维差异的角度讲,西方非常重视创新性思维,在青少年教育初期就鼓励创新和发散性思维。而中国人由于历史条件、自然条件等综合性因素,创新思维相对缺乏。因此,呈现在公益广告中,西方的公益广告往往更具有想象力。例如:

请珍惜每一滴水!

尊师重教是中华民族的优良传统!

防治艾滋病,你我同参与。

No matter driving or flying, the thunder birds always wear their safety belts. You should too. Remember! It is the law. Click it or ticket.

A man standing in the middle of train tunnel speaks "global warming, someone says the worst consequence is 30 years away" when the train is coming near and near. "30 years? It won't affect me." Then the man steps sideways and a little girl shows up in sight.

从以上几则公益广告可以看出,一方仍偏向于说教式、平铺直叙的表达方式,相对而言缺乏想象力。而在西方的公益广告中,第一则呼吁司机系好安全带,用鸟儿做比喻,生动形象。第二则将全球气候变暖的进程比作即将到来的火车,小女孩出现的时候又警醒人们,气候变暖带来的危害或许更关乎下一代的生存。

6. 爱国主义与英雄主义

对中国人而言,爱国是每个公民应尽的责任与义务,爱国教育也被纳入教育体系之中,是个人对于国家强烈责任感的体现。人们对国家的热爱表现在许多方面,如战士对国家的忠诚、体育赛事中为国家争取荣誉等。在个人利益、集体利益与国家利益产生冲突时,要以国家利益为重,这些观念已经深深根植于每一个中国人心中。西方则更崇尚英雄主义,在许多西方的影视作品中也可以看出这一点。英雄主义往往是为了实现一个崇高的目标,或者最终获得极高的社会评价。英雄主义在某种程度上也带有个人主义的色彩。例如:

天下兴亡,匹夫有责。

爱国是文明人的首要美德。

国家有难,匹夫有责,百姓一脉,四海一家。

Somewhere around the world, there are men and women of the armed forces risking their lives, helping rebuild communities after natural disasters, making toys for native children.

不同于我们的爱国主义,在上面这条公益广告中,美国人将美国军人看作英雄,他们的工作为人们带来了安全,保障人们的自由,并且将国家始终放在第一位,充满了英雄主义情结。

三、中西公益广告文化价值观不同的原因

公益广告承载着向社会大众传播社会价值观、引导社会进步的使命。中西公益广告在价

值观表达方面的共性在于,不论是本民族还是其他民族,人性对于真善美的追求是一致的。所以中西公益广告对于责任感、以人为本、美德的关注是相似的。但是在社会发展过程中,不同的国家面临着不同的社会问题、生态问题,造就了公益广告不同的价值导向。中西公益广告文化价值观差异产生的原因主要归结为以下两个方面:

(一)历史因素

历史是一个时代的写照,文化随着时代而改变,那么,考察中西公益广告文化价值观差异的原因就不得不考虑历史因素。中国拥有五千年的灿烂历史文化,人们以农业为生,面对大自然,人们心生敬畏,渴望与之和谐共生。从传统文化看,中华民族崇尚人与人的合作。这是"和"文化的核心,也是主导中国人几千年的价值观。因此,中国的公益广告也呈现出了集体主义的价值诉求。从美国的历史上看,最早移居美国的人们在最初到达美洲大陆时,生存环境恶劣,自然灾害频发,必须靠自己的力量去改变环境,才得以生存下来。他们相信个人的力量可以改变自然环境,只有依靠自己才能成功。所以,直到今天,美国人仍崇尚个人主义,与中国的集体主义形成鲜明对比。在看待人与自然的关系问题上,美国人倾向于征服自然,而中国则崇尚人与自然和谐相处。

(二)社会影响

社会因素对于文化价值观的影响较为复杂,但确实更为直接地影响着社会价值观的形成与变化。首先是教育的影响。从教育环境上看,中国的教育资源和水平分布不均。西方发达国家在教育方面领先于中国,这使得青少年在满足基本知识需求的同时,注重培养独立思考学习的能力和充分的想象力,很容易形成独立、个人、自由的价值观。其次是家庭的影响。就家庭关系和亲子关系而言,中西方有着非常大的差异。中国自古崇尚孝道,重视家庭关系中的长幼尊卑,父母与子女之间的关系更为密切,一个人对家庭做了多少贡献是衡量一个人是否具有责任感的重要指标,父母年老后,子女要尽到赡养老人的义务。西方则不同,亲子关系似乎不像中国一样密切,特别是孩子成年以后,并不十分讲求对家庭的付出与回报,而是父母与子女各自独立。这些体现在公益广告中,其价值取向必然会存在差异。

【本章小结】

本章通过对亚洲、欧美经典公益广告案例的分析,比较了中西方公益广告表达方式和文化价值传递方面存在的差异与共性,并从历史、社会两个层面剖析了产生差异的原因。公益广告是维护社会稳定有序发展的有效途径之一,中西公益广告各有所长,相互吸收与借鉴更有利于中国公益广告未来的发展。

【思考题】

1. 中西公益广告中所呈现的价值观各有哪些?
2. 中西公益广告中价值观呈现的差异表现在哪些方面?
3. 中西公益广告文化价值观呈现差异产生的原因是什么?

参考文献

[1] 高萍.公益广告初探[M].北京:中国商业出版社,1999.

[2] 潘泽宏.公益广告导论[M].北京:中国广播电视出版社,2001.

[3] 张明新.公益广告的奥秘[M].广州:广东经济出版社,2004.

[4] 潘泽宏.广告的革命:社会文化广告论[M].长沙:湖南大学出版社,2002.

[5] 倪宁.广告新天地:中日公益广告比较[M].北京:中国轻工业出版社,2003.

[6] 汤劲.现代公益广告解析[M].上海:华东师范大学出版社,2012.

[7] 宋玉书.公益广告教程[M].北京:北京大学出版社,2017.

[8] 张弛.社会变迁与中国电视公益广告的发展(1978—2012)[M].长沙:湖南人民出版社,2015.

[9] 刘林清,和群坡.公益广告学概论[M].北京:中国传媒大学出版社,2014.

[10] 范鲁彬.中国广告30年全数据[M].北京:中国市场出版社,2009.

[11] 金虹,邓正强.中国当代广告史[M].长沙:湖南科学技术出版社,1999.

[12] 段京肃.大众传播学:媒介与人和社会的关系[M].北京:北京大学出版社,2011.

[13] 托夫勒.第三次浪潮[M].黄明坚,译.北京:中信出版社,2006.

[14] 赖声川.赖声川的创意学[M].北京:中信出版社,2006.

[15] 金定海,郑欢.广告创意学[M].北京:高等教育出版社,2008.

[16] 植条则夫.广告文稿策略:策划、创意与表现[M].俞纯麟,译.北京:中国财政经济出版社,2002.

[17] 余明阳,陈先红.广告策划创意学[M].上海:复旦大学出版社,2010.

[18] 蒋旭峰,杜骏飞.广告策划与创意[M].2版.北京:中国人民大学出版社,2011.

[19] 郭有献.广告文案写作教程[M].3版.北京:中国人民大学出版社,2015.

[20] 冯希哲,刘磊.广告原理与实战[M].西安:西北工业大学出版社,2011.

[21] 贾利君,王小荣.广告创意方法[M].合肥:合肥工业大学出版社,2013.

[22] 阿伦斯.当代广告学[M].丁俊杰,等译.北京:中国人民大学出版社,2008.

[23] 中国传媒大学全国公益广告创新研究基地.中国公益广告年鉴(1986—2010)[M].北京:中国工商出版社,2011.

[24] 植条则夫.公共广告的研究[M].东京:东京经济新闻社,2005.

[25] 王多明.中国广告词典[M].成都:四川大学出版社,1996.

[26] 苏立,施战军.日本公益广告诉求主题的历史变迁及其特点[J].新闻与传播研究,2008(6).

[27] 刘洪珍.美国战时广告理事会诞生的背景[J].国际新闻界,2011(3).

[28] 王云,冯亦驰.公益广告十五年[J].新闻大学,2003(6).

[29] 张殿元.政府主导还是主导政府:日本公共广告对中国的启示[J].新闻大学,2013(6).

[30] 王云.中国公益广告事业史述评[J].理论月刊,2005(4).
[31] 孙江华.浅析电视公益广告的社会功能优势:以5·12抗震救灾公益广告为例[J].现代传播(中国传媒大学学报),2008(6).
[32] 倪宁,谭宇菲.公益广告中的中国元素回顾与展望[J].现代传播(中国传媒大学学报),2010(7).
[33] 陈正辉.公益广告的社会责任[J].现代传播(中国传媒大学学报),2012(1).
[34] 倪宁,雷蕾.公益广告独立性发展及制约因素分析[J].现代传播(中国传媒大学学报),2013(5).
[35] 杨燎原,初广志.美国公益广告研究综述[J].现代传播(中国传媒大学学报),2014(11).
[36] 杨世铭.高语境广告特点及其跨文化传播策略[J].郑州大学学报(哲学社会科学版),2009(9).
[37] 栗平.我国公益广告存在的问题及解决之道[J].郑州大学学报(哲学社会科学版),2009(9).
[38] 梅荣政,杨军.西方自由主义的流变、实质与危害[J].红旗文稿,2014(3).
[39] 邬盛根,姚曦.我国公益广告的纯粹性研究[J].中国地质大学学报(社会科学版),2011(12).
[40] 张海鹰.公共广告再认识[J].新闻记者,2004(10).
[41] 蔡之国,李锐.数字生活空间公益广告有效传播策略[J].中国出版,2017(2).
[42] 张明新,余明阳.我国公益广告探究[J].当代传播,2004(1).
[43] 罗兰秋.公益广告的文化传播[J].西南民族大学学报(人文社科版),2004(9).
[44] 陈保红.审美视域下公益广告的美学有效性与价值观诉求[J].江西社会科学,2015(3).
[45] 韩震,吴玉军.当代和谐社会建构中的文化认同问题论纲[J].山东社会科学,2008(11).
[46] 刘晔.它,与你同行:赞《广而告之》开播五周年[J].中国电视,1993(1).
[47] 史萍.电视公益广告艺术刍议[J].中国电视,2004(9).
[48] 尹鸿.中国电视公益广告的新阶段[J].中国电视,2014(11).
[49] 潘译宏."广而告之":真·善·美[J].电视研究,1996(9).
[50] 潘泽宏.电视公益广告与当今伦理学[J].电视研究,1997(4).
[51] 吴颖.公益广告传播中的媒体策略[J].新闻战线,2017(12).
[52] 胡晶,姜列思.国内外公益广告的运行机制分析[J].学术交流,2010(12).
[53] 陈越.话说《广而告之》[J].新闻记者,1989(6).
[54] 王首程.中国公益广告法规建设现状评析[J].深圳大学学报(人文社会科学版),2008(6).
[55] 戴振宇.持续发挥广播电视公益广告的引领作用[J].中国广播电视学刊,2013(8).
[56] 于进宝.关于广播电视公益广告创作的思考[J].中国广播电视学刊,2016(5).
[57] 汤劲,傅毅飞.公益广告中的文化记忆[J].中国广播电视学刊,2013(8).
[58] 魏波.企业形象与公益广告[J].天府新论,1999(11).
[59] 陈刚.机制之变:中国公益广告发展的问题、对策分析[J].广告大观(综合版),2007(5).
[60] 张敏.公益广告繁荣机制论:广告业发展与和谐社会建设研究[J].广告大观(理论版),2009(2).

[61] 陈洪波. 论战时广告委员与美国公益广告的诞生[J]. 广告大观(理论版),2009(4).
[62] 李振寰. 新世纪以来中国公益广告传播者思考[J]. 广告大观(理论版),2010(4).
[63] 刘林清. 中国环保公益广告研究[J]. 广告大观(理论版),2010(12).
[64] 徐金灿,王安妮. 日本公益广告机构"AC JAPAN"研究综述[J]. 广告大观(理论版),2012(4).
[65] 邬盛根,钱敏,王丹. 1971—2010日本公益广告主题变迁及比较研究[J]. 广告大观(理论版),2012(6).
[66] 徐金灿,王蒂,徐溶. 美国公益广告及公益广告机构"AD Council研究综述与分析"[J]. 广告大观(理论版),2012(6).
[67] 刘思佳,张淑燕. 关于数字生活空间公益广告传播模式的思考[J]. 广告大观(理论版),2013(2).
[68] 金摞美. 韩国公益广告运作机制的现状及其借鉴:以韩国KOBACO为例[J]. 广告大观(理论版),2013(2):
[69] 何晨,初广志. 中国公益广告政策研究[J]. 广告大观(理论版),2015(4).
[70] 杨正良,张丽丽. 中央电视台推出"春节回家"系列公益广告[J]. 中国广告,2013(3).
[71] 聂艳梅. 中国公益广告大事记[J]. 中国广告,2008(2).
[72] 冯依民. 讲好中国故事 让"中央电视台春晚公益广告"温暖365日[J]. 中国广告,2016(4).
[73] 陈家华,程红. 中国公益广告:宣传社会价值新工具[J]. 新闻与传播研究,2003(12).
[74] 王琨. 公益广告传媒在构建和谐社会中所发挥的作用[J],中国报业,2011(14).
[75] 陈辉兴. 中国电视公益广告三十年[J]. 传媒观察,2008(8).
[76] 黄升民. 公益广告:企业理念的重构与表现[J]. 国际广告,1997(4).
[77] 倪宁,雷蕾. 基于互联网的公益广告公众参与研究:以优酷网"扬正气,促和谐"公益广告视频单元为例[J]. 国际新闻界,2013(4).
[78] 王云,舒扬. "广而告之"在中国公益广告史上的意义[J]. 新闻大学,2000(8).
[79] ABERNETHY A M, WICKS J L. Television station acceptance of AIDS prevention PSAs and condom advertisements[J]. Journal of Advertising Research,1998(9−10).
[80] MARCHAND J,LAVOIE S. Non-profit organizations, practices and perceptions of advertising:Implications for advertisers[J]. Journal of Advertising Research,1998(7−8).
[81] DEVLIN E,EASE D ,STEAD M,et al. Comparative study of young people's response to anti-smoking messages[J]. International Journal of Advertising,2007,1(26).
[82] SCHOENBACHLER,DENISE D,WHITTIER,TOMMY E. Adolescent processing of social and physical threat communications[J]. Journal of Advertising,1996,1(21).

后 记

如果说,广告是一种带有明确的目的性的信息传播,那么,公益广告的目的性更加鲜明而坚定,即写在公益广告旗帜之上的是醒目的两个大字——"公益"。

如果说广告有明确的导向,那么,公益广告更具有导向性和社会性,而公益性则是它的本质特征。公益广告是社会价值观的旗帜,是社会文明的标杆。

公益广告昭示着国家的公益理想,展现着国家的气质和精神追求,弘扬着社会主义核心价值,引导着社会的文明风尚,关注着整个社会的共同利益。从生态文明、爱护地球,到崇尚科学、点亮人生;从倡导文明礼貌、尊老爱幼,到匡正过失,树立新风……在公益广告的发展历程中,我国公益广告正在以其贴近大众关切,贴近社会发展问题引起公众的强烈共鸣,激起公众的欣赏兴趣,为社会公众所普遍重视,进而不断确立自身的价值和地位。

广告传播的目标是实现传播效果最大化,"广而告之"是公益广告的传播旨归。公益广告传播规律研究、信息内容研究、媒介研究、受众研究、效果研究等理论层面的探讨是提升其传播力的基础。而世界各国成功的公益广告实践以及媒体发展变化中的传播经验乃至困惑、思考,都构成了公益广告不断前行的借鉴和启示。

作为传播研究学者,我们深深地感到,尽管我国公益广告经过三十年的蓬勃发展历程,但无论从学术研究、传播实践,还是从人才培养、学科建设等角度来看,公益广告研究尚处于成长和走向成熟阶段,甚至和其他大众传播活动相比,尚有一种边缘化的状态。理论积淀尚待深厚,研究成果尚待开掘,与公益广告人才培养有关的教材也需要不断研究并建构起科学的教学体系。基于此,在西安交通大学出版社的推动和大力支持下,我们汇聚多方力量,力求全方位、多层次、立体性研究公益广告,力图立足于广告学理论基础,紧密结合公益广告创作实务,吸纳国内外公益广告的最新案例,并将其置于数字化、中国化的语境下,既重视系统性、学术性,又重视实践性、可操作性。本书作为教材既可用于高等院校广告学专业的理论教学,也可作为政府宣传部门、媒体机构、广告公司开展相关业务的指导用书。同时,本书也融入了近年来学者们有关公益广告的研究和思考,为学术研究提供一定参考。

本书由西安交通大学、西安工业大学、西北政法大学、西安工程大学等高校的学者合作编写。由杨琳统筹拟定全书的逻辑体系、内容架构、编写体例。具体分工如下:杨琳、李亦宁编写第一章;傅异非编写第二章;林梅编写第三章;陈红编写第四章;赵樱泽编写第五章前三节;杨琳、杨露编写第五章第四节、第六章;刘驰编写第七章;李亦宁编写第八章;许秦编写第九章。由杨琳、李亦宁完成统稿。

在本书出版之际,特别感谢本书责任编辑赵怀瀛老师为本书付出的辛勤劳动以及西安交通大学出版社的大力支持。西安交通大学研究生崔可嘉、席海莎、檀鑫搜集整理了部分经典案例,并进行了细致入微的校对工作,在此一并致谢!本书吸收了国内外学者多方观点以及中国广告网、爱奇艺、优酷网的成功公益广告案例,在此对同道者致以崇高的敬意和感谢,敬请各位学界业界专家批评指正。我国公益广告研究尚处于起步阶段,我们的研究之路还很长很长!

编 者

2019 年 8 月